# 인터벌의 정석

# 인터벌의 정석

## 고강도 인터벌 트레이닝의 과학
### The One Minute Workout

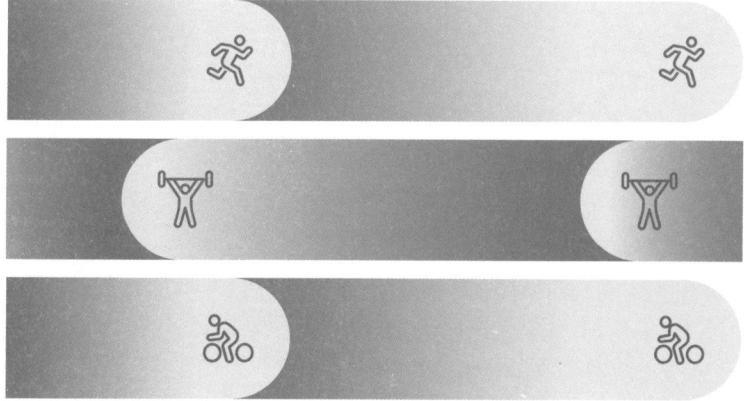

마틴 기발라 · 크리스토퍼 슐건 지음 | 김노경 엮음

현익출판

# CONTENTS

**CHAPTER 1**

일주일에 단 몇 분만
운동해도 충분할까? ··· 7

**CHAPTER 2**

운동 강도의 원리 ··· 35

**CHAPTER 3**

이 모든 것의 시작 ··· 55

**CHAPTER 4**

단순한 피트니스를 넘어 ··· 75

**CHAPTER 5**

고강도 활동 ··· 105

CONTENTS

### CHAPTER 6

## 즐겁고 빠르게 운동하기
: 간단하지만 효과적인 8가지 운동

··· 131

### CHAPTER 7

## 얼마나 적게 운동할 수 있을까?
: 강력한 마이크로 운동 4가지

··· 175

### CHAPTER 8

## 고강도 영양

··· 219

### CHAPTER 9

## 인터벌 트레이닝의 미래

··· 249

감사의 말 ··· 270

# CHAPTER 1

## 일주일에 단 몇 분만 운동해도 충분할까?

운동할 시간이 부족한가? 최대한 단기간에 몸을 만들고 싶은가? 아마 누구나 고개를 끄덕일 것이다. 규칙적인 신체 활동은 우리의 겉모습뿐 아니라 기분까지도 좋게 만들어 준다. 게다가 노화를 예방해 주고, 하루를 더 행복한 기분으로 보내게 해주며, 심혈관 질환, 당뇨병, 암 등의 질병 확률을 낮춰주기까지 한다.

나는 인간에게 운동만큼 이로운 건 거의 없다고 생각한다. 하지만 사람들은 대부분 운동을 떠올리면 많은 시간을 투자해야 한다는 부담을 느낀다. 운동 효과를 보려면 적어도 한 시간은 운동해야 한다는 상식이 통용되고 있다. 게다가 헬스장까지 왔다 갔다 하는 시간을 포함하면 상당한 부담이 아닐 수 없다.

내가 연구한 바에 따르면, 그러한 통념은 사실 전혀 근거가 없다. 지난 10년 동안 고강도 인터벌 트레이닝 HIIT, high-intensity interval training의 과학에 관한 연구가 폭발적으로 증가했다. 이러한 연구 결과들에 따르면, 고강도 인터벌 트레이닝은 운동의 시간 효율성을 높여주는 상당한 이득을 제공한다. 이러한 방법의 가장 극단적인 버전인 스프린트 인터벌 트레이닝 SIT, sprint interval training은 몇 번의 짧은 총력 운동을 특징으로 하며, 특히 효과가 강력하다. 달리기만 해당하는 것이 아니다.

HIIT는 사이클링, 수영, 조정 등 거의 모든 유산소 운동에 적용할 수 있다. 초저용량 운동의 새로운 과학 덕분에 이 책을 읽은 여러분은 커피를 마시거나 소셜 미디어에 글을 쓰거나 피드를 확인하는 정도의 시간만으로도 건강한 몸을 만들 수 있는 전략을 배우게 될 것이다.

잠시 '건강한 몸 만들기'에 필요한 것들에 관한 전통적 관념에 대해 생각해 보자. 아마 대부분 수많은 시간을 들여 힘들게 운동해야 하는 활동을 떠올릴 것이다. 예컨대 자전거 안장에 앉아 수십 킬로미터 동안 페달을 밟는 모습. 오후 내내 거리를 달리는 모습. 동네 수영장에서 몇 바퀴를 쉴 새 없이 헤엄치는 모습 말이다. 이러한 무서운 이미지 때문에 많은 이들이 운동하는 것에 지레 겁먹고 건강한 몸을 만들려는 시도조차 하지 않는다. 또 어떤 이들은 운동하고 싶어도 시간이 없다고 말한다.

하지만 그 말은 틀렸다. 내가 수년간 연구를 통해 알게 된 결론은 그렇다. 나는 헬스장에서 수많은 시간을 보내지 않아도 건강해질 수 있다는 사실을 발견하게 되었다. 물론 그렇게 운동에 열중하는 사람들이 시간을 허비하고 있다는 건 아니다. 하지만 하루에 단 몇 분만으로도 몇 시간을 운동한 것만큼의 효과를 누리는 방법이 있다. 아무리 몸 상태가 엉망이라 해도, 최소한의 시간 안에 건강한 몸으로 변신시켜줄 수 있는 전략들이 있다. 나의 가장 큰 발견 중 하나는, 단 1분의 격렬한 운동으로 거의 1시간에 가까운 꾸준한 유산소 운동의 유익함을 누릴 수 있는 방법이다.

꽤 놀랍지 않은가?

이 책은 운동할 시간이 부족한 사람 대다수를 위한 운동법을 다른다. 최신 과학 연구에 기반한 운동 테크닉을 소개하고, 작동 원리와 활용 방법을 집필하였다. 체중을 가장 잘 관리하는 방법에 관한 정보도 담았다. 그리고 특별한 장비 없이도, 호텔 객실이든 집 근처 공원이든 어디에서나 실천할 수 있는 근력 강화 운동을 설계하는 몇 가지 쉬운 방법을 소개하겠다.

물론, 나도 안다. 이미 수많은 트레이너와 유명 강사들에게 비슷한 약속을 들어봤을 거다. 하지만 그들은 해당 분야를 선도하는 연구자의 깊은 전문 과학 지식을 가지고 있지 않다. 우리 연구실에서 진행한 여러 연구의 혁신적 결과들은 〈뉴욕타임스〉, 〈타임 매거진〉, 〈NBC 심야 뉴스〉 등 다수의 언론매체에서 보도되었다.

2015년에는 시간 효율적 운동에 관해 내가 쓴 리뷰 논문이 세계에서 가장 많이 인용되는 생리학 학술지인 〈Journal of Physiology〉에서 가장 많이 열람되었다. 사실, 그 해 〈Journal of Physiology〉에서 가장 많이 열람된 논문 1위, 2위 모두 우리 연구실에서 나왔으며, 상위 15위 안에 우리 연구실에서 쓴 논문 세 편이 포함되어 있었다. 전 세계 각지에서 훌륭한 생리학 연구들이 얼마나 많이 수행되고 있는지 생각해 보면, 상당히 놀라운 업적이다.

감사하게도 나는 매우 훌륭한 사람들과 함께 일하고 있다. 캐나다 해밀턴에 있는 맥마스터대학교 McMaster University의 운동학과장을 맡고 있는 덕에, 지구상에서 최고 수준의 두뇌를 가진 사람들과 매일 교류한다. 미국 스포츠의학회 American College of Sports Medicine 전 회장인 칼 포스터 Carl Foster는 "운동에 관한 분야에서는 맥마스터대학교가 세계의 중심 중 하나"라고 평가했다. 실제로 맥마스터대학교는 인체 생리학과 건강에 미치는 신체 활동의 변화를 연구하는 분야에 있어 세계적인 석학의 중심지이다.

나는 이 책을 통해 과거와 현재의 맥마스터대학 인재들과 세계에서 가장 똑똑한 운동생리학자들의 전문 지식을 활용하여 시간 효율적인 운동에 대한 가장 완전한 가이드를 만들었다. 여러분도 재미있게 읽으실 수 있길 바란다. 책을 완독하고 나면, 시간 효율적 운동 루틴을 스스로 설계할 수 있게 될 것이다. 그리고 가장 적은 시간 안에 건강미 넘치는 모습으로 변화하는 데 필요한 테크닉을 익힐 수 있을 것이다.

혹시 '내 몸은 이미 충분히 건강한데?'라고 생각하고 있는가? 이 책에 소개된 테크닉을 사용하지 않는다면 이를 적극적으로 활용하는 다른 사람들이 지금 이 순간에도 당신을 추월하고 있을 수 있다. 이 책은 훈련 정체기를 돌파하고, 개인 최고 기록에서 몇 초 또는 심지어 몇 분을 단축하는 데 도움이 되는 기술을 제공한다. 또한 안장, 산책로 또는 수영장에서 수많은 시간을 보내지 않아도 되기 때문에 그 시간에 일을 더 하거나, 소중한 사람과 더 많은 시간을 보내거나, 그 밖에 다른 원하는 걸 할 수 있다. 혹은 살다 보면 업무 등의 사정으로 인해 몇 주 또는 몇 달 동안 운동하기 곤란한 상황이 생길 수 있다. 이 책은 그런 상황에서도 최소한의 시간으로 체력 수준을 유지할 수 있도록 고안된 일련의 기술을 제공한다.

그럼 가장 시간 효율적인 운동 방법에 대해 이야기해 보자. 이제부터 운동을 시작해 보려는 집순이부터 경기력을 향상시키려는 운동선수들까지 모두를 위한 방법이다. 더 이상 운동에 여러분의 일상을 맞출 필요가 없다. 운동을 여러분의 삶에 맞출 수 있다.

## 시간 효율적인 운동 방법

'인터벌 트레이닝(간격 훈련)'이란 무엇인가? 기본적으로는, 폭발적인 고강도 운동과 중간중간 회복 시간을 결합한 것이라 볼 수 있다. 여기서 '회복 시간'은 완전한 휴식이 될 수도 있지만, 저강도 운동으로 대체할 수도 있다. 쉽게 말하자면 일반적 지구력 훈련의 반대로 볼 수 있다. 지구력 훈련은 무엇이냐고? 대부분 사람이 '달리기'하면 떠올리는 것 말이다. 여기서 달리기를 '수영'이나 '자전거'로 대체해도 마찬가지다. 아무튼 요점은 이렇다. 전통적인 운동 훈련은 대체로 일정 거리를 비교적 일정한 속도로 이동하는 방식이다. 이걸 시간 대비 노력 형태의 그래프로 나타내 보면 대략 아래와 같다.

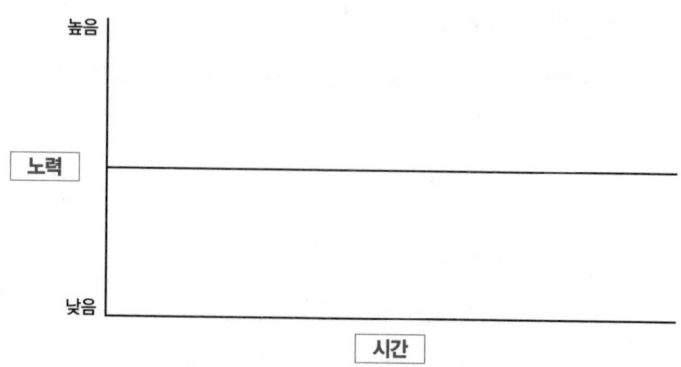

일정한 노력의 선은 45분, 1시간, 90분 등으로 늘어날 수 있다. 시간 여유가 있으면 밖에 나가서 마음 놓고 달리거나 라이딩하면 좋다. 이런 종류의 운동에는 분명 많은 치료적 이점이 있다. 스트레스를 줄여주고 바깥의 상쾌한 공기를 즐길 기회를 제공한다. 그러나 내가 연구한 바에 따르면 이는 가장 효율적인 방법은 아니다.

만약 시간이 우리에게 가장 소중한 자원이라면, 우리의 목적이 가장 적은 시간을 들여 가장 높은 운동 효과를 보는 것이라면, 바로 인터벌 트레이닝 테크닉을 활용하는 것이 이득임이 과학적 연구로 증명되었다. 인터벌 트레이닝 운동의 그래프는 아래와 같은 모양이다.

핵심은 운동 강도를 바꾸는 것이다. 힘들게 하다가, 조금 쉬다가, 다시 온 힘을 다하고, 다시 긴장을 풀고 반복한다. 강도가 높을수록 더 짧은 운동 시간으로 장시간 지구력 훈련을 한 것과 같은 효과를 얻을 수 있다.

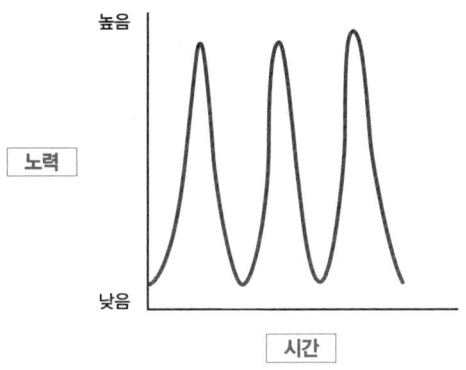

인류는 지난 몇 세기 동안 적은 시간으로 최대한 운동의 효과를 얻기 위한 창의적인 방법을 갈망해 왔다. 건강을 보장하는 신비한 약을 팔며 황량한 서부를 방황하던 행상인부터, 단 몇 주 만에 보디빌더 같은 근육을 만들어 줄 수 있다고 약속하는 만화 잡지 속 건강보조식품 광고 같은 것들까지. 좀 더 최근에는 저명한 생물학 학술지 〈Cell〉에 발표된 연구가 있는데, 'AICAR'라는 이름의 화합물을 활동량이 적은 sedentary 쥐에게 사용했더니 그렇지 않은 쥐에 비해 44% 더 빨리 달렸다고 한다. 이 연구는 마법의 '운동 알약' 개발 가능성에 대한 기대를 일으켰지만, 아직 그 누구도 인간을 대상으로 동일한 결과를 재현하지는 못하고 있다.

인터벌 트레이닝은 '운동 알약'에 가장 가까운 존재다. 그리고 지난 10년 동안 인터벌 트레이닝에 관한 연구는 폭발적으로 증가했다. 내 연구실을 비롯한 전 세계 연구자들이 이것을 연구해왔다. 나를 비롯한 이 분야의 연구자들은 고강도 인터벌 트레이닝이 생리학이 만들어낸 가장 효율적인 운동일 수 있다고 결론을 내렸다. A. J. 제이콥스[1]는 〈에스콰이어〉 매거진의 글에서 이렇게 깔끔하게 정리했다. "고강도 인터벌 트레이닝은 전자레인지 이후 가장 위대한 시간 절약 수단일 수 있다."

고강도 인터벌 트레이닝 HIIT의 인기는 어마어마하다. 세계 최대의 스포츠 의학 및 운동과학 기관인 미국 스포츠의학회 American College of

---

[1] 미국의 유명 언론인이자 베스트셀러 작가

Sports Medicine에서 집계하는 연간 전 세계 피트니스 트렌드 리스트에서도 상위권을 차지하고 있다. 뉴욕에서 홍콩에 이르기까지, 세계 각지의 퍼스널 트레이너들이 우리가 맥마스터대학교에서 만들어낸 원칙에 기반하여 피트니스 수업을 만들고 있다. 할리우드 스타들과 빅토리아 시크릿 모델들도 영화 촬영이나 패션위크 런웨이를 준비하기 위해 HIIT의 원리를 활용하고 있다. 하지만 문제가 하나 있다.

여전히 사람들의 머릿속에는 인터벌 트레이닝은 엄청난 몸을 가진 사람들이 아주 타이트한 운동복을 입고 헬스장에서만 하는 운동이라는 인식이 남아 있다. 그것도 한 시간 정도를 운동해야 한다고 생각한다. 다시 말하지만, 전혀 그렇지 않다. 운동을 한 시간씩 할 필요는 없다. 단 10분 미만으로도 놀라운 운동 효과를 얻을 수 있다. 과체중인 사람도, 운동과는 거리를 둔 사람이어도, 체력 부족이어도, 저마다 적합한 인터벌 트레이닝의 형태가 있다. 인터벌 운동에 관한 흥미진진한 새로운 과학적 지식은 모든 사람들, 특히 운동할 시간이 없어 오래전에 운동을 포기한 사람들에게 건강한 몸을 얻도록 도움을 줄 수 있다.

빠른 기간 내에 건강한 몸매를 얻고 싶은가? 아니면 그저 숨을 허덕이지 않고 계단을 오르고 싶은가? 인터벌 트레이닝이 도와줄 수 있다. 여러분의 아이언맨 기록을 단축하고 싶은가? 지방을 더 빨리 태우고 싶은가? 아니면 단지 일요일 라이딩 시간에 좀 더 멀리까지 가 보고 싶은가? 그것도 인터벌 트레이닝이 도와줄 수 있다.

무엇보다도, 여러분이 가능하다고 여겼던 것보다도 훨씬 적은 시간으로 도움이 될 수 있다. 인터벌 트레이닝은 해외 출장이 잦은 경영인이나 아이를 키우는 전업 부모처럼 시간에 쫓기며 살아가는 이들에게 특히 적합하다.

공중 보건 가이드라인은 일반적으로 건강 효과를 위해 주당 최소 2시간 반의 적당한 강도의 운동을 권장한다. 열정적인 운동 애호가들은 보통 한 번 운동할 때 한 시간 이상을 스케줄에 넣는다. 인터벌 트레이닝은 한 시간 동안 달리거나 자전거를 타야 얻을 수 있는 효과를 훨씬 적은 시간에 얻는 방법이다. 인터벌 트레이닝의 가장 극단적인 형태인 '스프린트 인터벌 트레이닝'을 활용하면 일주일에 단 3분의 격렬한 운동으로 같은 효과를 얻을 수 있다. 실제로 우리 연구실에서 수행한 연구로 이것이 입증되었다. 그리고 그 관련 기사들은 〈뉴욕 타임스〉의 가장 인기 있는 기사 리스트에서 맨 위로 급상승했다.

이 책을 쓰게 되어 가슴이 두근거린다. 그 이유는 내가 인터벌 트레이닝 자체에 느끼는 설렘과 같다. 운동의 뛰어난 효과를 가능한 한 많은 사람이 누릴 수 있도록 해줄 수 있는 잠재력 때문이다. 이를 위해 나는 이 책을 생리학 전문 지식이 없는 사람들도 쉽게 이해할 수 있는 언어로 쓰인 매력적인 사용 설명서로 만들고자 노력했다.

이 책에서 나는 독자들에게 인터벌 트레이닝이 무엇인지, 왜 효과가 있는지, 그 원리는 무엇인지, 그리고 누구에게 적합한지 이야기한다. 그런 다음 전 세계 연구실에서 테스트를 거친 운동 루틴들을 제시하고, 엄격한 과학적 연구를 통해 확립된 운동의 효과에 대해 논의한다.

이 테크닉은 거의 모든 종류의 운동에 적용할 수 있다. 가장 시간 효율적인 버전에는 심혈관 건강과 근력을 모두 향상하는 요소가 포함된다. 자전거 타기든 수영이든, 혹은 버피, 팔굽혀펴기, 턱걸이 같이 체중을 활용한 움직임이든, 인터벌 트레이닝 테크닉을 접목할 수 있다.

이렇게 최신 과학을 누구나 활용할 수 있는 트레이닝 테크닉으로 소개하게 되어 기쁜 마음이다.

## 내가 인터벌 트레이닝을 만나게 된 계기

요즘 방송이나 신문 인터뷰를 하면 기자들이 나를 '인터벌 트레이닝 전문가'라고 부른다. 나는 이 호칭이 조금 불편하다. 특히 3장에서 소개할 인터벌 트레이닝의 놀라운 역사를 생각하면 말이다. 뭐, 내가 이 주제를 연구하는 데 내 커리어의 대부분을 바친 것은 사실이다. 지난 10년 동안 인터벌 트레이닝에 관한 수십 개의 학술 연구를 피어 리뷰 저널에 발표했다. 인터벌 트레이닝 방법, 누구에게 효과가 있는지, 전통적 운동법과 효과 비교 등 인터벌 트레이닝의 모든 측면을 연구하고 발표했다.

연구 초기를 돌이켜보면, 내가 왜 이 연구를 그때 시작했는지가 보인다. 2004년에 나는 맥마스터대학교의 조교수로서 가장 중요한 두 번째 3년 계약을 따냈다. 테뉴어(정년이 보장되는 종신교수직)를 확보하는 것은 학계에서 상당히 힘든 일이다. 단 36개월도 안 되는 기간 내에 내가 이 학교의 자산임을 입증해야 했다. 그러지 못하면 교수진에서 쫓겨나게 될 수도 있었다. 그야말로 내 커리어의 궁극적 성패를 좌우하는 시기였다.

양질의 연구를 수행해야 한다는 압박 외에도, 나는 수업을 세 개나 맡고 있었다. 그중 하나는 200명의 학부생을 대상으로 한 수업이었다. 고등학교 체육 교사인 아내 리사는 막 복직한 상태였다. 우리에게는 1세와 3세인 어린 두 아들이 있었다. 강의와 연구에 육아까지 병행하다 보니, 난생처음으로 운동할 시간이 없었다.

근무를 마치고 집에 돌아가며, 드디어 운동을 할 수 있다는 들뜬 마음으로 집 문을 열고 들어가던 기억이 난다. 하지만 그러다 보면 꼭 무슨 일이 생기곤 했다. 아이들 식사를 챙겨줘야 한다거나, 마침 우유가 떨어져 있다거나, 또 어느 날은 아이가 열이 난다. 더 급한 일부터 해결하려면 운동은 다음으로 미뤄야 했다. 며칠 혹은 일주일이 지나야 마침내 운동할 기회가 생기기도 했다.

그 당시 인터벌 트레이닝은 운동 성과에 집중하는 고도로 훈련된 사람들의 영역으로 제한되어 있었다. 보통 사람들은 인터벌 트레이닝을 거의 하지 않았다. 일반인들이 인터벌 운동의 가치를 알아보지 못한 이유를 설명하려면 신체가 어떻게 작동하는지에 대해 조금 알아야 한다.

체력$_\text{fitness}$의 의미는 사람마다 다르겠지만, 운동과학자들에게는 '최대 산소 섭취량$_\text{VO2max}$'이라는 테스트를 통해 실험실에서 측정할 수 있는 매개변수인 '심폐 체력$_\text{cardiorespiratory fitness}$'을 의미한다. 이를 유산소 체력$_\text{aerobic fitness}$이라고도 하는데, 산소를 운반하고 활용하는 신체의 능력을 말한다. 과학자들은 이것이 전반적인 건강을 가장 잘 예측하는 요인 중 하나라는 것을 발견했다. 유산소 체력이 높을수록 심장이 피를 더 잘 펌프질할 수 있고, 숨이 차기까지 더 오래 걸리며, 더 먼

거리를 자전거를 타거나 달리거나 수영할 수 있다. 그뿐이 아니다. 심혈관 질환이나 당뇨병 같은 질병이 발생할 확률을 줄여주어 더 오래 건강하게 살 수 있도록 도와주는 건강 지표이기도 하다. 유산소 체력은 운동을 시작하는 사람 대부분이 원하는 목표다.

그렇다면 유산소 체력은 어떻게 키울 수 있을까? 오랫동안, 수많은 코치들과 운동선수들은 적당한 속도로 엄청난 양의 운동을 해야 유산소 체력을 얻을 수 있다고 생각했다. 이러한 생각은 운동 효과를 위해 일주일에 150분 적당한 강도의 운동을 권장하는 공중 보건 가이드라인에도 반영되어 있다. 두 시간 반. 최소한. 일주일 총 시간의 2%도 안 되기는 하지만, 운동의 주요 장벽으로 '시간 부족'을 꼽는 대다수 사람에겐 상당히 부담스러운 요구이다.

이러한 지침의 문제점은 많은 사람이 운동을 두려워하게 만든다는 것이다. 많은 이들을 황당하게 만들기도 한다. "일주일에 두 시간 반이나 운동하라고요? 제정신인가요? 빨래할 시간도 겨우 내고 있다고요!" 실제로 미국인의 15~20%만이 이러한 지침을 실제로 충족하고 있다.

그런데도 건강에 대한 메시지는 크게 바뀌지 않았다. 일정 수준의 운동을 많이 하는 것. 적당한 수준의 활동을 오랜 시간 동안 일정한 속도로 하는 것. 이런 데는 다들 다른 대안이 없다고 믿었기 때문이기도 하다.

옛 사상에 따르면 단거리를 전력 질주하는 것은 단거리 실력 향상에 도움이 되는 운동일 뿐이었다. 속도 향상엔 도움이 될지언정 유산소 체력을 기르는 수단은 아니었던 거다. 코치들과 과학자들도 인터벌 운동은 단거리 달리기 선수의 기록 단축에는 유용하겠지만, 중장거리에는 별 도움이 되지 않으리라고 생각했다. 전반적인 건강이나 체력 향상에도 큰 도움이 되지 않는다고 생각했다. 적어도 인류가 인터벌 운동의 생리학에 대한 새로운 이해에 도달하기 전까지는 그랬다.

## 인터벌의 매력

초저용량 운동의 효과에 관한 폭발적인 연구 덕분에 지난 10년 동안 기존의 사고방식이 극적으로 바뀌었다. 인터벌 트레이닝이 유산소 체력을 개선하고, 통상 지구력 훈련의 효과로 알려진 건강 효과를 제공할 수 있다는 것을 알게 되었다.

내가 이러한 깨달음에 도달하게 된 건 내가 당시 가르치고 있던 '인체 성능의 통합 생리학'이라는 4학년 선택과목 덕분이기도 하다. 신체의 다양한 시스템(순환계, 호흡계, 근육계)이 어떻게 운동의 에너지 수요를 충족하는지를 집중적으로 탐구하는 수업이었다. 이 수업을 가르치기 시작한 후 내 제자들은 엘리트 운동선수들의 훈련 요법에 관심을 가지기 시작했다. 우리는 인류 최초로 1마일을 4분 미만으로 달린 로저 배니스터 Roger Bannister 부터, 투르 드 프랑스[2]에서 7연패를 달성한 랜스 암스트롱까지 모든 선수들에 대해 논의했다. (암스트롱은

---

[2] Tour de France, 프랑스에서 매년 7월에 열리는, 약 3,500km의 거리를 3주 동안 달리는 세계적인 도로 사이클 경기 대회

결국 도핑 스캔들로 모든 기록이 말소되었지만, 이 수업은 그 전의 일이었다.)

두 선수의 공통점은 간격이 짧고 힘든 노력을 반복적으로 수행하는 방법으로 훈련했다는 점이었다. 내 제자들은 인터벌이 어째서 중거리 달리기 선수나 로드 사이클 선수 같은 이들에게 도움이 되는지 이해하기 어려워했다. 생각해 보라. 이 선수들의 전문 분야는 쉬지 않고 신체 활동을 지속할 수 있는 능력인 유산소 체력에 크게 좌우되지 않는가. 학생들은 "인터벌 트레이닝은 무산소 운동인데, 어떻게 유산소 체력을 향상시킬 수 있나요?"라고 묻곤 했다.

제자들이 던진 질문의 근간에는 많은 사람이 오랫동안 가지고 있던 오해가 있었다. 인체의 유산소 및 무산소 에너지 시스템에 관한 것이었다. 이에 관해서는 나중에 좀 더 자세히 설명하겠다. 지금은 몸이 움직일 수 있도록 힘을 공급하는 방법에는 두 가지가 있다는 정도만 기억해도 좋다. 무거운 물건을 들어 올리거나 전력 질주할 때와 같이 많은 힘이 필요할 때는 주로 무산소계 시스템을 사용한다. 반면, 조깅이나 장거리 사이클링같이 오랜 시간 덜 강렬한 움직임을 수행해야 할 때는 주로 유산소계 시스템을 이용한다.

그렇다면 전력 질주를 반복하면 어떨까? 이런 행위는 특히 유산소계 시스템에 부담을 주는 것으로 밝혀졌다. 학생들에게 이 점을 설명하기 위해 나는 전력 질주를 반복할 때 필요한 에너지에 대한 이해의 발전을 나타내는 그래프를 보여주었다. 1990년대 후반 맥마스터 대학교에서 수행한 연구를 바탕으로 한 것이었다. 이 연구에서 피실험자들은 자전거를 타고 30초의 전력 질주 세 번을 연속으로 수행하고, 그 사이마다 4분의 휴식을 취했다.

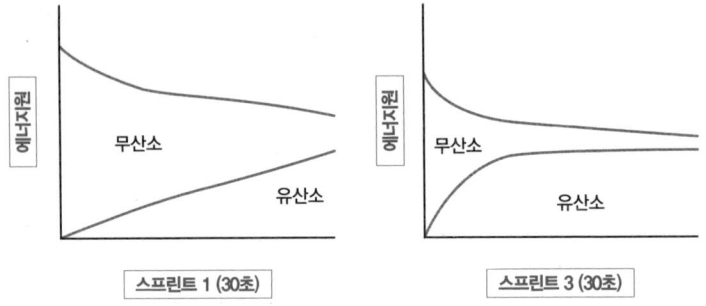

왼쪽 패널은 첫 번째 '온 힘을 다해' 전력 질주하는 동안 에너지 분포를 나타낸다. 에너지 대부분은 무산소계에서 온다. 다만 유산소계의 기여도는 질주하는 동안 점점 증가한다. 오른쪽 패널은 이 패턴이 세 번째 질주 동안 어떻게 변하는지 나타낸다. 유산소계가 에너지의 비중을 점점 더 크게 차지한다. 정확한 에너지 분포는 질주의 지속 시간, 회복 기간, 작업-휴식 주기 횟수 등 여러 요인에 따라 달라진다.

그러나 본질적인 메시지는 같다. 전력 질주하고 휴식하고 전력 질주하고 휴식하는 기본 패턴을 반복할 때 더 많은 에너지가 유산소 대사에서 나온다.

나는 한 가지가 궁금해지기 시작했다. 사람들이 인터벌 운동만 한다면 어떻게 될까? 그렇게 하면 어떤 효과가 있을까? 유산소 컨디셔닝에 어떤 영향이 있을까? 확실한 건, 과학 문헌들 전체에 단서가 뿌려져 있었다. 스칸디나비아의 전설적 생리학자인 벵트 살틴Bengt Saltin이 스웨덴 신병들에 대해 수행한 1973년 연구에서는 인터벌 트레이닝을 통해 짧은 시간 투자에도 불구하고 체력이 빠르게 향상될 수 있다는 결론이 나왔다. 일본의 운동생리학 연구자 타바타 이즈미Izumi Tabata는 1996년에 짧고 강렬한 인터벌을 사용하는 훈련이 심폐 체력을 크게 향상시킬 수 있음을 보여주었다. 그리고 2년 후, 맥마스터에서 내 석사 논문 지도교수이기도 한 던컨 맥두걸Duncan MacDougall은 짧고 힘든 인터벌 운동이 산소로 연료를 소모해 에너지를 만드는 세포 체인 근육의 미토콘드리아의 양을 극적으로 증가시킬 수 있음을 보여주었다.

## 삶을 바꾼 연구

그렇게 2004년 그해, 운동을 못해서 답답함을 느끼고, 시간에 쫓기며, 신체 컨디션이 엉망이었던 나는 소수의 열정적인 대학원생들과 함께 강렬한 브레인스토밍 세션에 들어갔다. (그 후 수년 동안 감사하게도 내 연구에 크게 기여해 준 많은 제자들이 있었으며, 그들의 이름은 내 여러 논문에 기재되어 있다. 다른 공동 연구자들과 그들의 제자들도 마찬가지다.) 인터벌 트레이닝의 효과가 무엇인지, 이것이 더 효율적인 운동 방법인지 연구하고 싶었다. 정말 인터벌 운동으로 장거리 달리기나 자전거 타기의 모든 효과를 훨씬 더 적은 시간을 들이고도 얻을 수 있을까? 브레인스토밍하는 동안 우리는 소량의 운동이 어떤 건강 효과를 제공하는지에 집중하기로 했다.

나와 학생들은 어떤 실험을 설계하면 좋을지에 대해 토론했고, 나는 칠판에 격렬하게 글을 써 내려갔다. 목소리가 점점 커지고, 칠

판이 그래프와 방정식으로 점점 빼곡해졌다. 분필 먼지구름이 공중에서 소용돌이쳤다. 몇 번의 인터벌이 필요할까? 각 인터벌은 얼마나 지속되어야 할까? 휴식일은 며칠이 적당할까?

우리는 고강도 인터벌의 힘을 연구하기 위한 간단하고 짧고 집중적인 실험을 고안해냈다. 동료 학자들의 연구 덕분에 우리는 인터벌 운동이 심혈관 건강을 증진시키고, 근육조직에서 에너지를 생성하는 미토콘드리아의 수를 늘릴 수 있다는 것은 알고 있었다. 하지만 이러한 적응이 얼마나 빨리 일어나는지, 효과를 발휘하기 위한 최소한의 운동은 어느 정도인지는 알지 못했다. 그리고 훌륭한 옛 방식의 일정한 유산소 운동 중에 전력 질주가 어떤 성능 향상 효과를 일으킬 수 있는지 정확히 알지 못했다.

우리는 몇 번의 스프린트sprint, 단거리 전력 질주가 지구력을 향상시킬 수 있는지를 알아보기 위한 실험을 설계했다. 그 원리는 이러했다. 고정 운동량으로 설정된 고정식 실내 자전거에 탄 피실험자가 얼마나 오래 페달을 밟을 수 있는지 평가했다. 그런 다음 피실험자들은 2주 동안 6회의 트레이닝 세션을 진행했다.

피실험자들이 실시한 여섯 번의 훈련은 고정식 실내 자전거를 타고 전속력으로 질주하는 것이었다. 이것은 이스라엘의 스포츠 기관인 윈게이트 연구소Wingate Institute에서 개발된 윈게이트 테스트Wingate test로, 어떤 사람이 자신이 할 수 있는 최대한의 속력으로 자전거나 스케이트나 달리기나 수영을 하기 위해 드는 전력에 해당하는 무산소 힘을 측정하기 위해 고안된 방법이다. 일단 자전거 안장에 올라타 30초 동안 높은 저항에 맞서 최대한 빠르고 강하게 페달을 밟는다. 핵심은 전력을 다하는 것이다. "할 수 있는 한 최대한으로 질주하세요." 나는 피실험자들에게 이렇게 말했다. "달려오는 차 앞에 서 있는 아이를 구하려 급히 뛰어가는 것처럼, 그만큼 빨리 가야 합니다."

윈게이트 테스트는 유용한 도구가 될 수 있다. "윈게이트 사이클 테스트를 한 번도 해 본 적이 없다면, 어떤 느낌인지 설명해 보겠다." A. J. 제이콥스A. J. Jacobs는 〈에스콰이어〉 매거진에 실린 인터벌 트레이닝 관련 기사에서 이렇게 말했다. "당신의 다리는 마치 아기를 낳는 것 같다. 종아리에는 어제 마티니 여덟 잔을 마신 것 같은 숙취가 느껴진다. 얼굴은 AVN 상을 수상한 스리섬 장면의 포르노 스타처럼 일그러진다. 입에서는 스래시 메탈 콘서트의 피드백 같은 소음이 쏟아져 나온다. 한 가지 장점은 이 모든 것이 30초만 지나면 끝난다는 것이다." 윈게이트 테스트가 얼마나 고통스러운지에 관한 제이콥스의 설명에는 아주 약간 과장이 섞여 있기는 하지만, 전반적 요점은 맞다. 자신의 모든 힘을 다 쏟아내야 한다.

우리의 실험에 참가한 여덟 명의 피실험자들은 맥마스터의 신체운동학과 주변을 맴도는 운동을 좋아하는 젊은 남녀들이었다. 그들은 일주일에 두 번 정도 운동 활동에 참여했지만, 구조화된 훈련 프로그램에는 참여하지 않았다. 연구의 첫 번째 운동은 네 개의 윈게이트였다. 즉 각각 30초 동안의 총 4회의 전력을 다한 사이클링과 그 사이마다 4분의 휴식이 주어졌다. 훈련 세션은 운동 신진대사 연구 그룹Exercise Metabolism Research Group의 연구실에서 진행되었다. 이 연구실은 넓고 천장이 낮은 방으로, 수많은 컴퓨터와 모니터, 호흡관, 그리고 고정식 자전거, 러닝머신 같은 운동 장비로 가득 차 있었다. 흡사 〈

블레이드 러너〉나 닐 블롬캠프의 공상과학 영화의 한 장면이라 해도 이상하지 않을 모습이었다.

훈련은 꽤 강렬했다. 우리는 실험 기록에 피실험자들이 전력 질주하는 동안 '구두로 격려받았다'고 언급했다. 실제로 있었던 일에 대한 아주 점잖은 묘사가 아닐 수 없다. 내가 경험한 실험실 환경 중 가장 시끄럽고 열정적인 분위기였으니 말이다. 연구실에는 록 음악이 울려 퍼졌고, 각 참가자가 전력 질주를 시작할 때마다 여섯 명의 대학원생이 모여 격려를 보냈다. 큰 목소리로 "할 수 있어요! 그렇지! 계속해요!"라며 끊임없이 소리를 질렀다. 전력 질주가 끝나면 하이파이브를 하고 등을 두드려주었다.

가장 흥미진진한 날은 2주간의 교육이 끝나고 실험의 마지막 부분을 수행했을 때였다. 훈련을 시작하기 전에 피실험자들에게 최대한 긴 시간 동안 부하량이 고정된 실내 자전거 페달을 밟아 달라고 요청했던 것을 기억하는가? 이제 그걸 다시 해 달라고 요청했다. 이것은 스프린트 훈련 세션의 잠재적 운동 능력 향상 효과를 평가한 연구의 핵심 측정 척도였다. 피실험자들의 성적이 어떻게 나올지, 심지어 효과가 있을지조차 전혀 모르는 상태였다. 우리는 단 6회의 스프린트 훈련 세션의 결과를 테스트하고 있었다. 이 연구에서 운동에 소요된 총 시간은 16분에 불과했다. 이러한 훈련이 지구력 향상에 정말 도움이 될까?

여덟 명의 스프린트 훈련 피실험자들이 차례로 최종 테스트를 진행했다. 연구실은 조용했다. 객관성을 위해 참가자들에게는 이 부분에 대한 격려나 피드백을 전혀 제공하지 않았다. 또한 우리는 피실험자들 성적에 영향을 미치지 않기 위해 최대한 무표정을 유지했다.

결과가 나왔을 때 우리는 더 이상 무표정을 유지하기가 어려웠다. 결과는 충격적이었다. 스프린트를 한 피실험자들의 지구력 시간이 두 배로 늘어났다. 훈련 전에 8명의 피실험자는 지칠 때까지 평균 26분 동안 자전거 페달을 밟을 수 있었다. 하지만 인터벌 트레이닝 6회 후 그들의 평균 시간은 51분이었다. 놀라운 결과였다.

스프린트 인터벌 훈련이 얼마나 강력한지, 그리고 전반적인 체력을 향상시킬 수 있는 잠재력이 얼마나 큰지 알게 된 순간이었다. 놀라운 일이었다. 설거지를 하는 데 소요되는 정도의 시간만으로 이 젊은 남녀들은 그들의 지구력을 두 배로 늘린 것이다. 내 연구실에서 겪어 본 경험 중 가장 놀라운 결과였다.

스프린트는 피실험자들의 신체를 다른 방식으로도 변화시켰다. 우리는 훈련 전후에 허벅지 근육의 조직검사를 진행했다. 그 결과, 스프린트 인터벌 훈련 후 피실험자들의 근육에 훨씬 더 많은 미토콘드리아가 있는 것으로 나타났다. 핵심 효소 마커인 구연산염 합성효소citrate synthase가 증가했기 때문이다. 미토콘드리아는 근육의 발전소이기에 이는 유의미한 결과였다. 운동생리학에 대해서는 4장에서 더 자세히 이야기하겠지만, 간단히 말하자면, 미토콘드리아가 많을수록 유산소 에너지를 더 빠르고 덜 피로하게 생성할 수 있다.

적은 양의 훈련으로 이렇게 강력한 효과를 낼 수 있음이 입증된 최초의 연구였다. 이 결과에 대해 나는 여러 측면에서 놀라지 않을 수 없었다. 전력을 다하는 것, 최선의 노력을 기울이는 행위에는 매우 강력한 무언가가 있었다. '무산소' 운동으로 여겨졌던 이 짧고 강렬한 인터벌 운동은 유산소 에너지 대사를 개선하는 일종의 마법에 가까운 능력을 지닌 것으로 보였다. 그렇게 엄청난 효과를 내는 데 이렇게 적은 양의 운동으로도 충분하다니, 나는 도무지 이해할 수 없었다. 단 여섯 번의 훈련 세션으로 지구력이 두 배로 증가했다고? 단 16분의 힘든 운동만으로?

마치 기적 같았다. 10년이 지난 지금까지도 나는 체력과 건강을 증진하는 데 필요한 인터벌 트레이닝의 양이 얼마나 적은지 여전히 놀라움을 금치 못한다.

또한 이것을 기억해야 한다. 우리는 연구를 용이하게 하기 위해 제자리에 고정된 자전거를 사용했지만, 달리기, 조정, 심지어 계단 오르기 같은 전력 질주에 도움이 되는 모든 활동에 대해 결과가 같으리라 생각했다. 그리고 그로부터 10년 이상이 지난 지금, 이러한 기대는 현실이 되었다.

운동생리학 분야의 최고 학술지 중 하나인 〈Journal of Applied Physiology〉에서 2005년 6월 1일에 이 연구를 발표했다. 이 연구의 중요성을 강조한 특집 사설도 함께 실렸다. 텍사스대학교의 생리학자이자 인체 수행 능력에 관한 전문가인 에드워드 코일은 이 연구가 "매우 격렬한 운동의 '뛰어난 능력'을 상기시켜 준다"며, "훈련받지 않은 사람들이 매우 강도 높은 전력 질주 훈련을 하면 유산소 지구력이 현저히 증가할 수 있다는 최초의 과학적 기록인 것 같다"고 말했다.

즉, 강도 높은 스프린트 인터벌 트레이닝은 '가성비'가 뛰어난, 매우 시간 효율적인 운동 방법이라는 점을 다시 알려준다.

그 주에 맥마스터대학교의 홍보 담당자에게서 연락이 왔다. "신문 기자들과 방송 기자들 열 분이 교수님을 인터뷰하고 싶다는데요." 그전까지는 한 번도 내가 한 일이 그런 종류의 관심을 끌었던 적이 없었다. 나는 전국 텔레비전의 아침 뉴스 생방송에 출연하게 되었다. 그리고 관심은 눈덩이처럼 불어났다. 열 건의 인터뷰 요청이 스무 건이 되고, 백 건이 되었다. 나중에는 모든 언론 요청에 응할 수 없을 정도였다. 이메일의 받은 편지함이 흘러넘쳤다. 현실이 아닌 것만 같았다. 이러한 언론의 압도적인 관심이 부담스러웠던 기억이 난다. 그렇게 그 단 하나의 연구가 앞으로의 내 연구 방향을 결정하게 되었다.

## 두 번째 실험

그 첫 번째 실험 이후, 나는 내 개인 운동에 인터벌을 적용하기 시작했다. 물론 나에게는 어떨지 실험해 보고 싶은 호기심도 있었지만, 실용적인 측면에서도 의미가 있었다. 시간이 가장 큰 요인이었다. 인터벌의 힘을 활용하면 운동에 들어가는 시간을 3분의 1로 줄일 수 있었다. (물론, 인터벌의 운동 효율은 사실 이보다도 훨씬 더 뛰어나다는 것이 나중에 후속 연구를 통해 밝혀졌다.) 당시 나는 겨우 30대였지만, 스물한 살 때 달리기로 부상을 당하고 관절경 수술을 받은 탓에 왼쪽 무릎에 퇴행성 관절염이 나타나고 있었다. 그래서 나는 개인 운동을 할 때 충격이 적은 활동을 선호했다. 내가 자주 사용하던 운동 루틴은 실내 제자리 자전거 사이클링을 하는 것이었다. 이는 고강도 인터벌 트레이닝에 매우 적절한 운동이다.

스프린트는 내게 시간을 아껴주는 효과 외에도 여러 장점이 있었다. 첫 번째 연구가 끝날 때 피실험자들은 기분이 이렇게 좋은 적이 없었다고 보고했다. 나도 비슷한 효과를 경험했다. 몇 번의 인터벌 운동 후에 나는 에너지가 가득 충전된 것 같은 느낌을 받았다. 사실 그 효과가 너무 놀라워서 정량화하는 방법에 대해 생각하기 시작했다. 어느 정도로 강력한 효과인지 수치로 나타낼 수 있을까?

우리 팀은 그것을 알아보기 위한 실험을 설계했다. 다시 한번, 우리는 브레인스토밍 세션을 위해 소그룹으로 모였다. 우리의 아이디어는 고강도 인터벌 트레이닝을 보다 전통적인 지구력 트레이닝과 직접 비교하는 것이었다. 미지의 영역으로 나아가고 있었다. 내가 아는 한, 몇 번의 짧고 힘든 인터벌이 포함된 운동을 많은 양의 일정한 상태의 연속적인 운동과 비교한 이는 아무도 없었다. 그래서 우리의 스프린트 훈련 프로그램을 전형적인 신체 활동 가이드라인에 기초한 중등도 지구력 훈련의 격렬한 요법과 비교하기로 했다. 우선 20명의 사람을 모집하여 두 그룹으로 나누었다. 각 그룹에는 다섯 명의 남성과 다섯 명의 여성이 있었다. 그들은 첫 번째 연구의 피실험자들과 마찬가지로, 주로 교내 스포츠 동아리에 참여하거나 비교적 규칙적으로 운동을 하지만, 구조화된 훈련은 하고 있지 않은 대학생들이었다.

한 그룹은 6주 동안 매우 엄격한 지구력 훈련 요법으로 운동했다. 이 피실험자들은 일주일에 5일 동안 하루 40~60분 동안 고정식 자전거를 탔다. 그들은 공중 보건 가이드라인에서 권장하는 적당한 범위인 자신의 최대 유산소 능력의 65%로 사이클링했다. 심박수를 높이고 땀을 흘리기에 충분한 페이스였다.

다음 그룹은 인터벌 트레이닝 그룹이었다. 그들도 마찬가지로 6주 동안 훈련했지만, 훨씬 적은 노력과 시간이 소요되었다. 첫 번째 연구에서 사용된 프로토콜을 모델로 했다. 피실험자들은 운동용 자전거 기구에서 2~3분 정도 몸을 풀고 시작했다. 그런 다음 30초 스프린트를 수행했다. 4분 30초 동안 휴식을 취한 후 또 다른 스프린트를 4~6회 반복했다. 일주일에 5일이 아닌 3일을 이렇게 트레이닝했다.

이 시점에서 인터벌 트레이닝 그룹이 운동한 시간이 얼마나 적은지 파악하는 것이 중요하다. 그들의 주간 총 운동 시간은 지구력 훈련 그룹의 1/3에 불과했다. 심지어 이는 피실험자들이 느린 속도로 사이클링하는 '휴식 시간'까지 더했을 때 얘기다. 인터벌 후 회복하면서 아주 천천히 페달을 돌리는 시간 말이다.

인터벌 시간만 계산하면, 즉 피실험자들이 힘든 운동을 수행한 시간만 합산하면, 스프린트 그룹은 일주일에 10분 미만 정도로 운동했다. 반면 상대 그룹은 주당 4시간 30분의 연속적 중간 강도 운동을 진행했다. 스프린트 그룹이 운동에 소비한 시간은 지구력 그룹에 비하면 5%도 되지 않았다.

두 그룹을 비교하는 또 다른 방법은 그들이 자전거 페달을 밟을 때 소비한 에너지의 양을 고려하는 것이다. 우리는 에너지 단위인 킬로줄(kJ)로 일의 양을 측정했다. 지구력 그룹은 한 주에 2,250kJ의 운동을 수행했다. 이는 75와트의 소비전력을 가진 전구를 8시간 이상 켜

둘 수 있는 에너지이다. 반면, 스프린트 그룹의 운동량은 이의 1/10 수준이었다. 그들이 수행한 일의 양은 일주일에 약 225kJ이었다. 이는 전구를 50분 정도 켜둘 수 있는 에너지이다.

그렇다면 두 그룹의 결과에는 어떤 차이가 있었을까? 간단히 요약하자면, 개선 사항은 우리가 측정한 모든 피트니스 매개변수에 대해 동일했다. 즉, 두 그룹 모두 트레이닝 후 여러 부분에서 개선을 보였지만, 변화 정도에서는 두 그룹 간에 유의미한 차이가 감지되지 않았다. 유산소 체력 향상, 피실험자의 근육 내 미토콘드리아 증가량, 연료 사용의 변화, 특히 운동 중 피실험자의 지방 연소 능력 모두 똑같았다.

실험 결과를 정리하자면, 일주일에 약 10분의 고강도 운동을 하면 같은 일주일 동안 전통적 지구력 훈련을 4시간 30분 한 것과 같은 수준의 체력 향상 효과가 나타났다. 정말 놀랍지 않은가. 훈련량과 시간이 훨씬 적음에도 불구하고, 극소량의 스프린트로도 엄청난 양의 지구력 훈련을 한 것과 같은 효과가 인체에 나타나는 것이다.

## 그렇다면, 일주일에 단 몇 분만 운동해도 건강해질 수 있을까?

정답은 의심의 여지 없이 'Yes'이다. 인터벌 트레이닝은 단거리 달리기 선수들만을 위한 운동 방법이라고 주장하던, 인터벌 훈련은 유산소 컨디셔닝에 별 도움이 되지 않는다고 말하던 코치들과 트레이너들을 기억하는가? 그들의 말은 틀렸다. 고강도 인터벌 운동은 심폐 건강 향상에 있어 지금까지 인류가 발견한 가장 강력한 방법일 수 있다.

엄격하게 통제된 조건하에서, 가장 저명한 피어 리뷰 생리학 저널에 발표된 여러 실험을 통해, 우리 연구진을 비롯한 전 세계 연구자들은 일반적으로 다량의 지구력 훈련을 생각하면 떠오르는 혜택을 소량의 인터벌 훈련만으로 얻을 수 있다는 것을 보여주었다.

강도가 높을수록, 더 빨리 달릴수록, 운동해야 하는 시간이 줄어든다. 짧은 시간에 최대한 강도로 움직이면, 힘든 운동의 5% 미만, 소모된 일의 양의 10%, 총 운동 시간의 1/3만으로 지구력 운동의 긍정적 효과를 누릴 수 있다. 우리의 첫 실험은 이미 10년도 넘게 지났지만, 아직도 이 결과를 생각하면 나는 놀라움을 금치 못한다.

그러나 이를 갈고 얼굴을 붉히는 강도의 운동이 여러분의 취향이 아니라 해도, 인터벌 트레이닝의 이점을 적용할 수 있다. 강도를 높일수록 운동 시간 측면에서 효율이 올라간다. 최대한 빨리 전력 질주하는 것이 내키지 않는다면, 90% 정도로 하면 된다. 80%도 괜찮다. 뛰지 않고 걷는다 해도, 같은 운동을 일정한 속도로 하는 것보다는 더 나은 것으로 보인다. 강도를 다양하게 바꾸기만 하면, 일반적인 적당한 수준의 운동에 비해 더 큰 효과를 얻을 수 있다.

다음 장에서는 인터벌 트레이닝의 흥미진진하고 폭발적인 과학적 근거를 소개하고, 약간의 인터벌 트레이닝이 어떻게 현저하게 유익한 효과를 촉발할 수 있는지, 그 이유는 무엇인지에 대한 현재의 과학적 해석을 설명하겠다.

그런 다음, 역사상 가장 위대한 운동선수들이 어떻게 인터벌 트레이닝을 활용하여 세계 기록을 경신했는지에 대한 논의를 비롯해 인터벌 트레이닝의 기원을 알아보겠다.

그다음은 진정한 재미가 시작된다. 인터벌 운동의 맛보기 샘플을 제공하겠다. 그리고 인터벌 트레이닝의 심리학에 대해서도 논의하겠다. 어떻게 하면 스프린트를 최대한 효과적으로 하기 위해 몸과 마음을 속일 수 있을까? 그리고 최종적으로, 운동의 미래와 앞으로 수십 년 동안 어떻게 운동해야 할지 고민해보자. 자, 이제 시작해 볼까?

# CHAPTER 2

# 운동 강도의 원리

모든 사람이 우리 연구실에서 나온 인터벌 트레이닝에 관한 최초의 몇 연구에 설득된 건 아니었다. 2005년에 첫 번째 연구가 발표된 후, 여러 생리학자들이 '믿을 수 없다'는 반응을 보였다. 우리 연구실에서는 매년 같은 지역의 여러 과학자들이 모여 각자의 연구 주제에 대해 논의하는 연례 컨퍼런스에 참가한다. 하루는 제자가 우리 연구 결과를 발표하고 나자, 곧바로 다른 과학자가 일어서더니 우리 연구가 엉터리라고 말했던 기억이 난다. 정확하진 않지만 대략 이런 내용이었다. "말도 안 되는 소리 말아요. 고작 몇 분 동안 질주하는 것만으로 이렇게 놀라운 효과가 나온다고요? 거기다 불과 2주 만에 가능하다고요? 믿을 수 없네요."

어떤 면에서는 나도 그들의 회의적인 태도를 이해할 수 있었다. 나조차도 믿기 힘든 결과였으니까. 하지만 우리는 그 연구 결과가 나온 직후, 결과를 확인하기 위해 추가 실험을 진행했었다. 그리하여 저명한 여러 학술지에 더 많은 사설이 실렸다. "최소한의 노력으로 건강한 몸을 만들고 싶은 사람들에게 기발라 교수의 연구는 희망을 준다." 키이스 바Keith Baar는 〈Journal of Physiology〉 학술지의 사설을 통해 이렇게 말했다. "고작 3분 만의 투자로 VO2max와 인체 수행 능력을 향상시킬 수 있습니다."

전 세계의 여러 과학자들이 우리의 결과를 재현해냈다. 인터벌 트레이닝의 효과는 진짜였다. 그런데 그 원리는 무엇일까? 어떻게 적은 양의 운동이 그렇게 큰 효과를 일으킬 수 있는 걸까? 2000년대 중반, 우리의 연구 결과에 감탄한 세계 최고의 운동과학자들도 같은 궁금증을 가지고 있었다. 나도 마찬가지였다. TV에 출연하거나 신문 인터뷰를 하면 어김없이 진행자나 기자는 인터벌 운동의 강력한 효과의 원리가 무엇인지 내게 물었다. 나는 정말로 그 답을 몰랐다. 하지만 한 가지 분명한 사실은, 나도 그 답을 알아내고 싶었다는 것이다.

앞서 말했던 것처럼, 우리 연구실에서 HIIT에 관한 연구를 시작했을 때 나는 조교수로서 두 번째 3년 계약을 막 맺었었다. 〈Journal of Applied Physiology〉에 실린 논문과 이와 유사한 다른 연구 덕분에 나는 정년이 보장된 부교수로 승진할 수 있었다. 2005~2006학년도는 나에게 처음으로 안식년을 보낼 기회를 주었다. 안식년이란 교수가 강의와 행정 업무에서 벗어나 1년을 온전히 연구에 집중할 수 있도록 하는 학계의 제도이다. 내가 원하는 것은 무엇이든 파헤칠 수 있었다. 아주 매력적인 조건으로 들릴 수 있겠지만, 상당히 부담되기도 한다. 특히 경력 초기에는 더욱 그렇다. 당시 나의 성장세를 유지하려면 강력한 무언가가 필요했다.

그래서 나는 내 연구를 발전시킬 방법을 찾기 위해 내 지적 호기심을 따라갔다. 그러다 마침내 밤잠을 설치게 했던 질문에 대한 답을 찾을 기회가 주어졌다. 인터벌 트레이닝이 효과가 있는 이유는 무엇일까? 왜 그렇게 강력한 걸까?

이는 답을 찾기에 상당히 까다로운 질문이었다. 전통적인 지구력 훈련이 인체 수행 능력의 향상을 유발하는 운동생리학적 원리도 아직 완전히 파악되지 못하고 있었기 때문이다. 당시 알려져 있던 사실은 트랙 한 바퀴를 도는 것이든 도로에서 자전거를 많이 타는 것이든, 트레이닝은 다음번에 더 빠르고 더 오래 운동할 수 있도록 전신의 적응을 일으킨다는 것이었다.

가장 흥미로운 연구 중 하나는 지구력 운동으로 활성화된 근육의 분자 신호를 관찰하는 것과 관련이 있다. 실제로 과학자들은 이러한 단백질 중 일부가 다음번에 더 쉽게 운동할 수 있게 신체가 변화하도록 자극하는 신호라는 사실을 알게 되었다.

이 과정에 대한 최고의 연구 중 일부는 호주의 마크 하그리브스 교수의 연구실에서 이루어졌다. 나는 마크의 연구실에서 진행되고 있었던 연구를 해보고 싶었다. 다만 지구력 훈련의 효과를 연구하는 대신, 신체가 인터벌 훈련에 어떻게 반응하는지 살펴보고 싶었다.

나는 먼저 마크에게 이 아이디어를 제안해야 했다. 마침 게토레이 스포츠과학연구소GSSI에서 주최하는 컨퍼런스에 나 또한 초대받기 시작하던 때였다. 2000년대 중반 운동생리학자에게 GSSI의 위원회는 최상위 극소수만의 클럽과도 같았다. GSSI 위원회는 해당 분야에서 가장 뛰어난 지성인이자 가장 존경받는 과학자들로 구성되어 있었다.

마크는 GSSI 과학자문위원회GSI Science Advisory Board에 속해 있었다. 이 위원회는 매년 회의에 젊은 과학자 몇 명을 초대해서 최신 주제에 대해 발표할 기회를 주었다. 과학 연구자의 커리어에 있어 이 회의에 초청받는 건 코미디언이 〈The Tonight Show Starring Johnny Carson〉[3] 출연 섭외를 받는 것과 같은 영광이었다. 심지어 GSSI 자문위원회에 합류할 기회를 받는다는 건, 내가 출연하는 코너의 촬영을 마친 후 조니가 "다음 촬영부터는 제 옆에 앉으실래요?" 하며 초대하는 것과 같았다. 그야말로 과학 연구자로서 성공한 인생이자 커리어의 상징이라 해도 과언이 아니었다.

내가 처음 참석한 GSSI 회의는 애리조나주 피닉스에 있는 유서 깊고 아름다운 디자인의 애리조나 빌트모어 호텔에서 개최되었다. 행사가 너무 잘 진행된 나머지 나는 나중에 이사회에도 초대받았다. 그것이 내 커리어의 전환점이었다. 소위 성공한 자들의 모임의 일원이 된 것이었다.

아마 그때쯤 마크에게 내가 멜버른 연구소에서 일할 수 있을지 처음 물었던 것 같다. 감사하게도 마크는 날 좋게 봐주어 그 제의를 흔쾌히 받아들였다. 얼마 후 나는 멜버른에서 안식년을 맞았다. 이제 나에게 주어진 숙제는 인터벌 트레이닝의 강력한 효과의 메커니즘을 알아내는 것이었다. 이 연구의 최전선에 머물기 위해서는 누구보다도 먼저 연구를 수행해야 했다. 경주가 시작되었다.

---

[3] 방송인 조니 카슨이 진행한 1962~1992년 NBC에서 방영한 미국의 심야 토크쇼.-옮긴이

## 생리학 101

다음에 무슨 일이 일어났는지 이해하려면 인체 건강의 생리학에 관해 몇 가지 사항을 이해해야 한다. 체력fitness의 중요한 측면 중 하나는 심장과 폐가 몸 전체에 혈액과 산소를 얼마나 잘 공급하는가이다. 대부분 사람이 '유산소 체력'에 대해 말할 때 의미하는 바가 바로 이것이다. 체력을 구성하는 또 다른 요소는 근육이 전달받은 산소를 얼마나 잘 사용하는지이다. 근육은 산소를 사용해 당이나 지방 같은 연료를 태운다. 이 복잡한 과정을 통해 아데노신 삼인산adenosine triphosphate, 줄여서 ATP라 부르는 에너지를 머금은 분자를 생성한다.

인체의 모든 움직임에는 ATP가 필요하다. 인체에는 필요할 때 언제든 ATP가 확보되어 있도록 하는 복잡하고 놀라운 시스템이 있다. 예를 들어, 여러분이 지금처럼 조용히 앉아 인터벌 트레이닝에 관한 책을 읽는 동안에는 ATP에 대한 전반적인 수요가 상대적으로 낮다. 따라서 몸 안에서 근육에 ATP를 공급하는 데 필요한 모든 것들—심박수, 호흡수, 근육에 분배하는 산소의 양 등—이 이완되고 느려진다. 하지만 만약 여러분이 책을 읽는 중에 화재경보기가 갑자기 울린다면, 불이 나서 당장 최대한 빨리 안전한 곳으로 달려가야 한다면 어떨까? ATP에 대한 수요가 급증하고, 심장 박동이 빨라지고, 호흡이 점점 더 깊어질 것이다.

그렇게 화재 속에서 질주하는 순간, 몸에 무슨 일이 일어나는지 살펴보자. 여러분은 화재경보기 소리를 듣고 소파에서 일어나 집 밖으로 뛰어나간다. 이를 가능하게 하고자 여러분의 몸에서는 많은 일들이 한꺼번에 일어난다. 이 모든 일은 에너지가 가득한 ATP 분자와 관련이 있다.

근육은 소량의 ATP만 저장하고 있다. ATP는 상대적으로 무거운 분자이므로 대량으로 보관하고 있는 것은 효율적이지 않다. 그래서 많은 양의 ATP를 저장하지 않는 대신, 신체는 다른 방식으로 에너지를 저장한다. 마치 돈을 보관하는 방법과 비슷하다. 우리는 외출할 때 어딘가에 쓰기 위해 돈을 가지고 다닌다. 100원짜리 동전을 많이 지니고 다닐 수도 있겠지만, 이렇게 하면 지갑이 무거워 불편하다. 천 원, 만 원, 5만 원 등 다양한 단위 지폐의 형태로 자금을 보관하는 것이 더 효율적이다. 우리는 주머니에 엄청난 양의 동전 대신 다양한 액면가의 지폐를 여러 장 지니고 다닌다. 그리고 돈을 써야 할 때마다 지폐를 '환전'한다.

근육도 이와 비슷한 방법으로 에너지를 보관한다. 에너지를 편리하게 보관하는 형태로는 포스포크레아틴phosphocreatine이 있다. 이 분자는 우리 지갑 속의 천 원짜리 지폐와 같다. 포스포크레아틴은 환전하기 쉽다는 장점이 있지만, 대량으로 보관하지는 않는다. 근육이 수축하기 시작할 때 즉시 ATP를 재공급하는 데 사용된다. 포스포크레아틴은 스프린트를 시작하고 첫 몇 초 동안 가장 많은 양의 에너지를 공급한다. 이 프로세스는 매우 빠르지만, 용량이 매우 제한적이다.

비교적 빠르게 ATP를 공급할 수 있도록 하는 또 다른 과정은 근육에 저장된 당의 일부를 분해하는 과정인 혐기성 해당과정anaerobic glycolysis이다. 이건 지갑에 있는 5천 원짜리 지폐라고 생각할 수 있다. 이 과정은 빠르지만 다소 비효율적이다. 그리고 대사 부산물의 형성으로 인해 수렁에 빠질 수도 있다.

이러한 대사 부산물에는 대표적으로 젖산lactic acid이 있다. 스프린트를 하면 젖산이 근육에 쌓이게 된다. 이는 경주 중에 결국 속도를 늦추게 되는 이유 중 하나다. 젖산의 형성이 피로에 미치는 영향은 사실 상당한 논쟁이 이루어지고 있는 주제로, 이에 대해 자세히 다루려면 별도의 장을 따로 할애하거나 책 한 권을 집필해야 한다. 지금은 혐기성 해당과정이 제한된 용량을 가진 시스템이라는 정도만 이해해도 충분하다.

에너지를 공급하는 훨씬 효율적인 방법은 산소를 사용하여 당, 지방 등을 연소하는 과정인 산화 대사oxidative metabolism이다. 당과 지방은 우리 지갑의 고액지폐다. 앞서 언급한 두 과정보다 느리지만, 다양한 연료를 활용할 수 있다. 게다가 연료가 적절히 제공되기만 하면, 용량이 거의 무한하다.

산화 대사는 정말 놀라운 과정이다. 그 과정이 상당히 복잡해서, 이를 밝혀내는 데 기여한 과학자 중 한 명은 노벨상을 받았다. 그런데 근육세포에 산소가 들어오면 무슨 일이 일어나는 걸까? ATP 생산 과정 대부분은 미토콘드리아라고 하는 세포의 특수 소기관에서 일어난다. 미토콘드리아는 산소와 연료를 빨아들여 고에너지 분자인 ATP를 생성해낸다. 세포에 미토콘드리아가 많을수록 에너지를 위해 ATP를 생산하는 능력이 향상된다. 예를 들어, 정자 세포는 비교적 작은 세포이지만, 중간 부분은 미토콘드리아로 가득 차 있어 꼬리를 빠르게 움직여 난자 쪽으로 이동하는 동력을 제공한다.

요약하자면 유산소 대사의 핵심은 근육의 미토콘드리아에 산소와 연료를 공급하는 것이다.

이 능력이 운동 수행 능력과 전반적 체력 수준을 크게 결정한다. 규칙적으로 운동을 하면 몸은 점점 더 좋아진다. 이것이 훈련의 과정이다. 내가 안식년 동안에 해야 할 숙제는 인터벌 운동이 유산소 대사 증진에 왜 그렇게 효과적인지 알아내는 것이었다. 말 그대로, 인터벌 운동은 어떻게 우리 몸에 변화를 일으켜야 한다는 '신호'를 보내는 걸까?

## 운동에 대한 신체의 반응

운동은 전통적으로 크게 두 가지 범주로 분류된다.

지구력 운동endurance exercise은 일반적으로 장시간 동안 낮은 강도나 중간 강도로 운동하는 것을 말하며, 이러한 운동은 지속적인 움직임을 위한 에너지를 생성하기 위해 산소를 사용하는 신체의 능력을 증가시킨다. 많은 사람이 대표적으로 조깅을 떠올리지만, 장거리 수영, 장거리 자전거 타기 등 다양한 운동을 포함한다.

다른 한 범주는 단시간에 고강도로 운동하는 것으로, 일반적으로 근육의 힘과 사이즈를 키우기 위한 운동으로 알려져 있다. 사람들은 이 유형을 저항 훈련resistance training이라 부른다. 맨몸 팔굽혀펴기부터 무거운 바벨 스쿼트까지 모든 것을 포함하며, 피트니스 센터에서 흔히 볼 수 있는 도르래가 장착된 여러 기구에서 수행할 수 있는 많은 운동을 포함한다.

인터벌 트레이닝의 흥미로운 점은 이 두 가지 광범위한 범주 사이의 중간 지점을 차지하는 것 같다는 점이다. 근력 운동처럼 짧은 시간에 높은 강도로 하는 운동이지만, 지구력 훈련의 효과로 알려져 있었던 효과를 훨씬 짧은 시간에 유발한다.

인터벌 트레이닝이 왜 그렇게 효과적인지 알아보기 전에, 먼저 과학자들이 말하는 신체에 대한 '스트레스'는 무슨 의미인지 짚고 넘어가는 것이 좋겠다. 1930년대 의사 한스 셀리에Hans Selye는 인체가 스트레스에 어떻게 반응하는지에 관한 이론을 세웠다. 셀리에의 일반 적응 증후군general adaptation syndrome 이론에 따르면, 우리 몸은 스트레스를 받으면 다음번에 이와 같은 일을 겪을 때 받는 스트레스를 줄이기 위한 방향으로 반응한다.

사람이 쉬고 있을 때는 항상성이라는 상태에 있는 것이다. 심박수와 호흡수가 상대적으로 낮고 일정하며, 신체의 에너지 요구량과 에너지 공급 능력 사이에 적절한 조화가 이루어져 있다. 그러나 일단 운동을 시작하면, 항상성이 교란되어 신체가 혼미해진다. 공급되고 있는 산소량보다 더 많은 산소가 필요해신다. 근육에 산소를 더 많이 공급하기 위해 심박수를 높이고 더 빨리 호흡한다. 스트레스 요인이 사라지고 몸이 회복되면 신체는 다음번에 같은 스트레스 요인이 나타날 때 신체를 덜 방해하도록 적응한다.

사이클링의 예를 들어 보자. 숨쉬기가 힘들 정도로 페달을 세게 밟고, 이를 오래, 자주 하면, 다음에 자전거를 탈 때 숨쉬기가 그렇게 힘들지 않도록 몸이 바뀐다. 고스트레스 운동을 경험한 몸이 "저기, 이봐! 이거 너무 아프잖아! 다음엔 이 정도로 아프지 않게 조처해야

겠어!" 하며 반응하는 거다.

개념은 매우 간단하지만, 몸 안에서 일어나는 리모델링은 엄청나게 복잡하다. 시간이 지남에 따라 반복되는 운동은 건물을 개조하는 것 같은 반응을 신체에 일으킨다. 단, 공사 기간에도 정상 영업은 계속되어야 한다는 점이 다르다. 마치 오래된 공항 터미널을 완전히 현대화하는 공사를 진행하면서 공항 운영은 계속하는 것 같다. 지구력 운동에 대한 몸의 반응에는 에너지를 생성하기 위한 산소의 공급과 이용을 제어하는 경로의 모든 요소의 변화가 포함된다.

시간이 지남에 따라 심장은 더 우수하고 더 강한 펌프가 되어, 박동할 때마다 더 많은 피를 분출한다. 동맥이 더 유연해져서 혈액을 더 잘 전달할 수 있다. 모세혈관이라고 하는 작은 혈관이 근육조직 사이로 자라나 혈액에 포함된 산소를 근육 섬유에 더욱 효율적으로 전달한다. 그리고 근육은 더 많은 미토콘드리아를 만들어낸다. 미토콘드리아는 산소를 사용하여 연료를 태워 ATP를 생성하는 발전소이다. 고도로 훈련된 지구력 운동선수는 늘 소파에 앉아 있는 사람에 비해 근육에 두 배나 많은 미토콘드리아가 있다.

정말 놀라운 과정이 아닌가. 정원의 호스를 생각해 보라. 만약 여러분의 정원에 있는 호스가 스트레스를 받았을 때 우리 혈관처럼 반응했다면, 잔디밭에 물을 줄 때마다 더 넓어지고 유연해지고, 메인 도관으로부터 작은 미니 호스 가지들이 자라나 각각 풀잎에 수분을 더 잘 분배해줄 수도 있었을 것이다.

그렇다면 신체는 이러한 모든 생리적 적응을 유발해야 한다는 것을 어떻게 '아는' 것일까? 이와 관련된 정확한 메커니즘을 찾아내는 것은 수십 년 동안 우리 분야의 성배 중 하나였다. 근육세포에 관해, 과학자들은 특정 단백질이 분자 연료 게이지 역할을 한다고 여기고 있다. 자동차 탱크의 연료가 부족해지면 대시보드의 경고등이 켜지는 것처럼, 연료량이 떨어지면 근육의 단백질이 활성화된다. 가장 중요한 연료는 ATP라는 것을 기억하자. ATP 양이 떨어지면 가장 중요한 연료 감지 분자 중 하나가 활성화된다.

ATP에 저장된 에너지는 충전식 배터리와 비슷하다. 운동할 때 근육은 사용할 수 있는 에너지인 ATP를 사용한다. ATP는 아데노신 이인산(ADP)과 아데노신 일인산(AMP)이라는 두 가지 대사 부산물로 전환된다. 이 분자들은 재충전할 수 있는 소모된 배터리와 같다. 신체가 다량의 소모된 배터리를 감지하면, 다른 단백질 신호가 활성화된다.

이 중 AMP는 발음하기 쉽지 않은 이름을 가진 5'-아데노신 모노포스페이트 활성화 단백질 키나아제(AMPK) 단백질의 활성화를 유발한다. 그리고 AMPK는 또 다른 단백질을 활성화하는데, 이 이름 역시 길고 복잡하긴 마찬가지다. 과산화소체 증식제 활성화 수용체 감마 보조 활성화제-1알파(peroxisome proliferator-activated receptor gamma coactivator-1alpha)라고 하며, 생리학자들은 대체로 이를 줄여 PGC-1α라고 한다. (마지막 글자 α는 '알파'라고 발음한다.)

PGC-1α는 매우 특별한 분자로 밝혀졌다. 어떤 사람들은 이를 '마스터 조절기'라고 부르기도 한다. 미토콘드리아를 추가로 만드는 데 결정적인 역할을 하기 때문이다. 이렇게 생겨난 미토콘드리아는 산소를 사용해 당과 지방을 태워 더 많은 ATP 분자를 만드는 능력을 증가시키기 때문에 중요하다. 또한 일부 과학자들은 PGC-1α가 노화와 관련된 근육 쇠퇴를 막는 데 도움이 된다고 믿고 있다. 어찌 됐든 우리에게 있어 중요한 사실은 PGC-1$\alpha$가 골격근 리모델링을 유발하여 신체가 이전보다 더 오랫동안 운동을 수행할 수 있도록 하는 핵심 신호라는 것이다.

## 인터벌 트레이닝은 무엇이 다른가

지금까지의 내용을 정리하면 이렇다. 운동은 ATP를 사용하고 많은 AMP를 생성한다. AMP는 여러 신호를 켜는데, 그중 하나는 PGC-1$\alpha$라고 하는 마스터 스위치이다. 그렇다면 이 과정을 시작하려면 얼마나 많이 운동해야 할까? 2005년에 스위스에서 이루어진 연구에 따르면, PGC-1$\alpha$ 마스터 스위치는 근육 수축을 반복적으로, 한 번에 한 시간 이상 수행했을 때 켜지는 것으로 보였다.

거의 대형 공사 수준이다.

하지만 우리는 일주일에 단 몇 분의 운동으로 유사한 근육 리모델링이 일어나는 것을 목격했다. 물론 정말 힘든 강도의 운동이기는 했다. 있는 힘껏 다해 자전거 페달을 돌려야 했다. 그렇다고 해도 놀랍지 않은가.

그해에 우리는 〈Journal of Physiology〉에 한 연구를 제출했다. 16명의 대학생이 2주 동안 6회의 훈련 세션을 수행한 연구였다. 각 훈련 세션에서 피실험자의 절반은 중간 강도의 속도로 90~120분 동안 연속적으로(쉬지 않고) 자전거를 탔다. 나머지 8명의 피실험자는 4

분의 회복 시간을 두고 4~6회의 30초 스프린트를 전면적인 속도로 수행했다. 지구력 훈련 그룹의 총 소요 시간은 2주 동안 10.5시간이었다. 반면, 스프린트 그룹의 총 훈련 시간은 회복 기간을 포함하여 약 2.5시간이었고, 스프린트 그룹의 총 고강도 운동 시간은 단 18분에 불과했다.

2주간 진행한 테스트 결과를 보면, 모든 측정에서 두 그룹의 개선된 점이 거의 동일하게 나타났다. 두 그룹 모두 사이클링 타임 트라이얼[4]은 양만큼 향상되었고, 근육의 분자 구성에서 현저하게 유사한 변화를 보여주었다. 두 그룹이 훈련한 시간의 차이를 감안하면 놀라운 결과였다. 총 18분의 매우 강렬한 운동으로 10.5시간의 전통적인 지구력 훈련과 동일한 혜택을 얻을 수 있다.

생리학자와 운동과학을 따르는 거의 모든 사람에게 인터벌 트레이닝은 기적적인 지름길처럼 보였다. 하지만 그 원리는 대체 무엇이었을까?

바로 그것이 내가 마크 하그리브스의 멜버른 연구실에서 알아내려고 했던 것이었다. 그곳에서 나는 운동이 유발하는 분자 변화를 분석하는 전문가인 션 맥기Sean McGee 박사후연구원과 함께 일하고 있었다.

우리는 4회의 30초 전면 사이클링 노력이 포함된 인터벌 트레이닝의 단일 세션을 수행한 피실험자들의 근육 생체조직 검사를 진행

---

[4] 타임 트라이얼(time trial): 정해진 거리를 최대한 빨리 달려 최상의 기록을 내는 것

했다. 각 30초 사이클링 사이사이는 몇 분 정도 휴식했다. 분석 결과 두 가지 놀라운 사실이 밝혀졌다.

첫째, 우리는 일련의 짧고 힘든 인터벌이 실제로 PGC-1α 생산을 증가시킬 수 있다는 것을 발견했다. 즉, 단 몇 분의 스프린트가 PGC-1α 마스터 스위치를 활성화했다. 사람들은 이를 믿기 어려워했다. 당시 일부 과학자들은 PGC-1α 스위치가 지구력 훈련을 한 번에 한 시간 이상 해야만 켜진다고 생각하고 있었다. 피실험자들이 실제로 수행한 총 운동량은 이전 지구력 연구에서 수행한 운동량의 1/20에 불과했으며 총 훈련 시간의 1/3도 되지 않았다. 우리는 이 마스터 스위치인 PGC-1α가 지금까지 가능하다고 생각했던 것보다 훨씬 적은 전체 운동량으로도 활성화될 수 있음을 보여주었다.

멜버른 연구실에서 발견한 두 번째 중요한 사실은 어떻게 PGC-1α 스위치가 활성화되는지에 관한 것이었다. 지구력 운동 후 PGC-1α를 증가시키는 것으로 여겨지던 몇 가지 신호가 몇 번의 짧고 강한 인터벌로 켜질 수 있음이 밝혀졌다. 예를 들어, 활성화된 단백질 중 하나는 지구력 유형 운동의 긴 발작에 반응하는 우리의 오랜 친구 AMPK였다.

멜버른에서 우리는 인터벌 훈련이 지구력 훈련에 대한 적응을 촉발한 것과 동일한 경로를 활성화할 수 있다는 것을 확립했다. 이전에 우리의 초기 연구 결과에 의문을 제기했던 사람들을 기억하는가? 우리는 인터벌 트레이닝의 효능에 대한 분자적 증거를 갖게 되었다는 사실을 증명함으로써 그들을 침묵시켰다. 우리 연구에 정당성을 부여한 것이다. 꽤 기분이 좋았다. 또한 인터벌 트레이닝의 힘에 대해 이 분야의 사람들을 설득하는 데도 큰 도움이 되었다. 우리는 체력 증진 효과의 지름길이 존재한다는 것을 밝혀냈을 뿐만 아니라, 그것이 어떻게 작동하는지 보여주기 위한 중요한 단계를 밟았다.

## 이 모든 것이 당신에게 중요한 이유

인터벌 트레이닝의 생리학에 관한 미스터리는 여전하다. 심혈관계 부분은 무엇이 조절하는 걸까? 예를 들어, 몇 번의 짧고 힘든 인터벌을 수행하고 나면 심장이 펌프질을 더 잘하게 되는 이유는 무엇이며, 어떻게 더 많은 혈관이 자라날 수 있는 걸까? 맥마스터대학교의 심혈관 생리학자인 머린 맥도널드Maureen MacDonald를 비롯한 전 세계의 여러 명석한 사람들이 이 중요한 질문에 대해 연구하고 있다.

그래도 근육에서 무슨 일이 일어나는 건지 내가 짐작하는 바를 설명해 보겠다. 만약 내 짐작이 사실이라면, 여러분이 어떤 운동을 할지 선택하는 데 큰 도움이 될 것이다.

모든 건 연료 게이지의 개념으로 돌아간다. 전통적인 생각은 지구력 운동을 하면 ATP가 점점 감소하고 ATP 보충에 필요한 연료 저장소가 점진적으로 비워진다는 것이다. 장기간 운동하는 동안 발생하는 연료 저장량의 점진적인 감소는 적응 및 근육 재형성을 조절하는 분자 신호를 활성화한다. 따라서 지구력 운동의 경우 운동 시간이 길어지고 연료 고갈이 클수록 적응 반응이 커진다. 즉, 오래 운동하면 체력이 더 좋아진다.

그러나 인터벌 운동은 상황이 다르다. 20~30초의 짧은 스프린트를 몇 번 할 때 연료 고갈 '총량'은 적당한 수준이다. 특히 중간 강도의 지속적인 운동을 장기간 수행할 때 발생할 수 있는 것과 비교하면 그렇다. 그런데도 우리는 일련의 짧고 힘든 인터벌이 전통적인 지구력 훈련과 같은 정도로 분자 신호 경로를 활성화할 수 있음을 보여주었다. 어떻게 이럴 수 있을까?

내 생각은 이렇다. 인터벌 운동의 경우 근육에 저장된 연료의 절대량이 아닌, 연료 저장량이 변화하는 극적인 속도 때문이다. 핵심은 연료 소모율이다. 인터벌 운동은 더 많은 근육이 운동에 관여한다는 점에서도 지구력 운동과 다르다.

근섬유는 일반적으로 두 가지 범주로 분류된다. 지근 섬유slow-twitch fiber라고도 하는 제1형 섬유는 크기가 작으며 전체 근육조직의 약 절반을 구성한다. 이들은 대체로 많은 힘이 필요하지 않은 비교적 쉬운 움직임을 위해 사용된다. 이 섬유는 중간 강도의 지구력 운동 중에 주로 사용되는 섬유이기도 하다.

속근 섬유fast-twitch fiber라고도 알려진 제2형 근섬유는 주로 많은 힘이 필요한 빠르고 강력한 움직임을 위해 동원된다. 고강도 인터벌 운동 중에 요구되는 노력은 제1형 근섬유뿐 아니라 더 큰 제2형 근섬유도 동원한다. 스프린트는 힘든 일이며 이를 위해서는 모든 근섬유가 필요하다. 인터벌 트레이닝은 근육 전체를 동원하기 때문에 근육은 사용할 수 있는 연료를 훨씬 더 빠른 속도로 소모한다. 너무 빠른 나머지 아주 강렬한 인터벌 트레이닝은 짧은 시간만으로도 트레이닝 적응이 시작된다. 한스 셀리에의 스트레스 적응 이론에 근거한, 운동의 효과는 신체의 항상성 교란에서 비롯된다는 이론을 기억하는가? 인터벌 트레이닝이 매우 효과적인 이유는 아마 짧은 시간에 항상성에서 큰 변화(즉, 높은 수준의 스트레스)를 일으키기 때문일 수 있다.

다른 연구에서는 '운동 간식exercise snacking'이라는 테크닉의 이점을 설명했다. 즉, 운동을 하루에 걸쳐 여러 부분으로 쪼개는 것이다. 2014년에 뉴질랜드 오타고대학University of Otago에서 실시한 연구에서는 두 가지 다른 운동 개입을 수행한 피실험자의 혈당을 추적했다. 전통적인 그룹은 하루에 한 번 30분의 연속 운동을 수행했다. 간식 그룹은 매 식사 전에 빠른 인터벌 운동을 수행했다. 구체적으로는 1분 동안 경사 걷기를 6회 강하게 반복했다. 그 결과, 총 운동 시간은 같더라도 인터벌 운동이 피실험자의 혈당 감소에 훨씬 더 효과적이라는 것이 입증되었다. 아마도 이러한 '간식'으로 운동을 나누면 신체의 균형에 더 많은 교란이 생기는 듯하다. 그래서 매우 효과적인 것이다.

인터벌 트레이닝 연구에서 알게 된 또 다른 사실은 교란의 크기도 중요하다는 것이다. 일반적인 교훈을 말하자면, 교란이 크면 클수록 좋다. 항상성을 깨는 교란이 클수록 적응이 커진다. 따라서 휴식 상태의 항상성 상태에서 가벼운 조깅 상태가 되는 것도 좋지만, 휴식에서 달리기로 가는 것은 더욱 좋다. 무엇보다 가장 좋은 것은 휴식에서 전력 질주로 가는 것이다. 심지어 이 모든 것보다도 훨씬 좋은 건, 만약 가장 짧은 시간 내에 가장 큰 효과를 보고 싶다면, 한 번 운동할 때 여러 방해 횟수를 반복하는 것이다. 가벼운 조깅 인터벌이든, 전력을 다하는 윈게이트 테스트이든 좋다.

예전의 지구력 훈련 사고방식에서 가장 중요한 것은 길고 느린 운동을 통해 우리 자신을 지치게 하는 것이었다. 그러면 연료 저장량이 천천히 감소한다. 이는 강도보다는 지속 시간이 더 중요하다는 점을 시사했다. 얼마나 열심히 운동했는지가 아니라 배터리를 소모할 만큼 충분히 오래 운동했다는 것이다. 하지만 운동에 할애할 무한한 자유 시간이 있는 사람이 과연 몇이나 될까?

이제 새로운 인터벌 사고방식은 운동 시간이 운동 강도보다 훨씬 덜 중요하다는 것을 시사한다. 요령은 가능한 한 빨리 연료량을 낮추는 것이다. 한 번 하는 것도 좋지만, 자주 하는 것은 더 좋다. 자극의 휘발성이 핵심이다. 다양하게 섞어서 운동하자. 항상성을 방해하는 거다. 전통적인 지구력 훈련은 처음부터 한 가지 주요 교란이 항상성을 방해한다. 반대로 인터벌 트레이닝은 반복 횟수만큼 여러 번 방해가 일어난다. 유산소 운동을 시작할 때 발생하는 방해의 힘을 누리되, 그 효과가 더욱 두드러진다. 그런 다음 계속해서 반복해서 수행하면 된다.

정리하자면, 핵심은 세포 안 연료의 절대적 양만이 아니라, 연료량이 감소하는 속도에 있다. 이건 시간이 많지 않은 사람들에게 중요한 정보다. 인터벌은 지름길을 제공한다. 전력을 다해 운동하면 연료 게이지를 아주 빠르게 떨어뜨릴 수 있다. 특히 이를 몇 번 반복하면 효과를 더욱 극대화할 수 있다. 그리고 한때는 몇 시간의 운동을 통해서만 가능하다고 생각되었던 이점을 몇 분 안에 얻을 수 있다.

# CHAPTER 3

## 이 모든 것의 시작

인터벌 트레이닝의 놀라운 혁명은 강도가 시간보다 더 중요하다는 교훈에서 출발한다. 다른 말로 하자면, 얼마나 오래 운동하느냐보다 얼마나 힘들게 운동하느냐가 더 중요하다.

한 가지 유념해야 할 점은, 이 모든 건 유산소 체력을 개발하고 유지하는 것에 대한 논의라는 점이다. 유산소 체력은 오랜 시간 동안 몸을 쓸 수 있는 능력으로, 오랜 세월 건강하고 활동적인 삶을 영위하며, 노화를 줄이고 여러 만성 질환을 피하는 데 가장 중요한 형태의 피트니스다. 만약 여러분의 유일한 관심사가 근력을 키우는 것이라면 상황은 조금 다르다. 하지만 이후 장에서 보게 될 것처럼, 근력과 유산소 체력을 동시에 발전시키는 운동은 얼마든지 쉽게 설계할 수 있다.

운동 강도가 지속 시간보다 더 중요하다는 생각은 피트니스에 대한 많은 사람의 생각과 상반된다. 참 이상하게 들리기는 한다. 장거리를 일정한 속도로 달릴 수 있게 몸을 준비하는 가장 시간 효율적인 방법이 '짧은 시간 동안 아주 빨리 달리기'라니 말이다. 그러나 피트니스에 대한 이러한 접근 방식은 거의 한 세기 동안 존재해 왔다. 이 방식은 수십 건의 세계 기록과 올림픽 금메달을 낳았다. 그리고 지난 10년 동안에야 겨우 해결된 많은 과학적 논쟁을 불러일으키기도 했다.

우리는 기초적인 인터벌 훈련—장거리를 일정한 속도로 달릴 수 있는 능력을 개발하기 위해 단거리를 강하게 밀어붙이는 개념—을 100년 전 핀란드에서 올림픽 챔피언 달리기 선수 한네스 콜레흐마이넨Hannes Kolehmainen이 활용했다는 걸 확실히 알고 있다. 콜레흐마이넨은 1912년 스톡홀름 하계 올림픽에서 5,000m, 10,000m, 크로스컨트리 종목에서 3개의 금메달을 획득했다. 또 다른 핀란드 육상 선수인 파보 누르미Paavo Nurmi는 인터벌 트레이닝 기술을 사용하여 9개의 올림픽에서 금메달을 획득했다. 그중 5개는 1924년 파리 올림픽에서였는데, 당시 1,500m와 5,000m 경기에서 금메달을 획득했다. 심지어 이 두 경기는 겨우 55분 간격을 두고 벌어졌는데도 말이다. 그리고 차세대 전설적인 육상 선수들의 가장 위대한 혁신가인 에밀 자토펙Emil Zatopek은 누르미의 기술을 기반으로 훈련했다. 그는 사실상 모든 훈련을 인터벌로 수행했으며, 오늘날 믿을 수 없는 수준으로 운동했다.

프레드 윌트의 저서 《그들은 어떻게 훈련하는가How They Train》에 따르면, 자토펙 선수는 1952년 올림픽을 위해 훈련하는 동안 200m 스프린트 20회 반복, 400m 스프린트 40회 반복, 그리고 마지막 200m 스프린트 20회 반복으로 구성된 일일 운동을 했다. 인터벌로 하루에 거의 총 15마일을 운동한 것이다. 게다가 인터벌 사이사이 한 번에 200m씩 천천히 조깅했다.

과연 자토펙의 훈련은 그의 올림픽 성적에 어떤 영향을 미쳤을까? 그는 5,000m 및 10,000m 경주와 더불어 1952년 올림픽 마라톤 경기에 참여하기로 했다. 마라톤은 한 번도 달려본 적이 없었는데도 말이다. 두 중거리 경기에서 모두 우승을 차지했고, 이제 장거리 경기 차례였다. 순전히 짧은 스프린트만으로 훈련한 사람이 42.195km의 장거리를 빠른 속도로 달려야 하는 경기에 참여하려고 와 있었다. 영국의 신문 〈가디언〉은 1952년 올림픽의 놀라운 순간을 회고하는 특집 기사를 기획했는데, 이 기사에 따르면 그렇게 긴 경기에서 속도를 조절하는 데 필요한 지식이 자신에게 부족하다고 느낀 자토펙은 세계 기록 보유자였던 영국의 짐 피터스Jim Peters 선수 근처에 머물기로 했다. 실제로 피터스는 첫 10마일은 기록적인 속도로 달렸다. 자토펙은 달리는 동안 대화도 할 수 있었다. 11마일 지점 근처에서 그는 피터스 뒤에 나타났다. "짐, 지금 이 속도가 너무 빠른가요?" 자토펙이 물었다. 경험이 더 많은 주자로서 피터스는 현재 속도가 이미 눈부시게 빠르다고 느꼈지만, 그는 어린 자토펙에게 그렇지 않다고 대답했다. 그러자 자토펙은 곧 속도를 올려 피터스를 쉽게 추월했고, 이 모습을 바라본 피터스는 놀라워했다. 얼마 지나지 않아 피터스는 의욕을 잃었다. 결국 그는 마라톤을 포기했고 자토펙은 대회에서 우승을 거머쥐었다. 5,000m, 10,000m, 마라톤 대회에서 금메달을 딴 그의 위업은 지금까지도 타의 추종을 불허한다.

자토펙의 놀라운 1952년 올림픽 성공 이후 2년이 지났고, 또 다른 역사적 성과가 인터벌 트레이닝의 이점을 코치들과 선수들에게 보여주었다. 당시 1마일 세계 기록은 1945년 4:01.4초 만에 뛰었던 스웨덴의 군데르 하그Gunder Hägg 선수가 보유하고 있었다. 이 사건에 대한 닐 바스콤(Neal Bascomb)의 훌륭한 저서인 《완벽한 마일The Perfect Mile》에 자세히 나와 있듯이, 로저 배니스터Roger Bannister는 1954년 옥스퍼드대학에서 의학 학위를 받고자 공부하고 있었던 영국 학생이었다. 배니스터는 당시 세계 기록을 깨고 싶었을 뿐만 아니라 4분 미만으로 1마일을 뛰고 싶었다. 이 경기는 1/4마일 트랙에서 주로 열렸기 때문에 이러한 기록을 달성하려면 배니스터는 4랩 레이스 동안 각 랩당 1분 미만으로 달려야 했다. 그래서 그는 인터벌로 훈련했다. 대략 10회의 1/4마일 스프린트로 훈련했다. 랩당 평균 66초로 시작하여 결국에는 평균 63초로 기록을 줄였다.

바스콤의 책에 따르면, 배니스터는 기록에 도전하는 날을 1954년 5월 6일로 정했다. 장소는 배니스터가 옥스퍼드 학부 시절에 달렸던 것과 동일한 콘크리트 트랙이었다. 그날은 바람이 많이 불었고 바람의 저항은 모든 기록에 영향을 미칠 수 있었다. 그러나 경주가 시작되기 몇 분 전에 공기가 잠잠해졌고 배니스터는 출발했다. 그는 첫 번째 랩을 58초, 두 번째 랩을 60초, 세 번째 랩을 63초에 달렸다. 즉, 마지막 랩을 59초 이내에 통과해야 했다. 그리고 결국에는 해냈다. 3분 59.4초 만에 1마일을 달성하여 이전 세계 기록보다 2초나 더 빠른 기록을 세운 것이다. 부분적으로는 그의 열망과 의지력, 그리고 인터벌의 힘 덕분이었다.

**배니스터, 자토펙, 누르미** — 그들 각각은 인터벌의 힘을, 그리고 지속 시간보다 강도를 우선하는 원칙을 활용하여, 놀라운 신기록을 세웠다. 그들 외에도 그 시대의 많은 코치와 운동선수들도 마찬가지였다. 그중에는 캔자스대학교 육상 코치 호머 우드슨 '빌' 하기스Homer

Woodson "Bill" Hargiss, 그리고 나이키의 공동 창립자인 오리건대학교의 빌 바우어만Bill Bowerman도 있었다.

여기에서 의문점이 생긴다. 이런 달리기 선수들과 코치들이 1920년대, 30년대, 40년대, 50년대에 인터벌의 이점에 대해 충분히 정통했다면, 나머지 사람들이 그들의 지식을 따라잡기까지 왜 그렇게 오래 걸렸을까? 주류 문화에서는 70년대 조깅, 80년대 제인 폰다Jane Fonda의 에어로빅, 90년대 피트니스 부트캠프 등 수많은 피트니스 유행이 생겨나고 지나갔다. 그렇다면 2010년이 되어서야 마침내 고강도 인터벌 트레이닝의 시간 절약 효과가 운동선수들만의 전유물에서 주류로 넘어갈 수 있었던 이유는 무엇일까? 트랙에서 집 거실과 피트니스 스튜디오까지 도달하는데 왜 이렇게 오래 걸렸을까?

짧게 답하자면, 인터벌 트레이닝은 사실 이미 넘어와 있었다. 다만, 우리가 예상한 방식이 아니었을 뿐이다. 그것은 50년대 후반과 60년대 초반에, 가장 예상 밖의 장소 중 하나인 캐나다 북극의 얼어붙은 툰드라에서 시작되었다. 민주주의의 챔피언인 미국이 공산주의 러시아와 핵탄두로 진행되는 글로벌 체스 전술 게임에서 맞붙었던 냉전의 절정기였다. 만약 러시아가 미국을 기습 공격한다면 최단 경로는 세계 정상인 캐나다 북부를 통과하는 길이었다. 그래서 미국의 동맹국인 캐나다는 자국의 외딴 전초 기지에 조종사와 비행기를 주둔시켰다. 그곳의 캐나다인들은 시베리아 공군 기지에서 날아올 것으로 예상되는 러시아 폭격기와 싸우기 위해 즉시 공중으로 출격할 준비가 되어 있어야 했다.

단, 문제가 하나 있었다. 이 조종사들 중 다수는 겨울철에 해가 거의 뜨지 않고 평균 기온이 화씨 영도(섭씨 -17도)를 거의 넘지 못하는 곳에, 그것도 한 번에 몇 달 동안이나 갇혀 있어야 했다. 자유세계의 운명을 보호해야 하는 막중한 책임을 짊어졌지만, 많은 이들이 일일 활동 부족으로 체력을 잃었다. 1950년대 중반에는 캐나다 조종사의 3분의 1이 비행에 부적합한 상태로 나타났다.

그래서 캐나다 왕립 공군은 이에 대해 조처하기로 했다. 운동과학이라는 학문 분야가 거의 존재하지 않던 1950년대의 일이다. 그러나 정말 다행히도 최초의 운동과학자 중 한 명이 마침 캐나다 국방부에 있었다. 그의 이름은 빌 오르반Bill Orban이었다. 캐나다 초원에서 유년 시절을 보낸 그는 캘리포니아대학교 버클리에서 하키 장학생으로 수학한 후 일리노이대학교에서 박사 학위를 받았다.

오르반은 이 일에 완벽한 적임자였다. 서스캐처원Saskatchewan 출신의 하키 선수로서 그는 길고 어두운 겨울이 있는 지역에서 건강을 유지해야 하는 도전에 익숙했다. 또 다른 사실이 있다. 그는 하키 선수들이 얼음 위에서 하는 짧고 폭발적인 활동이 유산소 체력 향상에 제격이라는 걸 알아차렸다. 마지막으로, 일리노이대학교에 있는 동안 그는 낮은 강도로 장기간 운동해도 체력이 나아지지 않는 경우를 보았다. 이 모든 것을 종합해 볼 때, 그는 운동하는 동안 소모되는 속도와 노력이 전체 운동 시간보다 더 중요하다는 결론을 내렸다.

오르반은 어려운 임무를 맡았다. 캐나다의 외딴 전초기지의 작고 따뜻한 상자에 살고 있는 공군 병사들을 언제든 전투에 즉시 투입될 수 있는 체력 수준으로 유지시켜야 했다. 더구나 운동은 아주 제한된 조건에서 수행되어야 했다. 특수 피트니스 장비를 사용하지 않고 할 수 있는 운동이어야 했다. 게다가 수련생을 건강하고 전투적인 형태로, 강하게 유지시켜야 했다.

오르반이 설계한 프로토콜은 독창적이었다. 그는 그것을 '5가지 기본 운동'을 의미하는 '5BX'라고 불렀고, 일주일에 세 번 반복하도록 고안된 점진적으로 어려워지는 일련의 운동으로 설정했다. 캐나다 왕립 공군은 3년 동안 5BX 프로토콜을 테스트하고 개선했다. 오르반은 이전에 운동해 본 적이 없는 사람들을 위해 입문 레벨을 설계했다. 가장 어려운 레벨은 '챔피언 운동선수들', 즉 전문 스포츠인과 올림픽 선수에게만 해당한다. 두 번째 레벨은 서서 발끝을 닿게 하는 스트레칭으로 시작해, 윗몸일으키기, 등 확장, 팔굽혀펴기로 진행되고, 마무리는 가장 긴 운동인 335보 이상 제자리 달리기로 마친다.

가장 큰 장점은 전면적 강도에 의존했기 때문에 운동 시간은 총 11분에 불과했다는 점이다. 국방부의 일각에서는 더 긴 훈련이 프로그램에 포함되어야 한다고 비판했지만, 오르반은 자기 뜻을 굽히지 않았다. 그는 체력을 개선하고 유지하는 데 장시간의 연속적인 운동은 필요하지 않다고 주장했다. 가장 중요한 것은 운동의 강도였다.

그렇다. 캐나다 왕립 공군은 1950년대 후반에 공군 병사들에게 고강도 인터벌 훈련을 처방했다. 곧 이 훈련은 군대 밖으로 퍼졌다. 캐나다 왕립 공군은 1961년에 5BX에 대한 팸플릿을 발행해 누구나 볼 수 있게 했다. 16,000부의 초판이 순식간에 매진되어 더 많은 수량으로 다시 인쇄됐고 그마저도 매진되었다. 〈Globe and Mail〉 신문에 실린 언론인 알렉스 허친슨Alex Hutchinson의 5BX 현상에 대한 뛰어난 설명에 따르면, 그 후에도 재판과 추가 인쇄가 거듭되었고, 그중 일부에는 이 운동을 여성에 맞춰 변형한 'XBX'라는 피트니스 요법이 포함되기도 했다. 그리하여 1963년까지 판매된 팸플릿의 수는 총 580만 부에 달했다. (내가 언급한 5BX에 관한 정보의 상당 부분은 허친슨의 기사에서 가져왔다.) 지금까지 5BX 운동에 관한 정보는 2,300만 부 이상 발행되었다. 인터넷에서 무료로도 읽을 수 있다. 지금 바로 '5BX'를 검색하면 된다. 100세까지 산 코미디언 조지 번즈_George Burns_는 그의 장수와 건강의 비결은 5BX라고 말했다. 영국의 윌리엄 왕세자도 5BX의 열성적인 수행자이다. 그리고 2014년 〈텔레그래프〉 기사에 따르면 영국의 유명 배우 헬렌 미렌_Dame Helen Mirren_은 5BX가 자기 "젊음의 비약이자 60대에도 여전히 산호색 비키니를 입을 수 있는 이유"라고 언급했다.

    5BX의 요소 중에는 오늘날에는 권장되지 않는 것도 있다. 예를 들어, 5BX의 일부 버전에서 권고하는 윗몸일으키기는 허리와 등에 좋지 않다고 한다. 그래도 짧고 어디서나 할 수 있는 간편한 운동으로 유산소 체력과 근력 모두를 보완한다는 캐나다 왕립 공군의 취지는 오늘날 현존하는 다양한 운동 방법에도 전해 내려오고 있다. "P90X는 마케팅 없는 5BX에 불과하다." 미국 스포츠의학회_American College of Sports Medicine, ACSM_의 전 총장인 칼 포스터_Carl Foster_는 말했다. 마찬가지로, 플로리다주 올랜도에 있는 존슨앤드존슨 생체역학연구소_Johnson & Johnson Human Performance Institute_의 운동생리학자인 크리스 조던_Chris Jordan_은 ACSM의 〈Health and Fitness Journal〉에 5BX와 유사한 목표를 달성하도록 설계된 고강도 서킷 트레이닝 프로그램을 발표했다. "고강도, 제한된 휴식으로 설계된 유산소 운동과 저항 운동의 조합

은 기존 프로그램보다 훨씬 짧은 시간에 수많은 건강 효과를 제공할 수 있다." 조던과 공동 저자인 브레트 클리카Brett Klika는 저술했다.

허친슨의 《Globe and Mail》 기사에 따르면, 조던은 1990년대 영국 육군의 생리학자로 일했던 경험 덕분에 5BX에 대해 알고 있었다. 나중에 미 공군에서 근무하는 동안 조던은 미국 조종사들을 위한 또 다른 버전을 설계했다. 이어 《뉴욕타임스》의 '웰 블로그'에서 2013년 5월 '과학적인 7분 운동'이라는 제목으로 조던의 프로그램을 소개해, 이 프로그램은 5BX급 인기를 얻었고, 조던의 프로그램을 기반으로 한 소프트웨어 프로그램은 가장 많이 다운로드된 피트니스 앱 중 하나가 됐다.

하지만 캐나다에서 온 기묘한 피트니스 유행을 제외하면, 한 가지 미스터리가 여전히 있다. 운동선수들이 1920년대, 30년대, 40년대, 50년대에 인터벌의 대단함을 익히 알고 있었다면, 왜 더 많은 사람이 인터벌이 얼마나 효율적인 건강 증진 운동인지 몰랐던 걸까?

이 질문의 답은 간단하다. 과학이 일반 상식을 따라잡아야 했다. 20세기 중반에 운동생리학이라는 학문은 상대적으로 역사가 짧았다. 우리는 운동 능력을 향상시키는 활동이 인간의 건강도 향상시킨다는 사실을 잘 이해하지 못했다. 그 당시만 해도 운동생리학이라는 학문은 주로 운동에 대한 기본적인 생리학적 반응, 예컨대 장기간 활동에 대한 순환계의 반응이나, 탈수가 작업 능력에 미치는 영향 같은 것들을 설명하는 데 관심이 있었다. 진취적인 초기 생리학자들이 가장 시간 효율적인 훈련 메커니즘 같은 주제를 연구하기 시작하기까지는 어느 정도 시간이 걸렸다. 게다가 전문 육상 선수들은 대체로 자신의 훈련 비법을 투명하게 공유하지 않는다. 기록이 세워진 후 우승자가 세계 최고를 달성할 수 있었던 훈련 방식을 공개하기까지는 일반적으로 몇 년 또는 수십 년의 시차가 있다. 훈련 관행은 파도처럼 일어난다는 것을 깨닫는 것도 중요하다. 인터벌은 50년대 달리기 선수들의 일상이었다. 나중에는 길고 느린 달리기와 테이퍼링(경기가 열리기 전 몇 주 동안 훈련량을 줄이는 것) 관행이 더 많은 관심을 얻었다.

인터벌 트레이닝의 옹호자와 얼리 어답터도 있었다. 그들은 격렬한 운동이 운동 능력을 향상하는 효과적인 방법이라고 주장했다. 독일 남서부 프라이부르크대학의 체육 교수이자 육상 코치인 볼데마르 게르슐러Woldemar Gerschler는 일반적으로 1930년대 후반부터 인터벌 트레이닝의 생리적 효과를 규율 있고 과학적인 방식으로 최초로 조사한 선구자로 여겨진다. 주간지 〈Athletics Weekly〉에 실린 트랙 코치 피터 톰슨Peter Thompson의 칼럼에 따르면, 게르슐러의 인터벌 훈련은 독일 선수 루돌프 하르비히Rudolf Harbig가 800m를 1분 46.6초에 달려 이전 세계 기록을 1.6초 앞당기는 데 기여했다. 톰슨의 칼럼에 따르면, 이 기록은 놀랍게도 이후 16년 동안 유지되었으며, 다음으로 이 기록을 깬 선수인 로저 모엔스Roger Moens도 게르슐러의 코칭을 받았다. 더욱 놀라운 점은, 800m 기록을 세운 지 한 달 후 하르비히는 400m를 46초 만에 달리는 또 다른 신기록을 세웠다는 점이다.

이러한 결과 덕분에 게르슐러는 이후 수십 년 동안 영어권 육상 잡지에서 수시로 인용되는 존재가 되었으며, 인터벌 트레이닝에 관한 독일어책 《인터벌 트레이닝Das Intervall-training》을 공동 집필했다. 1959년 게르슐러의 공동 작업자인 심장 전문의 한스 라인델Hans Reindell과 헬무트 로스캄Helmut Roskamm은 과학 저널에 최초로 실린 인터벌 트레이닝에 대한 설명을 집필했다.

게르슐러는 인터벌 훈련이 인체의 성능을 더 빨리 향상하기 때문에 표준적인 일정 강도 지구력 훈련보다 우수하다고 생각했다. 그는 1963년 뉴스레터 〈Track Technique〉에 기고한 1963년 글에서 "느리게 쉬지 않고 긴 거리를 달리면서 필요한 강력한 자극을 얻으려면 아주 긴 장거리로 훈련해야 한다"라고 썼다. "이렇게 하려면 매일 몇 시간씩 달려야 한다. 그러면 노력이 힘들어서가 아니라 단조로움 때문에 더 지칠 것이다." 이듬해 같은 뉴스레터와의 인터뷰에서 그는 "우리의 관찰 결과는 개인에게 부담이 거의 없는 강도의 장거리 달리기는 거의 쓸모가 없다는 것을 가르쳐 주었다"라고 말했다. 게르슐러의 글은 인터벌 트레이닝과 오늘날까지 존재하는 전통적인 지구력 달리기 방법 사이의 경쟁 관계를 반영한다. "중거리 경주에서 더 빨리 달릴 수 있는 능력을 높이기 위한 목적으로 장거리를 달리는 것은 분명 중요하지 않다."

미국에서는 에드워드 L. 폭스Edward L. Fox의 인터벌 전도가 이 훈련 방법을 주류에서 건강 증진 피트니스로 여기는 것으로 밀어붙이는 데 가장 근접했다. 오하이오주립대학의 교수인 폭스는 미군을 위해 연구를 수행하는 동안 인터벌 트레이닝의 효능에 충격을 받은 후 인터벌 트레이닝 과학에 관심을 두게 되었다. 1960년대 초, 미국 워싱턴의 정부 지도자들은 공산주의 중국이 세계에서 가장 높은 산맥인 히말라야를 침공하여 미국의 냉전 동맹국인 인도를 공격하지 않을까 우려했다. 그들은 수천 명의 미군이 인도-중국 국경을 지배하는 고지대 봉우리와 계곡으로 갑자기 낙하산을 타면 어떻게 될지 알고 싶었다. 그래서 그들은 실험을 고안하기 위해 폭스와 오하이오주립대학에서의 그의 학문적 멘토인 도널드 매튜스Donald K. Mathews를 고용했다.

매튜스, 폭스를 비롯한 몇몇 오하이오주립대 과학자들은 1963년에 연구를 수행했다. 연구를 수행하는 데 도움을 준 볼링그린대학교Bowling Green University의 딕 바워스Dick Bowers가 회상한 바에 따르면, 과학자들은 많은 군인을 두 그룹으로 나누었다. 한 그룹은 8~10주 동안 하루에 약 1시간씩 인터벌 훈련을 했고, 두 번째 그룹은 칼리스데닉(맨몸 운동)과 빠른 행진과 같은 전통적인 육군 신체 훈련을 2~3시간 동안 실시했다. 마지막에 과학자들은 캘리포니아의 시에라 네바다로 군인들을 보내 3주 동안 소총 사격술과 같은 테스트를 받게 했다. 과학에서 가끔 일어나는 일이지만, 이 연구에서 가장 중요한 것은 의도한 결과와 거의 관련이 없었다. 피트니스는 고산병으로부터 거의 보호해주지 못한다는 것이 밝혀졌는데, 이것이 미 육군이 진정으로 관심을 가진 주제였다. 그러나 바워스에 따르면 과학자들은 예비 훈련 후 발견한 사실에 놀랐다. 인터벌 그룹은 평형 상태 운동steady state exercise 그룹보다 훈련 시간이 훨씬 적었는데도 모든 군인의 체력 수준은 거의 동일했다.

이 결과에 흥미를 느낀 육군은 매튜스와 폭스에게 인터벌 훈련의 효과에 대한 추가 연구를 의뢰했다. 아마도 육군은 이 기술을 활용하면 연약한 민간인 신병을 더 빨리 전투태세로 채찍질할 수 있으리라 생각했던 것 같다. 어쩌면 기본 훈련을 맡은 훈련 교관들이 훈련생들에게 강철 발가락 부츠를 신고 10마일을 달리게 시키는 대신, 일련의 전력 질주 스프린트를 시키는 게 나았을지도 모른다.

매튜스와 폭스, 그리고 공동 저자들은 두 번째 연구 후 이렇게 결론지었다. "단거리 달리기를 강조하는 인터벌 훈련 프로그램이 훈련 소요 시간의 함수로서 심혈관 지구력을 최대로 향상시킬 것으로 예상될 수 있다." 다른 곳에서 매튜스와 폭스는 "육군 프로그램 대비 인터벌 프로그램의 가장 큰 장점은 원하는 결과를 얻기 위해 세션당 필요한 시간이 상대적으로 적다는 것"이라고 제안했다.

즉, 반세기 전에 연구자들은 인터벌 트레이닝이 시간 효율적인 방식으로 체력을 향상시키는 가장 빠르고 강력한 방법이라는 것을 이해했다. 폭스와 매튜스는 "스포츠 및 일반 피트니스를 위한" 컨디셔닝 프로그램을 제공하는 1974년 교과서 《인터벌 트레이닝》을 공동 저술했다. 이 책은 이렇게 주장한다. "인터벌 트레이닝은 사람을 컨디셔닝하는 최고의 방법이다."

매튜스와 폭스는 1900년 이후 100m, 400m, 1,500m 및 마라톤 경주의 세계 기록이 역사적으로 급격히 감소하는 데 박차를 가한 기술로 이 방법의 힘을 열렬히 믿었다. "사실 인간은 모든 육체노동을 연속적으로 하기보다는 간격을 두고 해야" 하며, 코치와 운동선수에게 인터벌 트레이닝 프로그램은 라인배커, 스프린터, 포환던지기 선수를 포함한 "모든 스포츠의 컨디셔닝의 기초를 형성해야 한다"고 저술했다. 심지어 그들은 인터벌에 대한 열정이 조금 과했는지 눈 치우기에서 거실 청소, '정원 삽질'에 이르기까지 모든 것에 인터벌 접근 방식을 적용해야 한다고까지 주장했다.

폭스는 책의 서론을 마무리하며 이렇게 말했다. "여러분이 인터벌 트레이닝 접근법을 진지하게 고려하길 바란다. 인터벌 트레이닝은 우리가 알고 있는 피트니스에 대한 가장 성공적이고 덜 고통스러운 접근 방식이다."

**폭스는 옳았다.** 그러나 귀 기울이는 사람은 거의 없었다. 왜냐하면 그 시대의 과학자들은 인터벌 훈련이 지구력 훈련보다 나은지에 대해 의견이 분분했기 때문이다. 이 주제에 대해 언급한 가장 저명한 인물 중에는 스칸디나비아 생리학자인 벵트 살틴Bengt Saltin이 있다. 그는 인터벌 트레이닝의 고유한 특성에 대해 영어로 작성된 최초의 학술 논문에 참여했다.

살틴 교수는 나의 멘토이기도 하다. 그는 유럽스포츠과학대학European College of Sport Science의 초대 총장이었고 과학 저널에 거의 500편의 논문을 저술했다. 여기에는 내가 공동 저자로 참여한 상대적으로 잘 알려지지 않은 다섯 편의 논문도 있다. 나는 1997년부터 박사후연구원 중 한 명으로 그의 연구실에서 2년을 보낸 것을 영광으로 생각한다. 그때까지 살틴은 생리학 분야에서 가장 존경받는 이름 중 하나였으며, 코펜하겐대학의 코펜하겐 근육 연구 센터의 책임자였다. 그는 르네상스맨[5]이었다. 그는 모든 것에 호기심이 있었다.

---

5 다방면에 식견이 넓은 사람을 가리키는 말-옮긴이

이 장에 관한 연구를 시작했을 때, 나는 벵트가 커리어 초기 때 인터벌 트레이닝에 관심을 가졌다는 사실을 어렴풋이 인식했다. 사실 나는 그가 이 주제에 대해 피어 리뷰 저널에 발표된 첫 연구 중 하나의 피실험자이자 공동 저자로 활동했다는 사실을 전혀 몰랐다. 또한 나는 1970년대 생리학자들이 인터벌 운동과 연속 운동 중 어느 쪽이 더 나은지에 대해 의견이 분분했던 논쟁 가운데 그가 미친 영향에 놀랐다. 벵트는 1976년에 이렇게 저술했다. "일부 여러 저자들은 간헐적 훈련이 지구력을 최대한 향상시킬 수 있다고 확신한다." '간헐적 훈련'은 당시 '인터벌 트레이닝(간격 훈련)'의 동의어였다. 그러나 그는 "인터벌 트레이닝이 연속 운동 트레이닝보다 지구력 향상에 더 나은 점이 있는 것 같지는 않다"고 결론지었다.

그렇다. 초창기에 나의 멘토는 간격 훈련이 연속 운동 훈련만큼만 효과적이라고 결론지었다. 벵트 같은 저명한 전문가의 의견은 큰 비중을 차지하며 과학계의 특정 관점에 기여했다. 에드워드 폭스 등은 인터벌 트레이닝이 생리학적 및 수행 능력 적응을 끌어내는 매우 효율적인 방법이라고 주장했다. 훗날 나를 비롯한 생리학 커뮤니티의 많은 사람이 수십 년에 걸쳐 이 주장을 검증해냈다. 그러나 70년대에는 연속 훈련과 인터벌 훈련이 거의 같다는 인식이 지배적이었다. 즉, 총 운동 시간이 같다는 전제하에 둘의 효과는 대등하다고 여겼다. 군대의 기본 훈련이 시간 집약적인 강제 행군이 아닌 스프린트로 이루어져야 한다는 주장을 한 폭스 같은 과학자들은 대세가 아니었다.

벵트와 다른 사람들이 인용한 한 영향력 있는 연구는 인디애나

볼주립대학Ball State University의 듀에인 에디Duane O. Eddy가 주도했다. 그의 연구진은 두 그룹의 대학생 나이대의 피실험자들을 대상으로 두 가지 다른 훈련 프로그램을 진행했다. 첫 번째 그룹은 자신의 VO2max의 70%에 해당하는 적당한 속도로 고정식 자전거를 타고 안정된 상태로 쉬지 않고 페달을 밟아야 했다. 다른 그룹은 1분 운동하고 1분 쉬는 형식으로 인터벌을 수행했으며 쉬운 사이클링과 VO2max의 100% 스프린트를 번갈아 가며 수행했다. 훈련은 두 그룹이 두 가지 유형의 운동 중에 거의 같은 양의 칼로리를 소모하도록 조정되었다. 7주간의 훈련이 끝난 후 연구진은 두 그룹의 체력을 평가했다. 결과는 거의 동일했다. 에디의 연구 결과를 바탕으로 벵트는 1976년에 "인터벌 트레이닝이 지구력 향상에 있어 연속 운동 트레이닝 대비 이점이 없는 것 같다"고 결론지었다.

어떻게 그런 결과가 나온 걸까? 지난 10년 동안 나를 비롯한 수많은 연구자들이 수행한 수십 개의 다른 연구에서도 인터벌 트레이닝이 체력과 건강을 증진하는 데 훨씬 더 시간 효율적인 방법이라는 결론을 내렸다. 그 효과 차이가 기하급수적인 수준인 프로토콜도 있었다.

그렇다면 에디와 그의 동료들의 연구는 어떻게 된 걸까? 나는 문제가 연구진들이 사용한 인터벌의 강도와 관련이 있다고 생각한다. 파보 누르미, 로저 배니스터, 에밀 자토펙을 생각해 보자. 그들의 인터벌 운동은 최대한의 힘을 쏟아낸 것이었다. 실험실에서 수행하는 많은 인터벌 훈련도 마찬가지다. 피실험자에게 요구된 스프린트 속도는 VO2max에서 달성하는 워크로드보다 2~3배 더 높다.

반면, 에디의 연구진이 피실험자들에게 수행하도록 요청한 인터벌은 상대적으로 쉬운 VO2max의 100%에 해당하는 강도였다.

에디의 인터벌은 충분히 세지 않았다. 1970년대 중반에 벤트 살틴을 비롯한 많은 생리학자들이 인터벌 트레이닝의 효과는 연속 트레이닝과 동등한 수준이라는 결론을 내리게 한 것으로 보이는 영향력 있는 연구는 너무 약한 강도의 트레이닝 프로그램에 기반했다. 그래서 70년대에 인터빌 트레이닝이 주류로 넘어가지 않은 것이었다.

과학계의 가장 큰 인터벌 트레이닝 전도사인 오하이오주립대학의 에드 폭스(Ed Fox)는 1983년 44세의 나이로 갑자기 사망했다. 폭스가 좀 더 오래 살아서 인터벌 트레이닝의 효과에 관한 후속 연구를 수행할 수 있었다면 어땠을까? 혹은 에디와 그의 동료 연구자들이 피실험자들에게 좀 더 많이 요구했다면—예를 들어, 전력을 다한 스프린트를 수행해 달라고 요청했다면—역사의 흐름이 바뀌었을까?

일본 생리학자이자 일본 올림픽 스피드 스케이팅팀의 어시스턴트 코치였던 타바타 이즈미Izumi Tabata가 1996년에 〈Medicine and Science in Sports and Exercise〉 학술지에 연구를 발표하기까지 대중은 인터벌 트레이닝의 이점에 눈뜨기 시작하지 않았다. 인터벌이 체력 강화에 얼마나 효과적인지 확립하는 데 도움이 된 이 연구는 일본 스피드 스케이팅팀의 코치인 이리사와 고이치Irisawa Koichi가 고안한 운동을 기반으로 하여 다음과 같이 진행되었다. 10분간의 워밍업 후 선수들은 총 8세트의 전력 스프린트를 인터벌당 단 20초씩, 휴식 인터벌 10초로 나누어 총 8회의 스프린트를 실시했다. 즉, 총 고강도 운동량은 2분 40초였다. 특히 타바타는 피실험자들에게 VO2max의

170%에 해당하는 강도로 스프린트를 수행하도록 요청했다.

스케이터들은 일주일에 네 번 고정식 자전거에서 프로토콜을 수행했다. 다섯째 날, 피실험자들은 적당한 속도로 30분 동안 자전거를 타고 20초 스프린트를 4회 반복했다. 피실험자들은 힘든 운동을 아주 적은 시간만 했음에도 불구하고 VO2max가 15% 증가했다. 상대적으로 적은 시간을 투자한 것을 고려하면 상당한 개선이다.

타바타의 색다른 프로토콜은 퍼스널 트레이닝 세계에 스며들었다. 10년이 채 되지 않아 나도 일련의 연구를 발표했는데, 그중 대부분은 피실험자들이 VO2max의 200% 이상에 해당하는 강도로 스프린트를 수행하도록 요구했다.

우리 연구실은 근육조직 생체검사 등의 침습적 측정을 연구에 포함하여 전력 스프린트의 효과의 세포적 메커니즘을 밝혀냈다. 또한 우리는 전력 질주와 전통적인 지구력 훈련의 효과를 직접 비교하여, 그제야 우리가 완전히 이해하기 시작했던 사실이 두드러지게 드러났다. 짧은 인터벌, 특히 전력을 다해 수행되는 인터벌은 체력 향상에 매우 뛰어났다. 내 연구가 많은 주목을 받으면서 일반인들이 인터벌이 빠르게 건강해지는 방법이 될 수 있다는 개념을 이해하는 데 도움이 되는 것 같았다.

나의 멘토인 벵트 살틴이 1976년에 내린 결론에 대해 나는 질문할 기회가 없었다. 그는 2014년 9월에 79세의 나이로 별세했다. 내가 이 책을 쓰기 위해 리서치를 시작한 건 그로부터 몇 달 후였다. 내가 확실히 아는 점은 그도 결국 인터벌 트레이닝의 힘을 알게 되었다는 것이다. 그는 모든 제자에게 그러했듯 내 커리어와 발표 논문을 추적했다. 내가 그분을 마지막으로 뵌 건 2013년 9월이었다. 내가 과학 회의가 있어 코펜하겐에 머무르게 된 덕에, 벤트와 나는 그의 연구실이 있는 대학 병원 바로 건너편에 있는 작은 카페에 커피를 마시러 갔다. 우리 둘은 일상적인 주제인 과학, 삶, 가족, 공통의 지인들에 대해 이야기를 나눴다. 대화 중에 그는 내 연구가 받는 관심에 대해 언급하며, 보기 좋았다고 말했다. 내가 하는 일이 중요하다고, 내가 자랑스럽다고 말해주었다.

그리고 물론 그 말씀을 들은 내 기분은 날아갈 것 같았다.

# CHAPTER 4

## 단순한 피트니스를 넘어서

지금쯤이면 여러분 모두 인터벌 트레이닝이 효과적이라는 점에는 고개를 끄덕일 거라 생각한다. 하지만 지금까지 우리는 주로 운동 능력을 향상시키는 훈련 요법에 중점을 두었다. 이번 장에서는 인터벌이 '건강'에 미치는 영향에 관해 논의하려 한다.

나는 이 장이 이 책에서 가장 흥미진진한 장이라고 생각한다. 여기에는 이유가 있다. 사람들에게 운동하지 않는 이유를 물으면, 대부분 몇 가지 표준적인 변명을 내민다. 가장 흔한 변명은 "시간이 없어서"이다. 건강을 유지하는 것은 그들에게 너무 부담스러운 일이다. 그들에게 피트니스란 그랜드 캐니언 수준의 광활한 틈의 반대편에 존재하는 닿을 수 없는 미지의 세계나 마찬가지다. 한쪽에는 피곤하고 '저질 체력'인 상태의 사람들이, 반대편에는 피트니스와 그에 수반되는 모든 것들—더 많은 에너지, 더 밝은 전망, 더 건강한 신체, 더 긴 수명—이 존재한다.

그 틈을 건너 건강해지려면 운동을 얼마나 해야 할까? 이에 관해서는 온갖 상상과 인식이 난무한다. 매주 몇 시간씩, 몇 달을 반복하는 모습을 떠올린다. 몸을 만들기 '시작하는' 것을 떠올리는 것조차 너무 부담스럽다.

하지만 그들이 떠올리고 있는 건 전통적인 종류의 운동이다. 느리고 꾸준한 접근 방식 말이다. 그들을 위한 새롭고 과학적으로 입증된 방법이 존재하지만 이를 전혀 모른다. 인터벌 트레이닝 덕분에 우리는 체력을 빠르게 높일 수 있다는 것을 알고 있다. 2주 동안 단 6회의 인터벌 트레이닝 세션만으로도 지구력을 두 배로 늘릴 수 있는 생리적 적응이 시작된다. 6회에 걸쳐 총 1시간 분량의 고강도 운동을 하는 것으로 당뇨병 환자의 혈당을 낮출 수 있다. 6회의 세션만으로 몸 상태가 좋아졌다는 것을 느낄 수 있다. 그리고 견딜 수만 있다면, 단 1분의 최대 강도 운동만으로—각각 20초 동안 3번의 전력 스프린트 형태로 수행한다면—적당한 속도로 50분 동안 자전거를 타는 만큼의 생리적 변화를 일으킬 수 있다. 우리 연구실의 연구로 이 모든 것이 입증되었다.

반대론자들은 고강도 인터벌은 이미 매우 건강하고 강한 동기부여가 있는 사람들에게만 적합하다고 경고한다. 하지만 그들의 말은 틀렸다. 인터벌 트레이닝이 권장되지 않는 사람들도 물론 있지만, 아주 제한된 집단이다. 대부분의 사람들, 심지어 만성 질환이 있는 사람들도 인터벌 기반 피트니스 방식으로 도움을 받을 수 있다.

## 위험-이익 분석

건강상의 이점에 대해 알아보기 전에, 컨퍼런스나 사교 모임에서 인터벌 트레이닝에 대해 이야기할 때 항상 언급되는 사항에 대해 논의하고 싶다. "잠깐만요. 인터벌 트레이닝이 참 좋다는 건 알겠어요. 근데 위험하지 않나요?"

나는 그들에게 이렇게 말한다. 첫째, 모든 형태의 인터벌 트레이닝이 초강력 운동을 수반하는 것은 아니라는 점을 언급한다. 대다수의 사람에게 운동은 아무것도 하지 않는 것보다 안전하다. "가장 큰 위험은 소파에서 일어나지 않는 겁니다." 내 동료인 머린 맥도널드가 말한다.

모든 행동은 약간의 위험을 수반한다. 아침에 집 밖으로 나서는 것은 집 안에 머무르는 것보다 더 위험하다. 일주일 휴가를 떠나러 비행기를 타는 것은 집에 있는 것보다 위험하다. 그리고 범선을 타고 바다로 나가는 건 하루 종일 리조트의 방 안에 앉아 있는 것보다 더 위험하다. 이러한 행동을 하는 이유는 점진적으로 증가하는 위험을 정당화하는 이득이 있기 때문이다. 운동도 마찬가지다.

미국 스포츠의학회에서 발표한 2015년 보고서에 따르면 "격렬한 강도의 운동은 심혈관 질환 합병증의 작지만 측정 가능한 급성 위험이 있다." 즉, 격렬한 운동 과정과 그 직후의 짧은 기간 동안 심장 마비 등의 심장 사건의 위험이 증가한다는 것이다.

2016년 미국 심장학회American College of Cardiology의 스포츠 운동 리더십 위원회Sports and Exercise Leadership Council는 격렬한 운동과 관련된 심장 돌연사의 위험이 142만 운동 시간당 1회로 낮다는 연구 결과를 인용했다. 이는 신체 활동을 전혀 안 하거나 아주 적게 할 때에 비하면 17% 더 높기는 하다. 심장 전문의들은 격렬한 운동을 더 많이 하면, 격렬한 운동을 하는 동안 심장 마비가 발생할 위험이 줄어든다고 설명했다. 인터벌 운동을 하든 꾸준한 상태의 지구력 기반 훈련을 하든, 일주일에 5번 격렬한 강도로 운동한 사람들은 격렬한 운동을 전혀 하지 않은 사람들보다 격렬한 운동으로 인한 심장 마비 위험이 "현저히 낮았다." 심장 전문의들은 이렇게 정리했다. "이러한 결과는 격렬한 신체 활동이 급성 심장 사건의 위험을 일시적으로 증가시키지만, 전반적인 위험을 감소시킨다는 것을 보여준다."

마지막의 강조 표시는 원문에는 없었고 내가 추가한 것이다. 여기에서 인터벌 트레이닝, 특히 스프린트 트레이닝 같은 가장 강렬한 형태의 복잡미묘한 부분이 드러난다. 고령자의 경우 운동 강도가 올라갈수록 운동 중 또는 운동 직후 심장 돌연사 위험이 커진다. 하지만 한편, 격렬한 운동은 건강을 개선하여 전반적인 사망 위험을 감소시킨다.

위험에 대해 더 잘 이해하기 위해 나는 그 심장학 논문의 저자 중 한 명인 코네티컷 하트포드 병원Hartford Hospital의 심장학 책임자이자 스포츠 및 운동 리더십 위원회Sports and Exercise Leadership Council의 회원인 폴 톰슨Paul Thompson과 이야기했다. 톰슨은 운동에 대한 열렬한 신봉자이다. 그는 수년 동안 매일 뛰어서 출퇴근했으며 27개의 보스턴 마라톤을 완주했다. "아주 건강한 사람이라면, 고강도 운동으로 위험이 증가하지 않아요." 그는 말한다. "문제는 40대, 50대, 60대라면 죽상동맥경화증 같은 것이 있는지 모를 수 있다는 겁니다. 관상 동맥에 콜레스테롤이 있는지 알 수 없지요. 대부분의 갑작스러운 심장 마비는 증상이 없는 사람들에게서 발생하거든요."

톰슨은 말했다. "만약 지금 1,000명을 두 그룹으로 나누어 한 그룹은 고강도 운동을 하고 다른 그룹은 중등도 운동을 하게 하면, 고강도 그룹이 중강도 그룹보다 운동 중 갑작스러운 심장 마비를 일으킬 가능성이 더 높을 겁니다."

여기서 핵심은 '운동 중'에 있다. 만약 일반적인 심장 마비의 위험을 고려한다면 이야기는 달라진다. "고강도 그룹과 중간 강도 그룹 모두 운동하지 않는 그룹보다 더 오래 살며 심장 마비도 적게 걸릴 겁니다." 그는 말했다.

차이점이 보이는가? 열심히 운동하면 '운동하는 중에' 심혈관 사건을 경험할 위험이 약간 더 커지지만, 그 외 시간에는 심장병 발병의 전반적인 위험이 낮아진다. 그러니 단기적 위험이 약간 증가하고 장기적으로 이익이 증가한다고 할 수 있다. 내 눈에는 이건 그만한 가치가 있는 교환인 것 같다. 그리고 나는 시간 효율성 때문에 수년 동안 인터벌로 운동하고 있다. 그러나 톰슨은 갑작스러운 심혈관 사건의 위험이 나이가 들면서 증가한다고 지적한다. "만약 누군가가 저에게 '저는 아무 운동도 안 하거나 HIIT를 하거나, 둘 중 하나를 택하려고요'라고 말한다면, 저는 HIIT를 하라고 말할 겁니다. 하지만 만약 '저는 65세이고 시간은 넉넉한데, 적당한 운동을 할까요, HIIT를 할까요?'라고 묻는다면 저는 적당한 운동을 권하고 싶습니다."

인생의 모든 일이 그렇듯, 인터벌 트레이닝을 하겠다고 마음먹는 순간 우리는 리스크를 관리하고 있다. 이 모든 정보 속에서 기억할 점은 위험이 나이에 달려 있다는 것이다. 고강도 운동은 젊고 건강한 사람들에게는 대체로 안전하다. 그러나 우리 모두 언젠가는 시간 효율적인 운동의 이점이 그만한 가치가 있는지 자문해야 하는 나이에 도달하게 될 것이다. 아주 격렬한 운동은 내려놓기 시작하는 나이가 있을지도 모른다. 그동안 운동 요법에 인터벌 트레이닝을 포함해왔다면, 그러한 결정을 내려야 하는 나이는 인터벌 트레이닝을 전혀 하지 않은 사람들보다 늦을 것이다.

## 인터벌 트레이닝과 건강

이제 운동이 건강을 증진한다는 반박할 수 없는 사실로 돌아가 볼까? 우선 일반적으로 운동하면 건강해지는 이유에 대해 알아본 다음, 인터벌 트레이닝이 특별히 강력한 건강 증진 효과가 있음을 시사하는 증거에 집중해 보겠다.

운동하면 따라오는 생리학적 변화는 단기적으로는 더 빠르고 더 강하게 달릴 수 있게 해주며, 장기적으로는 만성 질환을 덜 앓으며 더 오래 더 활동적인 삶을 살 수 있도록 도와준다. 역사적으로 수많은 이들이 그렇게 추측해왔다. 예를 들어, 의학이라는 직업의 창시자로 알려진 고대 그리스 의사인 히포크라테스는 이렇게 말했다. "먹는 것만으로는 건강을 유지할 수 없다. 운동도 해야 한다." 하지만 신체 활동과 건강의 연관성이 과학적으로 확립된 건 20세기가 되어서였다. 1940년대 후반, 영국 의사 제레미 모리스(Jeremy Morris)는 런던의 버스 네트워크에 근무하는 약 3만 1천 명의 교통 노동자들의 상대적인 건강을 연구하기 시작했다. 넓은 범위에서 두 가지 직업이 있었다. '운전기사'는 런던의 혼잡한 거리 주변에서 붐비는 이층 버스를 조종했고, '차장'은 차량 승객 사이에서 이동하면서 탑승권을 받고 질서를 유지하기 위해 계단을 오르내렸다.

운전기사들은 일하는 시간의 90%를 앉아 있었다. 반면, 차장은 교대 근무당 평균 600개의 계단을 올랐다. '런던 교통 노동자 연구London Transport Workers Study'라고 불린 연구에서 모리스는 직원들의 의료 기록을 조사하고 그들 사이에서 심장병 발병률을 집계했다. 그리고 그는 놀라운 차이점을 발견했다. 육체적으로 더 활동적인 차장들은 운전기사보다 심장 발작을 절반 미만으로 경험했으며 심장병 빈도는 훨씬 낮았다. 그리고 심장 사건을 경험했을 때, 차장들은 더 많이 앉아 있는 운전자들보다 생존 가능성이 훨씬 더 높았다.

1953년 모리스는 〈Lancet〉에 고전적인 역학 연구를 발표했다. 이는 대규모 인구 집단에서 신체 활동 수준을 질병 위험과 연결하려는 최초의 시도 중 하나였다. 그 이후로 수십 건의 역학 연구에서 운동이 심혈관 및 기타 여러 질병의 발병 위험 감소와 관련이 있다는 사실이 밝혀졌다. 또한 사망률mortality, 즉 모든 원인으로 인한 사망 위험을 줄인다. 오늘날 우리는 규칙적 운동이 아마 수명을 연장하고 건강을 개선하기 위해 할 수 있는 가장 효과적인 일이라는 것을 알고 있다. 건강 증진을 위해 매주 150분의 중간 강도 유산소 신체 활동을 할 것을 권장하는 미국 스포츠의학회, 세계보건기구 등 기관의 지침이 존재하는 이유이다.

일부 다른 공중 보건 기관과 달리 ACSM과 WHO는 운동 강도의 잠재적인 역할을 인정한다. 지침에 따르면 사람들은 중간 강도 운동 150분 대신 고강도 활동 75분을 선택할 수 있다. 내 연구실과 다른 연구에서 수행한 연구에 따르면 강도를 고강도에서 거의 최대 또는 전면으로 올리면 훨씬 더 짧은 시간에 건강을 증진할 수 있다.

그렇다면 이것이 인터벌 트레이닝이 지구상에서 보내는 시간의 질과 양을 증가시키는 가장 중요한 방법이다.

## 인터벌의 심혈관계 질환 예방 효과

심폐 건강은 심장, 폐, 혈관의 건강을 나타내는 포괄적인 용어이다. 앞서 언급한 바와 같이, 심폐 기능을 측정하는 가장 표준적인 척도는 최대 산소 섭취량을 나타내는 VO2max로, 이는 격렬한 운동 중에 신체가 산소를 사용하는 최대 속도를 말한다. (최고 산소 섭취량 또는 VO2peak라고도 한다. 두 용어는 엄밀히는 기술적 차이가 있지만 대부분의 경우 동의어로 볼 수 있다.)

과학자들은 VO2max가 사람의 전반적인 건강을 나타내는 중요한 지표라는 사실을 깨달았다. 이는 수명 및 다양한 만성 질환 발병 위험을 예측하는 데 큰 도움이 되는 일종의 '마법의 숫자'다. 아마도 우리에게 가장 중요한 지표일 것이다.

VO2max를 결정하는 요인들은 다양하다. 그중에는 통제할 수 있는 요인(활동량, 흡연 여부 등)과 통제할 수 없는 요인(연령, 성별 등)이 있다. VO2max의 개인차를 결정하는 가장 중요한 단일 요인은 심장이 펌프질할 수 있는 혈액의 양이다.

과학자들은 인간 이외의 다른 동물의 생리학적 차이를 연구하는 비교 생리학을 통해 이것을 부분적으로 알아냈다. 특히 비슷한 크기지만 유산소 능력 차이를 보이는 동물들을 비교해 보았더니 심장이 클수록 VO2max가 높았다. 예를 들어, 개의 VO2max는 염소의 두 배 이상이며 심장 크기는 두 배이다. 마찬가지로, 경주마는 수송아지보다 VO2max가 두 배 이상 높다. 그리고 경주마의 심장은 수송아지보다 두 배 많은 혈액을 펌프질한다.

인간의 심장은 상당히 놀라운 기관이다. 휴식을 취하고 있는 일반적인 사람의 심장은 그 사람이 운동을 좋아하는 사람이든 늘 소파에 누워 있는 사람이든 상관없이 분당 약 10파인트(약 5.7리터)의 혈액을 펌프질할 수 있다. 생각해 보라. 1리터짜리 페트병에 담긴 탄산음료의 다섯 병에 해당하는 양의 액체가 매 순간 여러분의 심장을 통과하고 있다.

하지만 정말 활동적인 사람의 매우 건강한 심장은 다른 이들보다 더 뛰어나다. 인터벌 트레이닝 덕분에 나는 내 또래에 비해 괜찮은 몸을 유지하고 있다. 엘리트 운동선수는 아니지만, 평균 이상이라고는 할 수 있다. 예를 들어 집 근처의 나이아가라 절벽Niagara Escarpment을 오르며 자전거의 페달을 힘차게 밟을 때처럼 전력을 다할 때 내 심장은 휴식을 취할 때보다 약 5배 더 많은 혈액을 펌프질한다. 미국의 올림픽 금메달 수영 선수 마이클 펠프스Michael Phelps처럼 고도로 훈련된 지구력 운동선수의 경우, 운동할 때 심장은 쉬고 있을 때보다 분당 최대 8배 더 많은 혈액을 펌프질할 수 있다. 분당 총 혈액량은 약 10갤런(37.9리터)이다. 음료 40병에 해당하는 양을 1분 만에 뿜어내고 있는 것이다.

다르게 표현하자면, 소형차의 연료 탱크에 약 10갤런의 기름이 들어간다. 주유소에서 이 탱크를 채우는 데 1분 이상이 걸린다. 그러니 운동 중 인간의 심장은 주유소 연료 펌프보다 더 많은 양의 혈액을 뿜어낼 수 있다. 인간의 몸이 얼마나 놀라운지를 보여주는 많은 지표 중 하나이다.

그렇다면 심장의 펌프 능력을 향상시켜 VO2max를 높이고 심혈관 질환의 위험과 전반적인 사망률을 줄이는 가장 시간 효율적인 방법은 무엇일까? 우리 연구실의 연구와 전 세계 학계의 상당한 증거가 시사하는 바는 하나다. 그 답은 고강도 인터벌 트레이닝 및 스프린트 인터벌 트레이닝과 같은 강렬한 형태의 인터벌 트레이닝에 있다. "신체 활동량이 적은 건강한 사람들과 심부전 환자들을 포함하는 폭넓은 인구에 대하여, HIIT는 중간 강도의 계속적 훈련에 비해 심폐 기능을 더 향상시키는 것으로 보인다." 학술지 〈Heart〉에 최근에 실린 개요이다.

심부전 환자에 대해서는 잠시 후에 다룰 예정이지만, 먼저 심장과 폐 건강의 증가가 어떻게 수명 연장으로 이어지는지 이야기해 보자. 앞서 언급한 〈Heart〉에 실린 글의 저자인 매튜 윌슨Matthew Wilson은 1947년부터 2012년까지 투르 드 프랑스 경기에 참가한 모든 프랑스 사이클리스트의 건강을 추적한 〈European Heart Journal〉에 발표된 2013년 연구를 인용했다. 이 연구는 786명의 사이클리스트의 사망 위험을 일반 프랑스 성인 남성 인구의 사망 위험과 비교했다. 사이클리스트들은 지역 사회의 평균에 비해 모든 원인으로 인한 사망 위험이 41% 적었다. 다른 말로 하면, 이 프랑스 사이클 선수들은 평균적인 프랑스 남성보다 평균적으로 6.3년 더 오래 사는 것으로 나타났다. 2008년 〈Archives of Internal Medicine〉에 발표된 미국의 평균 대조군과 러너를 비교한 유사한 연구에서는 운동으로 인해 훨씬 더 큰 효과가 있는 것으로 나타났다. 연구가 시작된 지 19년 후, 러너군의 15%와 평균 대조군의 34%가 사망해 있었다.

왜 그런 걸까? 운동의 어떤 점이 운동선수의 수명을 늘린 것일까?

윌슨은 운동이 휴식기 심박수를 분당 20회 감소시키고 심장이 펌프질할 수 있는 혈액량을 약 20% 증가시킬 수 있다고 말한다. 신체 활동의 영향으로 정상인의 경우 심장의 4개의 펌프실이 커지기 때문이다. 심장 근육 자체가 더 강해지고 펌프질을 더 잘 할 수 있게 된다. 체력이 좋아지면 혈관에도 변화가 일어난다. 과학자들이 '내피 기능'이라고 하는 것이 개선된다. 이는 혈관의 벽이 더 유연해지는 것을 의미한다. 휴식에서 신체 활동으로 전환할 때, 혈관 내부 직경이 증가하여 더 많은 혈액 흐름을 허용한다. 2015년에 발표된 호주 퀸즐랜드대학교의 과학적 연구에 대한 리뷰에 따르면, 가장 많이 사용되는 HIIT 운동법 중 하나가 기존의 중등도 연속 운동보다 내피 기능의 주요 척도를 두 배나 향상시킬 수 있었다. 단기적인 관점에서 이러한 변화는 혈액을 필요로 하는 신체 부위에 혈액을 공급하기 위해 심장이 덜 열심히 일해도 된다는 의미이다. 장기적으로는 심장 마비 및 뇌졸중과 같이 사망의 원인이 될 수 있는 사건의 가능성을 줄여준다.

그렇다면 그보다 더 장기적인 관점은 어떨까. 나이가 들면 심혈관계는 건강해지는 것과 반대 방향으로 변화한다. 시간이 지남에 따라 심장의 박동 능력이 떨어지고 혈관이 더 뻣뻣해져 혈액을 운반할 수 있는 능력이 감소한다. 좋은 점은 이러한 노화 관련 감소를 상당히 늦출 수 있고 어떤 경우에는 역전시킬 수도 있다는 것이다. 그 방법은 운동을 통해서이다. 하지만 어떤 종류의 운동을 해야 할까?

독일의 심혈관 생리학자인 카타리나 마이어Katharina Meyer가 1990년대 초에 물었던 질문이다. 마이어의 학문적 혈통은 인터벌 트레이닝이 인체에 미치는 영향에 대한 연구 초기로 거슬러 올라간다. 그녀는 1959년에 학술지에 발표된 인터벌 트레이닝에 관한 최초의 논문을 공동 집필한 연구자인 헬무트 로스캄Helmut Roskamm이 감독한 연구의 주 저자였다.

1990년대 후반에 마이어는 심부전에서 우회 수술을 받은 환자에 이르기까지 모든 심각한 심혈관 문제가 있는 환자에 대한 일련의 선구적인 인터벌 훈련 연구를 수행했다. 그녀가 수행한 실험은 시대를 훨씬 앞섰다. "카타리나 마이어는 그 당시 아무도 하지 않았던 일을 하고 있었다." 스탠퍼드대학교에서 운동생리학을 연구하는 제프 크리스틀Jeff Christle은 이렇게 말했다.

마이어의 가장 혁신적인 실험 중에는 만성 심부전 환자에게 인터벌 훈련을 적용한 실험도 있다. 만성 심부전은 심장이 혈액을 제대로 펌프질하지 못하는 상태. 만성 심부전은 심장 마비 등의 다른 질환이나 질병으로 인해 심장이 손상되거나 약해졌을 때 생길 수 있으며, 약간의 경사를 오르는 것처럼 대부분 사람이 과중하다고 느끼지 않는 행동만으로도 숨이 찰 수 있다. 심장의 펌프질 능력이 빈약해지면 폐 등의 다른 기관에 체액이 정체되어 피곤하고 숨이 차게 된다. 1997년에 발표된 한 연구에서 마이어는 3주간의 인터벌 트레이닝이 심부전 환자의 심장 기능을 개선하여 심폐 기능이 약 20% 증가했음을 보여주었다.

사람들은 그녀가 미쳤다고 생각했다. 그 당시 격렬한 운동은 심장 문제가 있는 사람에게 위험한 것으로 생각되었다. 노르웨이의 생리학자인 울릭 비쉐르프Ulrik Wisløff는 최근 심장 재활의 짧은 역사를 정리하려는 노력을 주도했다. 비쉐르프와 공동 저자에 따르면, 20세기 중반까지 심장병 전문의들은 심장 마비 같은 주요 심장 사건을 겪은 경험이 있는 환자에게 가능한 한 완전한 침상 안정에 가깝게 처방했다. 즉, 환자들은 30일 동안 침대에 등을 대고 가만히 누워 있어야 했다. 휴식이 심장 마비로 인한 흉터를 치료한다고 생각했기 때문에 어떤 활동도 허용되지 않았다.

그런 중에 1952년에 새뮤얼 레빈Samuel Levine과 버나드 론Bernard Lown이 꼼짝 못 하고 가만히 있지 않는 것이 환자에게 더 나을 수 있다고 제안했다. 예를 들어, 회복 중인 환자가 안락의자에 앉는다면 어떨까. 곧 다른 심장 전문의들과 과학자들은 환자들이 더 많은 활동을 할 수 있을 것이라고 제안했다.

1970년대 에드 폭스Ed Fox와 같은 사람들이 전파해서 이슈가 되었던, 고강도 운동을 통한 운동선수들의 능력 향상에 관한 유행을 기억하는가? 알고 보니 심장 재활 분야에서도 비슷한 현상이 나타났다. 70년대부터 일부 심장 전문의와 생리학자는 환자에게 처방한 저강도 운동이 충분히 격렬하지 않다고 느꼈다. 그들은 심장 재활 환자가 훨씬 더 힘든 활동도 안전하게 할 수 있다고 느꼈다. 물론 가능할 뿐만 아니라, 열심히 운동하는 것이 환자에게도 좋다고 여겼다. 활동량이 많으면 마음의 치유를 도울 것이라는 생각이었다.

이 활동 중에는 인터벌 트레이닝이 포함되었다. 인터벌 트레이닝이 심장병 환자에게 미치는 영향에 관한 초기 연구를 수행한 과학자로는 뉴욕의 보인 스모들라카Vojin Smodlaka와 토론토의 로이 셰퍼드Roy Shephard가 있다. 스모들라카는 일부 환자들에게 한 번에 60초 동안 고강도로 순환한 다음 30초 동안 휴식을 취하도록 요청했다. 그 후 그는 인터벌 트레이닝 프로그램을 완료한 심장병 환자가 연속 훈련을 받은 환자보다 2배 더 오래 운동할 수 있다는 사실을 발견했다.

테리 카바나Terry Kavanagh라는 토론토의 심장 전문의는 1년에서 4년 사이에 심장 마비를 경험한 환자 8명에게 1973년 보스턴 마라톤에 참가하도록 훈련하기까지 했다. 그들의 훈련에는 여러 종류의 인터벌 훈련이 포함되었다. 그리고 8명의 심장병 환자 중 7명이 경주를 완주했다.

그런데도 1990년대 후반에도 여전히 많은 과학자들이 카타리나 마이어가 심장 재활 환자들에 대해 수행한 연구에 놀라움을 금치 못했다.

당시 밀워키 심장 연구소Milwaukee Heart Institute에서 심장 재활 프로그램을 운영하고 있던 위스콘신대학교 생리학자이자 전 ACSM 회장인 칼 포스터Carl Foster는 이렇게 회상한다. 마이어가 세미나 발표를 맡은 어느 컨퍼런스에서, 마이어가 발표를 마친 뒤 포스터는 그녀에게 자신을 소개했다. "마이어 박사님, 훌륭한 발표 잘 들었습니다." 그는 말했다. "그래서 몇 명이 사망했나요?"

포스터는 나중에 심장 재활 환자에게 인터벌 트레이닝을 도입하게 된다. 그를 개종하게 만든 중요한 순간 중 하나는 심장병 환자들과 수년간 일한 경험이 있던 간호사와의 대화였다. 그가 마이어의 연구 결과에 대해 의아해하자 간호사는 그의 뺨을 가볍게 두드리며 말했다. "아이고, 칼, 정말 모르겠어요?" 그러더니 주차장이 내려다보이는 병원 창문으로 그를 데려갔다. 그곳에서는 한 재활 환자가 자신의 차로 가고 있었다. "칼, 이 남자가 어떻게 걷는지 좀 보세요." 그녀가 말했다. 환자는 아주 짧은 거리를 걷더니 숨이 차서 쉬었다. "그들은 스스로 인터벌 트레이닝을 하고 있어요. 그래야만 하니까요." 간호사가 포스터에게 말했다. 그 후로 포스터는 자신이 관리하는 심장 재활 프로그램에 인터벌 트레이닝을 도입했다.

마이어의 연구는 인터벌 트레이닝과 심장의 관계에 대한 직관에 상반되는 사실을 확립했다. 짧고 강렬한 인터벌 트레이닝은 운동 자전거에 동력을 제공하는 허벅지 같이 사용되는 골격근에 엄청난 스트레스를 가했다. 하지만 활동이 짧은 시간 동안만 발생했기 때문에, 심장병 환자에게 주로 처방되는 평형 상태 연속 운동을 할 때만큼의 부담이 심장 근육에 주어지지 않았다. 한 연구에서 마이어는 세 가지 다른 인터벌 트레이닝 프로토콜을 심부전 환자에게 주로 처방되는 중간 강도의 연속 운동과 비교했다. 그녀는 인터벌 트레이닝 프로토콜이 전통적인 유산소 운동보다 심장에 12~17% 적은 스트레스를 가한다는 것을 발견했다. 마이어의 연구는 환자의 심혈관 질환이 안정적이라는 의사의 소견이 있다면 이 새로운 테크닉이 정상 상태 유산소 훈련보다 훨씬 더 안전함을 시사했다.

노르웨이 트론헤임에 있는 성 올라프 대학 병원(St. Olav's University Hospital)의 과학자들이 이후 10년 동안 마이어의 연구를 확장했다. 2004년에 그들은 심장 마비, 동맥 스텐트 삽입 수술이나, 우회 수술이 필요할 정도로 심각한 동맥 폐색 등을 겪었던 소수의 심혈관 환자를 모아 비교 연구를 수행했다. 환자들은 오르막 러닝 머신으로 운동했다. 그들은 두 그룹으로 나뉘었다. 10주 동안 두 그룹은 일주일에 세 번 훈련 세션을 실시했다. 절반은 일반적 평형 상태 운동steady state exercise을, 나머지 절반은 간격 훈련interval training을 실시했다. 인터벌 트레이닝 그룹은 5분간 쉬운 워밍업, 3분 간격으로 분리된 4분 세션의 4회 반복을 포함하여 총 33분 세션 동안 운동했으며, 최대 강도는 자신의 VO2peak의 85~95%였다. 인터벌 그룹의 작업량에 맞추기 위해 정상 상태 운동 그룹은 VO2peak의 50~60%에서 세션당 41분을 운동했다.

10주간의 개입 후, 정상 상태 운동을 했던 환자들의 체력은 약간 나아졌지만, 인터벌 트레이닝 그룹은 체력이 많이 향상되었다. 구체적으로는, 인터벌 트레이닝 그룹의 심폐 건강이 정상 상태 운동 그룹에 비해 두 배 이상 향상되었다. "이 무작위 통제 연구의 결과는 안정적인 관상 동맥 질환 환자의 심폐 체력을 증가시키는 데 있어 고강도 유산소 운동이 중간 강도 운동에 비해 우수하다는 것을 보여준다." 이 논문의 저자들은 결론에서 이렇게 서술했다.

이 결과가 매우 유망했기 때문에 성 올라프 대학 병원은 더 큰 규모 연구의 진행을 승낙했다. 그렇게 진행된 무작위 배정 임상 시험은 2007년에 권위 있는 학술지 〈Circulation〉에서 발표되었다. 울릭 비쉐르프와 그의 팀의 연구였다. 이 연구는 고강도 인터벌 운동을 한 피실험자들과 중간 강도로 연속 운동을 한 피실험자들을 비교했다. 피실험자들은 심부전 환자들이었다. 이들 대부분은 이러한 실험에 위험하다고 여겨져 다른 여러 실험에서 제외됐던 이들이었다. 비쉐르프 이전의 대부분의 다른 연구는 70대 이상은 피실험자에서 제외했다. 반면, 비쉐르프 연구 피실험자의 평균 연령은 75세였다. 그들의 상태는 안정적이지만 체력이 상당히 나빴다. 심폐 체력의 척도 중 하나의 수치가 13ml/kg/min(1분당 체중 1킬로그램당 산소 13밀리리터 사용)에 불과할 정도였다. 이는 엄청나게 낮은 수치다. 맥락을 제공하자면, 이 사람이 최대로 수행할 수 있는 활동이 휴식 에너지 소비량의 3배에 불과한 수준이라는 뜻이다. 평균적으로 활동량이 낮은 사람은 휴식 에너지 소비량의 10배 정도를 최대 수행할 수 있고, 지구력이 높은 운동선수는 20배 이상을 수행할 수 있다. 비쉐르프가 연구한 그룹은 계단으로 한 층을 오르면 완전히 숨이 차서 멈춰야 하는 사람들이었다.

피실험자 중 일부는 일주일에 세 번 중간 강도 훈련을 했다. 구체적으로는 자신의 최고 심박수의 70~75%로 47분 동안 러닝머신에서 오르막 걷기를 수행했다. 인터벌 그룹은 10분 동안 워밍업을 한 다음 최대 심박수의 90~95%까지 끌어올릴 정도의 충분히 힘든 4분 인터벌을 4회 반복하고, 각 반복 횟수마다 3분의 휴식 간격을 두었다. 쿨다운 시간을 포함하면 인터벌 그룹은 세션당 38분 동안 운동했다. 연속 운동 그룹보다 9분 적게 운동한 셈이다.

그들의 결과를 비교하면 어땠을까? 사망 위험 mortality risk의 가장 중요한 지표인 심폐 체력cardiorespiratory fitness을 비교했을 때, 인터벌 그룹의 심폐 체력은 현저한 46%의 증가를 보여, 14% 증가한 연속 운동 그룹에 비해 향상률이 3배나 더 뛰어났다. 심장 재활 환자들의 심폐 기능이 엄청나게 향상된 것이다.

하지만 비쇼프의 연구에서 주목해야 할 점은 인터벌 트레이닝이 환자들의 심장에 일으킨 변화이다. 이 연구는 심부전을 겪은 사람들의 심장에 발생한 손상의 일부를 실제로 되돌릴 수 있음을 시사했다. 최종 결과는 심장이 수축할 때 심장이 뿜어내는 혈액의 양을 가리키는 구혈률ejection fraction의 개선이었다. 앞서 짚었던 것처럼, 심부전은 심장이 혈액을 효율적으로 펌프질하지 못하는 상태이다. 종종 심장 근육이 지나치게 늘어난 풍선처럼 비대해진다. 치료의 목표는 심장의 펌프 능력을 원래대로 돌이키는 것이다. 즉, 근육 벽이 혈액을 효과적으로 팽팽하게 짜내어 몸 곳곳에 보낼 수 있도록, 심장의 본 기능을 회복하는 것이다.

인터벌 트레이닝 그룹은 심장이 펌프질할 수 있는 혈액의 양이 17% 향상되었다. 연속 운동 그룹에서는 이러한 개선이 전혀 없었다. 실제로 비쇼프의 연구진의 결과에 따르면, 인터벌 형식으로 수행된 강도 높은 운동이 연속 훈련보다 훨씬 더 효과적으로 심부전 손상을 돌이키는 데 도움이 되었음이 여러 지표를 통해 나타났다.

심장 재활에 신체 활동이 포함되어야 한다는 개념은 이제 기정사실로 받아들여지고 있다. 심장 센터들은 자체적으로 운동 장소를 구비하고 있으며, 심장병 환자들을 위한 운동 가이드라인도 마련되어 있다. 환자들에게 처방되는 대부분의 운동은 연속적 중강도 운동이다. 운동용 자전거나 러닝머신으로 일정한 강도의 운동을 연속적으로 쉬지 않고 진행하는 것을 말한다. 문제는 많은 이들이 그렇게 하지 않는다는 것이다. 머린 맥도널드의 말에 따르면, 심장병 환자의 25%만이 실제로 운동 기반 재활 프로그램에 참여한다. 더 큰 문제도 있다. 미국 심장학회의 스포츠 리더십 위원회의 2015년 보고서에 따르면, 프로그램을 이수하는 사람은 6%에 불과했다. 재활 프로그램에 참여하지 않은 사람들은 주된 이유로 시간 부족을 꼽았다. 그렇다면 더 나은 방법이 없는 걸까? 예컨대 인터벌을 활용한 좀 더 시간 효율적인 심장 재활은 어떨까?

머린 맥도널드는 일반적인 지구력 기반 심장 재활 프로그램과 그보다 훨씬 적은 시간을 요구하는 인터벌 기반 방법을 비교한 연구를 주도했었다. 2013년에 발표된 이 연구에는 과체중이고 우회술이나 심장 마비 같은 주요 사건을 경험할 정도의 심각한 혈관 질환을 겪은 60대 남녀가 참여했다. 일주일에 두 번, 지구력 운동 그룹은 운동용 자전거를 적당한 강도로 사이클링했다. 연구 초반에는 각 회당 30분을, 연구가 끝난 시점에는 50분을 운동했다. 인터벌 그룹도 일주일에 두 번 운동했다. 다만, 운동용 자전거를 1분 동안 강렬히 탄 후, 다음 1분 동안은 천천히 페달을 밟는 방식을 반복하는 프로토콜을 10회 수행했다. 결과적으로 인터벌 트레이닝은 워밍업과 쿨다운 시간을 포함해도 지구력 트레이닝에 비해 절반 정도의 시간을 소요했다. 그런데도 인터벌 트레이닝 그룹에는 $VO_2max$와 동맥 건강의 개선 등 비슷한 효과가 나타났다.

그 후 연구진은 피실험자들에게 인터벌 운동에 대한 소감을 물었다. "그들은 인터벌이 '정말 좋은 운동'이라고 했어요." 맥도널드는 말했다. 그녀에 따르면 그들은 이렇게 말했다. "할 수 있었어요. 정말 힘들었지만, 해낼 수 있었어요."

그런 다음 맥도널드는 더 많은 심장 재활 프로그램에 인터벌 트레이닝을 도입하는 것을 정당화하기 위해 생리학자들에게 인기 있는 주제를 제시했다. 심장 재활 프로그램에 참여하지 않는 이유를 물었을 때 사람들이 가장 많이 답하는 변명이 '시간 부족'이라면, 어쩌면 고강도 인터벌 트레이닝처럼 '시간 효율적인' 운동 프로그램이 더 많은 사람에게 운동의 혜택을 제공할 수 있지 않겠냐고 그녀는 말했다.

스탠퍼드의 제프 크리스틀은 만약 자기 친척 중 누군가가 심부전이 있다면, 일종의 심폐 검사를 받아 고강도 운동이 안전한지 확인해 볼 것을 권유하겠다고 말한다. "그리고 할 수 있는 최대 강도로 운동하라고 할 겁니다." 그는 말한다.

심장 재활 환자에게 인터벌은 얼마나 안전할까? 울릭 비쉐르프는 고위험군으로 분류되는 심장 재활 환자들의 격렬한 운동의 잠재적 위험을 조사하는 다기관 연구를 수행했다. 노르웨이 전역의 3개 기관에서 환자들을 운동 프로그램에 참여시켰다. 훗날 나는 이를 '노르웨이 프로토콜'이라고 부르게 되었다. 환자들은 특정 심박수를 목표로 설정된 속도로 오르막 러닝머신 위를 걸었다. 예를 들어, 워밍업 10분 동안 심박수 목표는 최고 심박수의 60~70% 정도였다. 메인 단계는 4분 인터벌을 4회 수행했는데, 목표는 최대 심박수의 85% 이상, 95% 이하였다.

2004년부터 2011년까지 7년간의 추적 끝에 연구진은 평균 연령 58세의 4,846명 환자에 대한 데이터를 확보했다. 이들 모두 운동 중재 전 심장 마비, 심부전 등 다양한 범위의 심장 문제를 겪은 사람들이었다. 모든 환자는 고강도 운동과 중간 강도 운동 양측을 모두 수행했다. HIIT는 전체 운동 횟수의 약 1/3을 차지했다. 중강도 운동은 HIIT에 사용된 것과 동일한 오르막 러닝머신 걷기로, 심박수를 최고치의 70%로 유지하면서 일정한 속도로 수행했다.

그렇다면 그들이 수행한 운동의 결과로 심장의 이상 반응을 경험한 이들은 몇이나 되었을까? 7년에 걸친 기간 동안 연구진들은 175,820회의 각 1시간 정도의 운동 세션을 추적했다. 129,456시간의 중강도 운동 도중 혹은 직후에 환자 한 명에게 치명적인 심장 마비가 일어났다. 그리고 46,364시간의 고강도 인터벌 트레이닝 동안 두 명의 환자가 치명적이지 않은 심정지를 경험했다. 이 연구의 본질적인 결론은 감독하에 진행되는 심장 재활 환경에서 고강도 운동과 중등도 운동 모두 심혈관 사건의 위험이 낮다는 것이다.

## 인터벌 트레이닝이 당뇨병에 도움이 될까?

활동량이 적고 체중이 높을수록, 신체가 혈당 수치를 조절할 수 있는 능력이 떨어진다. 결국 상황이 매우 나빠지면 활동 부족과 과체중으로 인해 인슐린 저항성 또는 당뇨병 전단계라는 상태에 빠질 수 있고, 이대로 가만히 두면 본격적인 당뇨병으로 이어질 수 있다.

당뇨병은 삶의 질에 실질적인 영향을 미친다. 상처 회복이 더디고, 몸은 피로하고, 끊임없는 갈증과 잦은 배뇨를 겪으며, 사지가 따끔거리고 시야가 흐려진다. 결국 실명하게 될 수도 있고, 심지어 팔다리를 절단해야 하는 지경에 이를 수도 있다. 당뇨병은 모든 종류의 불쾌하고 위험한 질환에 대한 위험을 증가시킨다. 예컨대 제2형 당뇨병 환자는 일반인보다 뇌졸중에 걸릴 확률이 50%나 더 높다. 게다가 당뇨병 관리는 까다롭기도 하다. 혈당 수치를 낮추는 약이 있지만 부작용이 있다. 극단적으로는 정기적으로 인슐린 주사를 맞아야 할 수도 있다.

당뇨는 특히 미국에서 큰 문제다. 약 6,000만~7,500만 명의 미국인이 인슐린 저항성이 있는 것으로 파악되고 있다. 약 3,000만 명이 당뇨병을 앓고 있으며 이들 중 90~95%가 제2형 당뇨병을 앓고 있다. 그리고 이러한 사례 대부분은 신체 활동 부족과 열악한 식습관 등 생활 습관 요인과 관련이 있다.

인슐린 저항성을 관리하고 제2형 당뇨병의 영향을 완화하는 데 도움이 되는 두 가지 훌륭한 방법은 운동과 체중 감량이다. 미국 당뇨병협회American Diabetes Association의 현행 신체 활동 가이드라인은 당뇨병 환자에게 일주일에 최소 150분 적당한 강도의 운동을 권장하고 있다. 문제는 그만큼 운동할 시간이 없다고 느낀다는 사람들이 너무 많다는 것이다. 그렇다면 다른 방법은 없는 걸까? 혈당 조절을 개선하기 위한 좀 더 시간 효율적인 방법이 없을까?

그렇다. 여러분도 이미 짐작하고 있을 것이다.

2010년에 내 연구실에서는 제2형 당뇨병 환자의 인터벌 트레이닝 효과를 연구했다. 이들의 신체의 주요 문제 중 하나는 혈액에 있는 당을 근육이 제대로 흡수하지 못한다는 것이다. 우리는 인터벌 트레이닝이 근육의 당 흡수 능력을 빠르게 향상하는 데 특히 효과적이라는 것을 알고 있었다. "우리는 이렇게 생각했어요. 만약 근육이 포도당을 잘 흡수하지 못한다면, 어쩌면 인터벌 트레이닝을 통해 근섬유를 활성화하면, 저장된 탄수화물을 소모하게 되고, 혈액에서 더 많은 포도당을 빨아들일 수 있지 않을까 했지요." 당시 우리 연구실의 대학원생이자 지금은 브리티시컬럼비아대학교의 오카나간 캠퍼스의 신체 운동학 교수인 존 리틀 Jon Little이 연구를 회상하며 했던 말이다.

제2형 당뇨병 환자에 대한 우리의 원래 연구는 8명의 소규모 연구였다. 그들의 평균 연령은 63세였고 평균 체질량 지수 BMI는 32로 비만 범주에 속했다. 우리는 평소에 운동하지 않는 사람들이 인터벌 트레이닝을 좀 더 쉽게 접근하고 덜 무서워하도록 개량한 인터벌 트레이닝 프로토콜을 2주 동안 이들이 수행하도록 했다. 심부전 환자들을 대상으로 한 카타리나 마이어의 트레이닝 프로그램과 마찬가지로, 우리가 고안한 프로그램도 1분 동안 전력까지는 아니지만 꽤 힘든 강도의 운동을 하도록 했다. 피실험자들은 운동용 자전거에서 1분 고강도 운동과 1분 휴식을 총 10회 반복하여, 워밍업이나 쿨다운을 제외하면 총 20분을 운동했다. 우리는 이 프로그램을 '텐바이원 Ten by One'이라 불렀다. 대략 어느 정도의 운동 강도를 말하는 건지 궁금한가? 인터벌 운동 중 평균적으로 운동용 자전거의 저항은 피실험자의 최대 심박수의 약 85%를 끌어냈다. 운동이 끝날 때쯤이면 피실험자들은 땀을 흘리며 숨을 가빠하면서도 견딜 수 없는 수준이라고 여기지는 않았다. 가능한 한 가장 강렬한 노력을 10점으로 하는 10점 평가 척도를 기준으로, 피실험자들은 평균적으로 첫 번째 인터벌 구간을 약 5점, 마지막 구간을 약 8점으로 평가했다. 그들은 이 프로토콜을 2주에 걸쳐 6번 수행했다. 그런 다음 우리는 운동이 어떤 변화를 일으켰는지 알아보기 위해 2주 전과 후의 혈당 관리 능력을 비교했다.

훈련 기간은 짧았다. 14일 동안 단 6회의 세션에 불과했다. 다시 말하면, 전체 실험하는 동안 단 1시간 분량의 힘든 운동을 수행했다. 총운동량이 이렇게나 적음에도 불구하고, 일각에서는 고령의 당뇨병 환자가 이러한 운동을 수행하는 게 가능할지 궁금해했다. 이 실험이 처참히 실패해버리지 않을까?

우선, 피실험자들이 운동을 버거워하지 않을까 걱정할 필요는 전혀 없었다. 이들은 챔피언이었다. 사람들은 비만 환자들과 운동하지 않는 사람들에 대해 온갖 오해를 하고 있다. 존 리틀은 제2형 당뇨병 환자에 대한 인터벌 트레이닝의 효과에 관한 연구에 있어 지구상의 그 누구보다도 경험이 가장 많다고 할 수 있다. 그는 이 실험을 진행하며 몇 가지를 느꼈다. 첫째, 그들이 얼마나 열심히 일하는지를 보고 놀랐다. 둘째, 비만이면서 활동적이지 않은 사람들은 우리의 텐바이원 프로토콜이 외출해서 30분간 걷는 것보다 쉽다고 느꼈다. 아마도 자신의 최대 심박수의 85~90%에 도달하는 데 큰 노력이 필요하지 않았기 때문일 것이다.

2010년 당시, 피실험자들은 2주간의 훈련을 마친 후 복부 피부 아래에 작은 포도당 모니터링 장치를 삽입했다. 이 장치는 5분마다 포도당 수치를 측정하며 하루 종일 혈당량을 추적했다. 이를 통해 표준화된 식사를 섭취하는 시간을 포함하여 24시간 동안 피실험자의 신체가 얼마나 혈당 수치를 잘 관리하는지 분석할 수 있었다.

존 리틀은 첫 번째 피실험자에 대한 분석을 수행한 연구자였다. 그는 실험실에서 컴퓨터 화면에 나타난 그래프를 보고 너무 흥분한 나머지 위층에 있는 내 사무실까지 단숨에 달려왔다. "말도 안 돼!" 그는 이렇게 외쳤다. "여기, 훈련 2주 만에 혈당이 얼마나 좋아졌는지 보세요!"

결과는 우리가 예상했던 것보다 훨씬 좋았다. 한 시간의 운동이 몇 가지 놀라운 효과를 일으켰다. 평균 혈당 농도가 13% 감소한 것이다.

이러한 감소가 지속된다면 제2형 당뇨병의 발병을 실제로 되돌릴 수 있을 만큼 신체의 혈당 관리 능력이 향상될 수 있는 정도였다.

그만큼 놀라운 결과였다.

제2형 당뇨병은 발병하는 데 오랜 시간이 걸린다. 10년 내지 15년 동안 지속적으로 높은 수준의 인슐린 저항성 또는 당뇨병 전단계가 지속되어야 한다. 즉, 적은 활동량과 열악한 식습관이 10년 이상 유지되어야 한다.

많은 사람이 일주일에 150분 중강도 운동을 하는 것을 부담스러워한다. 특히 인슐린 저항성이 있을 정도로 활동량이 거의 없는 사람이라면 더욱 그렇다. 그들도 운동해야 한다는 것은 잘 알고 있다.

운동을 정말 하고 싶어 하기도 한다. 하지만 결국 운동할 시간을 내지 못한다. 대신 약으로 당뇨를 조절한다. 극단적인 경우 인슐린 주사를 맞기도 한다.

우리가 했던 2011년 논문을 비롯한 여러 연구를 통해, 고강도 인터벌 트레이닝이 사람들의 혈당 관리를 돕고 및 인슐린 저항성과 제2형 당뇨병 증상을 줄이는 데 강력한 도움이 되는 방법임이 입증되었다. 당뇨병으로 가는 길을 걷고 있는 사람 중 일부를 다른 길로 안내하기에 충분할 수 있다. "당뇨병의 원인을 통계적으로 솎아내어 보면, 미국의 당뇨병 사례의 70%는 생활 방식 변화를 통해 예방할 수 있다." 존 리틀은 말한다. "답은 진짜 음식을 먹고 운동하는 것만큼이나 간단하다."

## 인터벌 운동을 보건 가이드라인에 도입할 수 있을까?

우리는 어떻게 건강을 증진하고 유지하기 위해 일주일에 150분의 적당한 강도의 운동이 필요하다는 가이드라인에 도달하게 된 걸까? 사실 연속적인 적당한 운동(장시간 걷기, 조깅, 수영, 사이클링 등과 이들의 변형된 형태)이 공중 보건 가이드라인에 강조된 이유는 이러한 유형의 신체 활동에 관한 연구가 학술 문헌에 가장 많이 연구되어 있기 때문이다. 이러한 연구의 대부분은 시간이 지남에 따라 사람들을 추적하는 역학 연구이다. 사실 신체 활동이 수명을 연장하는지 또는 심혈관 질환을 예방하는지를 직접 테스트한 무작위 임상 시험은 아직 존재하지 않는다. 길고 느린 정상 상태 운동을 많이 하면 사망 위험이 낮아지고 제2형 당뇨병과 심혈관 질환, 그리고 일부 유형의 암에 걸릴 위험이 낮아진다는 것을 보여주는 양질의 데이터는 존재한다. 길고 느린 운동 방법에 관한 연구가 많은 이유는 그것이 대부분 사람이 신체 활동을 수행하는 방법이기 때문이다.

그에 비해 인터벌 트레이닝의 효과에 관한 데이터는 훨씬 적다. 인터벌 트레이닝은 최근 개발된 신약이라고 생각하면 된다. 실제로 인터벌 트레이닝의 강력하고 급성적인 효과는 어떤 약물과 견주어도 부족하지 않다. 신약은 정부 규제 당국에서 의약품으로 허가하기까지 길고 힘든 과정을 거쳐야 한다. 이 과정은 대체로 기본 연구로 시작하여 소규모 동물 연구를 거쳐 소그룹 인간 대상 연구를 지나 무작위 임상 시험으로 이어진다.

그러한 수십 건의 연구를 통해 중간 강도의 연속적 훈련이 장기적으로 인간의 건강을 향상시킨다는 사실을 알게 되었다. 인터벌 트레이닝은 너무 최첨단이어서 아직 테스트 초기 단계에 있다. 울릭 비쉐르프는 고강도 인터벌 트레이닝과 인체 건강에 대한 최초의 무작위 통제 임상 시험 연구자다. 2012년부터 노르웨이 트론헤임에서 진행되어 2018년 6월에 마무리될 예정인 '제너레이션 100 Generation 100' 연구는 5년 동안 1,500명이 넘는 사람을 대상으로 진행되었다.

하버드 대학교의 역학 교수인 이민 리 I-Min Lee 는 MD와 PhD 학위를 보유한 연구자로, 인구 관점에서 인간의 건강을 연구하고 있다. 그녀는 운동이 인구의 건강에 어떤 영향을 미치는지를 전문적으로 연구하고 있으며, 운동에 대한 미국의 공중 보건 가이드라인을 만드는 데 도움을 제공했다.

그녀는 제너레이션 100 연구가 공중 보건 기관들이 고강도 및 스프린트 인터벌 트레이닝을 운동 가이드라인에 도입할지를 결정하기 전에 확인하고 싶은 종류의 증거라고 말한다.

이민 리는 현행 가이드라인이 이미 인터벌 트레이닝을 포함하기에 충분히 견고하고 일반적이라고 생각한다. (6장과 7장에서 인터벌 트레이닝의 다양한 형태와 여러 운동 예시에 대해 상세히 다루겠다.) "현행 가이드라인은 이러한 프로토콜을 구체적으로 언급하지는 않지만, 스프린트 인터벌 훈련과 고강도 인터벌 훈련은 '격렬한 운동'의 넓은 범주에 속한다고 볼 수 있습니다... 사람들은 각자 자신이 선택한 방법으로 가이드라인을 이행하면 됩니다."

인터벌 트레이닝이 운동 가이드라인에 부합한다면, 가이드라인에서 권고하는 '주간 총 운동 시간'에 인터벌 운동을 어떻게 '계산'해야 할까? 앞서 언급했던 것처럼 미국 스포츠의학회는 주 150분의 중강도 운동 또는 주 75분의 격렬한 운동을 권고하고 있다. 심혈관 질환 및 당뇨 환자들을 대상으로 한 연구에서 우리가 활용했던 텐바이원 프로토콜을 예시로 들어 보자. 이 프로토콜에서는 각 60초의 강렬한 운동을 총 10회 수행해야 하며, 워밍업과 쿨다운과 인터벌 사이 회복 기간을 포함하면 대략 25분 정도 소요된다. 이러한 운동을 가이드라인에 맞춰서 어떻게 '계산'해야 할까? 10분의 강렬한 운동만 계산하면 될까? 아니면 회복 시간을 포함한 25분을 총운동량으로 계산해야 할까?

이민 리는 고강도 인터벌 트레이닝이 '격렬한 운동' 범주에 속한다고 생각한다. 스프린트 시간을 계산할지 전체 운동 시간을 계산할지에 대해 그녀는 단식 테니스, 농구, 아이스하키같이 격렬한 운동으로 간주되는 다른 활동들을 언급하며 답했다. 테니스 서브나 농구에서 다른 선수가 자유투를 던질 때 가만히 서 있는 시간처럼 경기마다 활동하지 않는 순간이 많이 포함되어 있지만, 이러한 경우 가이드라인은 해당 스포츠를 수행한 총 시간을 계산에 포함할 수 있도록 한다.

같은 논리를 고강도 인터벌 트레이닝에 적용하여, 전체 운동을 수행하는 데 소요된 시간을 가이드라인 이행에 계산하면 된다고 이민 리는 말한다. 그러니 전체 텐바이원 운동에 25분이 소요된다면, 가이드라인을 충족하기 위해서는 일주일에 세 번 운동하면 된다는 의미이다. 요지는 힘들게 스프린트한 시간뿐 아니라 회복 시간도 계산에 포함한다는 것이다.

지금쯤이면 걷기 속도를 다양하게 하는 것이든 20초 전력 질주를 하는 것이든 여러분에게 적합한 인터벌 트레이닝 방법이 있을 것이라는 확신을 지니게 되었기를 바란다.

# CHAPTER 5

## 고강도 활동

**어느 토요일 정오, 맨해튼 미드타운의 피트니스 스튜디오.** 회원들이 두 줄로 서서 트레이너의 신호에 따라 푹신한 잔디 바닥을 가로질러 앞뒤로 폭발한다. 베어 크롤, 크랩 워크, 프로그 홉, 하이 스텝 — 모두 가장 빠른 속도로 수행해야 한다. 다양한 지점에서 트레이너는 회원에게 버피, 푸시업, 크런치, 스쾃 세트를 시킨다. 첫 라운드를 마치고 휴식을 취한다. 회원들은 이미 숨을 가쁘게 쉬기 시작했다. 세 번째 라운드가 되면 운동복이 땀으로 흥건히 젖어 어둡게 변한다. 이들은 모두 건강해 보이지만, 이 운동은 그들 중 가장 뛰어난 자에게조차 가빠 보인다.

뉴욕시에서 찾을 수 있는 가장 힘든 운동 중 하나로 유명한 맨해튼의 톤하우스 헬스장의 세션은 인터벌 트레이닝의 원칙을 기반으로 한다. 할 수 있는 사람에게는 훌륭한 운동이다. 하지만 안타깝게도 이 훈련 프로토콜이 이처럼 매우 힘든 운동을 연상하게 한다는 점은 큰 약점으로 작용하기도 한다. 많은 사람이 인터벌 트레이닝의 혜택에 접근하지 못하고 도망가게 한다는 점에서다.

'인터벌 트레이닝'이라는 단어를 언급하기만 해도 많은 사람은 미식축구 선수들이 잔디밭에서 전력 질주하는 모습이나 온몸이 근육질인 피트니스 애호가들이 무한 박스 점프 세트를 뛰는 모습을 상상한다. 그리고 이런 운동은 그들과 맞지 않는다고 생각한다. 그런 반응이 나오는 것이 당연하다. 나라도 인터벌 트레이닝에 대해 아무것도 몰랐다면 그렇게 느꼈을 것이다.

하지만 이는 잘못된 고정 관념이다.

사실 인터벌 트레이닝에는 다양한 변형이 있다. 물론 하드코어 운동도 가능하다. 하지만 꼭 그럴 필요는 없다. 은퇴한 노인이나 심장병 환자도 할 수 있는 유형이 있고, 엘리트 운동선수에게 적합한 유형도 있다. 운동의 강도를 다양하게 변주하여 운동 효과를 높인다는 기본 아이디어는 모든 연령대와 라이프스타일의 사람들의 체력 향상을 위한 프로그램을 만드는 데 활용될 수 있다.

운동 업계에 종사하는 사람이라면 누구나 동의하는 점이 있다. 체력 향상의 여정에서 어려운 점 중 하나는 운동을 막 시작하는 사람에게 운동은 고통을 수반한다는 점이다. 주변 여기저기에서 러너스 하이runner's high가 무엇인지, 운동할 때 얼마나 기분이 좋아지는지 귀 아프게 듣게 된다. 하지만 막상 운동을 시작해 보면 다 거짓말인 것 같다. 운동은 그들이 말하는 것처럼 상쾌한 친구가 아니었다. 적어도 처음엔 아니다. 운동은 지옥 같은 기분이 든다. 운동은 나쁜 놈이다.

그 기간은 지나간다. 그리고 인터벌 트레이닝 테크닉을 활용하면 더 빨리 지나갈 수 있다. 실제로 우리 프로그램의 대학원생이었던 심리학자 매리 정Mary Jung과 생리학자 존 리틀(이전 장에서 소개한 연구자)은 이것을 입증한 연구에 참여했다. 2012년에 발표되고 온타리오주 킹스턴의 퀸스대학교의 연구자들이 주도한 이 연구는 젊은 여성들을 대상으로 1개월 동안 주 4일 간단한 피트니스 프로토콜을 수행하도록 했다. 이들은 매일 20초 수행, 10초 중단 형식의 타바타 스타일 운동을 8회 반복해 총 4분을 운동했다. 20초 '수행' 시간 동안 그들은 버피, 점핑 잭, 마운틴 클라이머, 스쾃 트러스트 중 하나의 맨몸운동을 수행했다. 톤하우스 헬스장 스타일의 운동과 비슷하지만 더 짧았다. 운동에 총 소요된 시간은 일주일에 약 16분 정도였다. 이 여성들의 심혈관 체력은 일주일에 2시간을 중간 강도로 연속 사이클링한 다른 그룹과 같은 정도로 개선되었다. 게다가 인터벌 트레이닝 그룹은 더 강해지기도 했다. 푸시업(팔굽혀펴기)이나 레그 익스텐션(다리 펴기) 같은 근력 테스트 성적이 향상되었다. 다른 그룹은 이러한 추가 효과가 나타나지 않았다.

하지만 더 중요한 점이 있다. 인터벌 트레이닝의 현저한 효과를 경험한 이 여성들은 처음에 기대했던 것보다 이 운동을 더 마음에 들어 했다. 그들은 설문에서 향후 인터벌 기반 운동을 사용하여 운동할 가능성이 커졌다고 답했다.

이 연구의 결과는 운동 초반의 고통스러운 단계가 일시적이라는 점을 보여준다. 인터벌 트레이닝을 사용하면 이 기간은 2주 정도만 지속된다. 사실 인터벌 트레이닝은 운동 초기의 불편한 기간을 최대한 짧게 줄여준다. 인터벌은 여러분이 운동을 더 빨리 즐기기 시작할 수 있도록 체력을 더 빨리 향상해 준다.

인터벌 트레이닝의 가장 강렬한 형태를 말하는 것도 아니다. 운동 중 강도를 다양화하는 인터벌 트레이닝의 거의 모든 유형은 비숱한 기간의 연속적 운동 훈련에 비해 더 빨리, 더 큰 효과를 안겨 준다. 실외 산책의 강도를 다양하게 하는 것도 인터벌 트레이닝이다. 아주 건강한 토끼와 가젤 같은 사람들이 스피닝 클래스에서 전력을 다해 페달을 밟는 모습도, 뉴욕 톤하우스 헬스장의 서킷 트레이닝도 모두 인터벌 트레이닝의 다양한 형태일 뿐이다.

## 이상하고 신기한 운동의 세계

피트니스의 과학을 연구한 많은 사람이 그렇듯, 나도 운동이 마법에 가까운 속성을 지니고 있다고 생각한다. 인류는 건강을 개선하는 알약을 만들기 위한 연구에 수십억 달러를 쓰고 있다. 이러한 알약은 대체로 건강의 어느 한 측면만을 대상으로 하고, 원치 않는 부작용이 있는 경우도 허다하다. 반면, 가장 강력한 개입 방법인 운동은 상대적으로 활용이 저조하다. 이 책에서 앞서 언급했던 것처럼, 미국, 캐나다, 영국 인구의 15~20% 정도만이 가이드라인에서 제시하는 주 150분의 적당한 강도 운동을 하고 있다. 그 말은 80~85% 정도는 권장 운동량을 달성하지 못하고 있다는 뜻이다. 운동하면 더 오래, 더 행복하게 살 수 있는데도, 이렇게 다양한 신체적, 정신적 건강 효과가 있음에도 불구하고 말이다. 운동은 노화의 영향을 미루는 가장 좋은 방법이다. 운동은 노년의 마지막을 대비하기 위한 가장 좋은 방법이다. 90세까지 활기차게 살고 싶은가? 그렇게 하기 위한 가장 좋은 방법은 규칙적으로 운동하는 것이다. 그런데도 실제로 운동하는 사람은 너무나도 적다.

이건 문제가 아닐 수 없다. 영국의 생리학자 로스 폴록Ross Pollock이 주 저자로 연구한, 2015년 〈Journal of Physiology〉에 실린 논문에 따르면, 선진국 사람들의 수명은 지난 두 세기 동안 두 배가 되었지만, '건강 수명', 즉 인간의 수명 중 활동적이고 건강한 상태의 비중은 그만큼 증가하지 못했다. 그 결과, "노년에 나쁜 건강 상태와 장애를 가지고 살아가는 햇수가 증가하고 있다."

앨런 배터엄Alan Batterham은 영국 미들즈브러에 있는 티스사이드대학교Teesside University의 운동과학자이다. 그는 운동과 인간의 관계에 왜곡이 있다고 말한다. 감사하게도 인간의 두뇌는 우리에게 유익한 것들은 대부분 회백질에 프로그래밍이 되어 있다. 예를 들어 물이 필요하면 몸이 뇌에 갈증 신호를 보내고 물을 마신다. 하지만 운동에 있어서는 이러한 필요-추진 관계가 존재하지 않는다. 운동은 최적의 건강을 위해 필요한 활동 중 유일하게 생물학적으로 사전 프로그래밍이 되어 있지 않은 활동이다. "상당한 양의 신체적 활동을 하려는 선천적 욕구는 없는 것으로 보인다." 배터엄은 말했다.

이는 아마도 과거에는 생존을 위해 필요한 것들을 하는 것만으로도 충분한 운동을 얻을 수 있었기 때문일 것이다. 실제로 하버드대학의 고인류학자인 대니얼 리버먼Daniel Lieberman이 2015년에 한 논문에서 지적했듯, 인간은 신체 활동을 회피하려는 욕구를 가지도록 진화했다. 가능한 한 에너지를 아끼려 하는 것이다. 리버먼의 말에 따르면, 수천여 년 전의 인류는 음식이 부족했고 음식으로부터 얻는 에너지도 부족했기 때문에 그렇게 진화한 것이다. 수렵채집 사회에서는 사냥꾼들은 먹이를 쫓아가는 데 필요한 에너지를 아껴야 했고, 채집꾼들은 땅벌레, 과일 등의 식량을 찾으러 서식지 주변을 돌아다니기 위해 열량이 필요했다.

오늘날은 상황이 다르다. 산업혁명, 도시화, 자동차, 컴퓨터 기술의 발달 덕분에 선진국의 대부분 사람은 신체적 노력을 크게 들이지 않고도 매일 필요한 양식을 구할 수 있다. 음식을 확보하는 데 필요한 운동은 소파에서 부엌까지 걸어가는 정도이다. 이제 쉼을 향한 생물학적 본능은 운동의 역설을 만들어냈다. "사람들은 운동이 주는 이점에도 불구하고 운동을 피하는 경향이 있다." 리버먼은 말한다. 우리는 활동 수준을 높이면 몸이 더 잘 작동하고 더 행복해질 것을 안다. 하지만 바쁜 일상 때문에 우리 대부분은 운동할 기회가 없다고 느끼며 살아가고 있다.

## 학계의 균열

일반적으로 생리학자들은 앞서 언급한 모든 이유로 인터벌 트레이닝에 대해 상당한 열정을 지니고 있다. 그러나 심리학자들 사이의 논쟁은 더 열렬하다. 이 테크닉에 대한 반대는 호주 퍼스에 있는 커틴대학Curtin University의 운동 전문 심리학자 사라 하드캐슬Sarah Hardcastle의 연구에서 잘 알 수 있다.

2014년에 〈Frontiers of Psychology〉에 발표된 논문에서 하드캐슬은 스프린트 인터벌 트레이닝(가장 시간 효율적이고 강렬한 유형)은 대부분 사람이 수행하기에 너무 어렵다고 주장한다. "SIT(스프린트 인터벌 트레이닝)의 지지자들은 거의 전적으로 생리적 적응에 집중한다." 하드캐슬과 공동 저자들은 이렇게 서술했다. 그들은 과연 평소에 활동량이 적은 사람들이 "고강도 운동 요법을 수행하고 유지할 만한 신체적 능력이 있고 충분한 동기가 부여되었다고 느낄 수 있을까" 묻는다. 하드캐슬은 이러한 사람들은 스프린트 인터벌 트레이닝을 "너무 힘든 것으로 여겨 부담스러워하고, 자신에 대해 무능력감, 낮은 자존감, 실패감을 느끼게 될 수 있다"라고 말한다. 이 논문의 제목은 "스프린트 인터벌 트레이닝이 활동량이 적은 사람들에게 적합하지 않은 이유 Why Sprint Interval Training Is Inappropriate for a Largely Sedentary Population"였다.

물론 인터벌 트레이닝은 정말 효과적이지만 대다수 사람에게는 육체적으로나 심리적으로나 너무 힘들다고 하드캐슬은 말한다. 심지어 그녀는 한술 더 나아가, "고강도 운동은 추후 운동 회피로 이어질 수 있는 부정적 정동을 일으킬 수 있다"라고 주장한다. 다시 말해, 활동량이 적은 사람들에게 스프린트 인터벌은 너무 불쾌한 경험인 나머지 향후 다른 운동도 하고 싶어 하지 않게 된다는, 스프린트 인터벌 트레이닝으로 인해 그 사람은 평생 운동을 포기할 수도 있다는 주장이다.

하드캐슬의 주장에 동의하는 사람들이 있다. 일부 매우 존경받는 운동심리학자들은 고강도 인터벌 트레이닝이 공중 보건을 증진하는 데 활용될 수 있다는 가능성 자체를 완전히 일축해왔다. 그들은 사람들이 그런 운동을 하지 않으리라 생각한다. 미국의 운동 프로그램 설계 분야에는 대다수 사람은 고강도 운동을 짧게 하는 것보다 저강도 운동을 오래 하는 것을 선호할 것이라는 믿음이 보편적이다.

"좌식 생활의 문제는 심각하다. 특히 미국의 경우 그렇다. 인터벌 트레이닝을 제안하기조차 두려워할 정도이다." 스탠퍼드대학교의 제프 크리스틀은 말한다. "피트니스 산업은 인터벌 트레이닝을 이해하고 있다. 미국 정부는 이를 큰 억지력으로 보고 있다. 그들의 걱정은 그저 하나다. '사람들을 움직이게만 해 보자. 이보다 더 복잡하게 만들 필요가 있을까?' 그 이상 바라지도 않는다."

2015년 6월 스코틀랜드 에든버러에서 열린 국제 행동영양학-신체활동학회 International Society for Behavioral Nutrition and Physical Activity가 연례 회의에서 논쟁이 다시 불붙었다. 에든버러 국제회의센터의 펜트랜드 강당에 약 400명이 모인 가운데, 호주 빅토리아대학교의 심리학자 스튜어트 비들 Stuard Biddle은 인터벌 트레이닝을 실제로 해 볼 사람이 거의 없어서, 인터벌 트레이닝의 효과가 "거의 무의미하다"고 주장했다. 그는 사람들이 운동할 '시간'이 없는 게 아니라, 운동을 우선순위로 두지 않을 뿐이라고 주장했다. 그 토론 내용의 녹취록을 발췌한 어느 학술지에 따르면, 비들의 주장은 대략 이러했다. "운동을 우선순위로 삼도록 격려하려면 운동에 대한 사람들의 긍정적 감정을 키워야 합니다. 운동을 더 힘들고 고통스럽게 만들면 긍정적인 감정이 생길까요?"

하지만 결과적으로 오늘날 많은 사람이 인터벌 트레이닝을 기존 운동보다 더 즐기고 있다.

## 운동심리학 속성 과정

나는 지금까지 10년 동안 인터벌 트레이닝을 해왔고, 시작한 이래로 항상 인터벌을 좋아했다. 그래서 사람들이 인터벌 운동을 하지 않을 것이라는 심리학자들의 반대를 처음 들었을 때 나는 고개를 저었다. 나에게 인터벌은 연속적 격렬한 운동과는 완전히 다른 동물이다. 장시간 동안 격렬한 페이스를 유지하기는 당연히 어렵다. 그러나 인터벌은 다르다. 운동의 가장 힘든 부분에서 휴식을 취하며 회복할 수 있으므로 힘든 운동이 좀 더 쉽게 느껴진다. 운동에 집중할 수밖에 없으니 시간이 실제보다 훨씬 더 빨리 가는 것처럼 느껴진다.

하지만 하드캐슬과 비들 같은 인물들의 반대를 내 개인적 경험으로 반박할 수는 없었다. 그래서 인터벌 트레이닝의 심리학에 관한 연구를 파헤쳤다. 그러던 중 영국의 리버풀존무어스대학교Liverpool John Moores University 연구진의 매우 흥미로운 연구를 발견했다. 그들은 2011년에 사람들이 인터벌 달리기와 연속 달리기 중 무엇을 선호하는지 조사한 연구를 발표했다. 이 연구의 좋은 점은 연구자들이 두 운동 프로토콜을 최대한 동등하게 맞추려 노력했다는 점이다. 평균 운동 시간, 강도, 달리는 거리를 동일하게 맞췄다. 연구의 피실험자는 운동을 취미로 하는 남성들이었다. 연속 운동의 경우, VO2max의 70%의 적당한 속도로 50분을 달렸다. 인터벌 운동은 VO2max의 90%로 3분 달리고 3분 휴식하기를 6번 반복했다. 양측의 평균 심박수도 일치하게 했다.

그 후, 이들에게 둘 중 어느 운동이 더 즐거웠는지 '신체 활동 즐거움 척도Physical Activity Enjoyment Scale'를 사용하여 평가하고, 운동하는 동안 어느 정도 노력을 기울였는지 평가하게 했다. 그들은 인터벌 운동에 더 많은 힘을 들였다고 생각했지만, 인터벌 운동이 연속 운동보다 훨씬 더 즐거웠다고 평가했다. 인터벌 달리기의 즐거움 점수는 88점이지만, 연속 운동은 61점 내외였다. 운동이 힘들수록 덜 즐겁고 운동을 지속할 확률이 줄어든다는 오랜 가정이 인터벌 트레이닝에 적용되지 않는다는 연구 결과가 여기에 있었다.

하지만 반대자들은 이렇게 주장한다. 그 연구는 운동이 끝난 후 몇 분이 지나서야 피실험자들에게 즐거움을 평가하도록 했다. 현실의 야생 환경에서도 사람들이 그 운동을 할지를 알아보려면, 운동하는 동안 어떻게 느끼는지 물어봤어야 한다. (이 연구의 또 다른 문제는 피실험자들이 운동에 익숙하고 그다지 불편을 느끼지 않을 만한 건강한 젊은 남성이었다는 점이라고 그들은 말했다.)

## 한 심리학자의 관점

운동심리학자 매리 정Mary Jung은 인터벌 트레이닝의 호감도 문제를 공격하기에 여러 면에서 완벽한 적임자였다. 내가 그녀를 알게 된 건 그녀가 맥마스터의 신체 운동학 석사 과정을 밟고 있을 때였다. 당시 그녀는 우리 옆 연구실에서 다이어터들이 식사 계획을 잘 지키도록 격려하는 최상의 방법을 연구하고 있었다. 그때 우리 연구실에서 운동하는 피실험자들을 격려하려 박수를 치고 응원하는 소리가 연구실의 강철 문과 콘크리트 블록 벽 너머에서도 들렸다고 한다. (당시 우리는 전력 스프린트에 관한 네 개의 연구 중 하나를 진행하고 있었다.)

그래서 그녀는 우리가 무엇을 하는지 확인하러 왔다. 한 피실험자가 운동용 자전거의 페달을 온 힘을 다해 밟고 있었다. 시끄러운 음악이 들리고, 모든 사람이 모여 피실험지를 지켜보고 있었다. 매리 정은 당시 우리가 무엇을 하고 있는지 전혀 몰랐지만, 그 연구에 참여하고 싶어졌다고 한다. 그리고 시간이 흘러, 우리 연구실과 다른 여러 연구실에서 매리 정은 인터벌 트레이닝 연구에 심리학자의 관점을 적용했다. 그녀는 피실험자들이 인터벌 트레이닝을 얼마나 즐거워하는지, 향후 이 운동 방법을 계속할지를 조사했다.

운동의 심리학에 대한 매리 정의 관심은 대학원생이 되기 전부터 시작되었다. 그녀는 고등학교 때부터 피트니스 수업을 가르치기 시작해, 16년 동안 스피닝 클래스, 에어로빅, 스텝 클래스, 부트캠프 워크아웃, 킥복싱 등 거의 대부분의 운동을 가르쳤다. 퍼스널 트레이너로서 10년 이상의 경험이 있다. 운동심리학 박사 학위까지 보유하고 있다. 현재 브리티시컬럼비아대학University of British Columbia의 오카나간 캠퍼스에서 건강-운동심리학 연구소를 운영하고 있다. 그녀의 연구적 관심 분야는 운동과 심리학의 교차점에 있다. 예를 들어, 어떤 사람들은 좋은 운동 습관을 기르는 반면, 왜 다른 사람들은 과자를 사기 위해 동네 가게로 걸어가는 것조차 괴로워하는지 탐구한다. 어째서 어떤 사람들은 운동을 지속하는데, 어떤 사람들은 1~2주 이상 운동 루틴을 유지하지 못하는 걸까?

2013년에 매리 정은 인터벌 트레이닝의 다양한 반복을 수행하기 너무 어렵다고 비판하는 사람들을 만나고서 답답함을 느꼈다. 그녀는 사람들이 고강도 인터벌 트레이닝의 다양성과 효능을 얼마나 즐기는지 직접 목격해왔다. 사람들이 HIIT 운동을 좋아한다는 걸 알고 있었을 뿐 아니라, 본인도 HIIT 운동에 참여하고 즐겼다. "효과가 빨리 보인다는 점이 좋아요." 그녀는 말한다. "다른 사람들도 이것에 반응하는 게 보여요. HIIT를 활용하면 운동을 시작한 후 운동이 주는 변화를 훨씬 빨리, 훨씬 일찍 알아차릴 수 있어요."

매리 정은 인터벌 트레이닝이 공중 보건에 미칠 수 있는 영향의 잠재력에 대해 나만큼이나 희망적이게 되었다. 그녀도 나처럼 인터벌이 더 많은 사람에게 운동의 이점을 제공하는 방법이라고 생각한다. 인터벌 트레이닝은 적은 시간을 요구하기 때문에, 운동을 방해하는 장벽을 제거할 수 있다. 그리고 그녀는 특히 격렬한 인터벌 운동을 한 후 사람들이 자부심과 성취감을 느끼는 것을 직접 목격했다.

매리 정은 인터벌 트레이닝이 건강하지만 주로 앉아서 생활하는 사람들이 운동을 처음 시작할 때 특히 적합하다고 생각한다. "수년 동안 운동하지 않은 사람에게 '고강도'는 운동선수들이나 부트캠프 클래스에서 하는 총체적 운동의 개념과는 전혀 다르다." 운동을 전혀 하지 않은 사람은 낮은 언덕을 걸어 올라갔다가 돌아 내려오는 것을 몇 번 반복하기만 해도 인터벌 트레이닝의 강력한 이점을 얻을 수 있다고 매리 정은 말한다.

"사람들, 특히 규칙적으로 운동하지 않는 사람들은 인터벌 트레이닝이 자신에게 맞지 않다는 인식이 있다." 매리 정은 말한다. "하지만 많은 사람이 인터벌 트레이닝이 무엇인지 이해하지 못하고 있다. 그들은 군대 신병 훈련소 스타일 운동을 떠올린다. 그리고 이렇게 묻는다. 'HIIT는 엘리트 운동선수들을 위한 운동 아닌가요?' 그리고 이러한 인식은 인터벌 트레이닝이 그 효과가 가장 필요한 사람들로부터 더 멀어지게 한다."

## 비교 연구

매리 정의 다음 단계는 초심자 수준의 운동자들이 HIIT를 수행하는 동안과 중강도의 연속 운동을 하는 동안 어떻게 느꼈는지 비교하는 과학적인 조사를 수행하는 것이었다. HIIT의 특정 측면을 살펴본 첫 연구자였다. 매리 정은 연구를 가능한 한 현실적이고 실용적으로 만드는 것을 목표로 했다. 그녀와 동료 연구자들은 오카나간 캠퍼스의 포스터를 통해 활동량이 전혀 없는 것은 아니지만 확실히 운동선수는 아닌, 일주일에 두 번 미만 운동하는 44명의 청년을 모집했다. 그리고 그들에게 세 가지 다른 운동을 수행할 것을 요청했다.

첫 번째는 운동용 자전거에서 중간 강도로 40분 연속 운동하는 것으로, 피실험자들은 그들의 최대 출력의 40%로 운동했고, 평균 심박수는 자신의 최고치의 69%로 올라갔다. 두 번째는 격렬한 강도의 연속 운동으로, 최대 출력의 80%로 20분 동안 운동하고, 평균 심박수는 최고치의 약 89%로 올라갔다. 세 번째는 인터벌 운동이었다. 이 연구를 위해 매리 정은 주로 앉아서 생활하는 사람들이나 당뇨병 환자들처럼 활동량이 적은 사람들을 위해 우리가 사용했던 텐바이원 프로토콜을 사용했다.

세 운동 도중 그리고 이후 다양한 시점에서 피실험자들이 자신의 기분을 평가하게 했다. 그런 다음 완료한 지 20분 후에 연구자들은 방금 완료한 유형의 운동에 다시 참여할 가능성이 얼마나 되는지 물었다.

11점 만점을 기준으로 스스로 점수를 매긴 자체 평가에 따르면, 피실험자들은 지속적인 적당한 운동을 하는 동안 기분이 좋았고, HIIT 동안에는 그저 괜찮았으며, 연속적 격렬한 운동을 하는 동안에는 기분이 꽤 나빴다고 답했다. 그러나 이 연구에서 가장 흥미로운 점 중 하나는 HIIT 운동 후 20분 후에 발생한 피실험자의 자기 평가 개선이었다. 매리 정은 이를 '긍정적 리바운드 효과'라고 부른다. 즉, 운동이 끝난 지 20분 후에 세 그룹 모두 운동 중보다 훨씬 나아졌다고 느꼈지만, 중등도 그룹과 인터벌 그룹이 가장 기분이 좋았다.

다음으로, 미래에 세 가지 운동 중 어느 것이든 참여할 가능성을 평가하라는 질문에 피실험자들은 연속적 중강도 운동과 인터벌 트레이닝 운동은 둘 다 같은 정도로 향후 수행할 가능성이 있다고 답했고, 연속적 격렬한 운동을 할 가능성은 적다고 답했다.

매리 정과 공동 저자들은 피실험자들이 가장 즐긴 활동이 무엇인지 조사했다. HIIT는 중강도 운동보다 약간 더 즐거운 것으로 평가되었으며, 중강도 운동은 격렬한 운동보다 더 즐거운 것으로 나타났다.

마지막으로, 어떤 운동이 가장 좋은지 물었을 때, 피실험자들은 HIIT를 훨씬 더 선호한다고 말했다. 그들 중 24명은 인터벌 운동을 가장 좋아하는 운동으로 꼽았고, 13명은 연속적인 적당한 운동을, 4명은 연속적인 격렬한 운동을 선호했다. (아마 나머지 셋은 특별히 선호하는 운동이 없었던 것으로 추정된다.)

피실험자들은 HIIT 운동을 하는 동안에는 그저 괜찮다고 느꼈는데도, 선호하는 운동 방식을 물었을 때는 HIIT를 압도적으로 좋아하는 운동 방식으로 선택했다. 이게 말이 되는가?

매리 정은 말이 된다고 생각한다. 인터벌 접근 방식은 "운동 세션을 감당할 수 있는 짧은 단위로 나누어, 잠재적으로 여러 번의 성공적인 경험을 가능하게 합니다." 그녀는 이렇게 말한다. 즉, 피실험자들은 스프린트를 완주했을 때, 마치 무언가를 성취한 것 같은 느낌을 받았다. 그리고 그 성취감은 힘든 인터벌의 불편함을 상쇄한다. 자신도 '운동하는 사람'이 된 것 같은, 이전에는 결코 느껴보지 못한 기분을 느끼게 했다. 게다가 시간 절약도 무시할 수 없다. 이를 종합하면 피실험자들이 다른 두 운동 형태보다 인터벌 트레이닝을 훨씬 더 선호하는 이유를 정당화하기에는 충분하다고 매리 정은 말한다.

사람들은 일부 운동심리학자들이 생각하는 것만큼 단순하지 않다. 적어도 매리 정과 나는 그렇게 생각한다.

대부분의 사람들은 힘든 운동을 하지 않을 거라는 낡은 관념은 인터벌 트레이닝에 적용되지 않는 것 같다. 인터벌 트레이닝이 꼭 그렇게 힘들 필요도 없다. 인터벌 트레이닝의 가장 격렬한 버전을 하려면 자신을 극한으로 밀어붙여야 하겠지만, 처음부터 그렇게 하면 다칠 수 있다. 매리 정의 연구에 따르면, 사람들은 HIIT의 시간 효율적 이점과 HIIT 운동을 마친 후 느끼는 자신감 향상, 전통적 지구력 훈련에 비해 덜 지루하다는 점, 그리고 짧은 인터벌을 수행하는 동안 경험하는 일시적 불편함을 모두 고려해 저울질한 다음, HIIT는 할 만한 가치가 있다고 판단한다.

매리 정은 사람들이 HIIT를 선호하는 또 다른 이유를 보여주었다. 그녀는 좌식 당뇨 환자들의 인터벌 트레이닝을 지난 몇 년간 추적했다. 그렇게 하는 사람들은 많지만, 매리 정이 운동을 설계하는 방식이 핵심적이다. 일반적인 경우, 그녀는 연구 대상 인구의 일부 하위 집단을 모집해, 피트니스 트레이닝 프로그램을 수행할 것을 요청한다. 어떤 사람들은 적당한 연속적 운동을, 다른 사람들은 인터벌 트레이닝을 하도록 한다. 그러고 나서 앉아서 기다린다. 연구에 따라 몇 주 혹은 몇 달을 기다리기도 한다. 어느 정도 시간이 지나면, 누가 여전히 운동을 지속하고 있는지 확인한다. 사람들에게 어떤 운동을 시켰을 때 미래에도 규칙적으로 운동하는 습관이 생기는지 알아내려는 것이다. 공중 보건 가이드라인에 권고되어 있는 운동량을 충족하는 사람들의 비율이 지금의 15~20%보다 훨씬 더 많아지게 하려면 어떻게 해야 할지 알아내기 위해서다.

예를 들어, 2015년 〈Journal of Diabetes Research〉에 매리 정과 공동 저자는 26명의 성인을 대상으로 2개의 12일 운동 프로그램 중 하나를 추적한 연구를 발표했다. 이들은 체력이 약하고 당뇨병 전단계에 해당하는 중년 성인이었다. 중강도 운동을 한 그룹은 처음엔 한 번에 20분 동안만 연속적으로 운동할 수 있었고, 점진적으로 최대 50분까지 운동했다. 인터벌 그룹은 처음에는 1분 휴식으로 분리된 4회의 1분 길이 인터벌까지만 운동할 수 있었고, 12일의 기간 동안 발전하여 나중에는 텐바이원 운동까지도 수행할 수 있었다. 그런 다음 매리 정의 연구진은 한 달 동안 피실험자들에게 아무런 개입도 하지 않고 자율적으로 살게 했다.

한 달이 지난 후 확인한 결과, 인터벌 트레이닝 그룹이 중강도 운동 그룹에 비해 스스로 격렬한 운동을 할 확률이 더 높았다. 트레이닝 프로그램이 종료된 지 한 달이 지난 후, 인터벌 그룹은 이전에 비해 격렬한 운동량이 두 배 늘었다. 비슷한 또 다른 연구-내가 이 책의 집필을 준비하던 당시에는 아직 발표되지 않았다-에서는 6개월 후에도 이와 유사한 결과가 나타났다.

어떻게 된 걸까? 매리 정은 인터벌 트레이닝이 중강도의 연속 운동에 비해 '운동의 이점을 사람들에게 영업하는 데' 훨씬 효과적이기 때문이라 생각한다. "심리학적 관점에서 살펴볼까요? 운동이 자기에게 맞지 않다고 굳게 믿고 삶의 대부분을 운동을 기피하며 보낸 사람들은 말이죠. 인터벌 트레이닝 프로그램을 경험하고 나면, 엄청난 자신감을 얻지요. '맙소사, 내가 이걸 해내다니! 선수까지는 아니지만 정말 열심히 했어!' 그리고 성취감을 얻습니다. 적당한 속도로 동네 한 바퀴를 걷는 걸로는 그런 흥분감을 느끼기 어렵죠. 운동 지속 관점에서도 이 자신감이 정말 중요합니다."

신체적 변화가 중강도의 연속 운동을 추구하는 사람들보다 인터벌 훈련을 하는 사람들에게서 더 빨리 일어난다는 사실도 있다. 계단을 오르기가 훨씬 쉬워진다. 인터벌 트레이닝을 하면 전반적으로 기분이 좋아지고 빨라진다. "그들은 결과에 만족해요." 매리 정은 말한다. "좋은 분위기, 좋은 감정, 그리고 자부심을 느껴요." 그런 기분을 한 번 느끼면 다시 느끼고 싶어진다. 그리고 나중에 모임에서 사람들을 만나면 얘기하고 싶어진다. "나 요즘 운동해."

## 이제 막 시작하는 사람들을 위한 몇 마디 조언

첫째, 인터벌 트레이닝에는 다양한 종류가 있다는 점을 기억하라. 유산소 운동의 강도를 다양하게 바꾸는 것만으로도 인터벌의 이점을 누릴 수 있다. 세게 밀어붙이고, 뒤로 물러나고, 다시 밀어붙이는 걸 반복해 보자. 축하한다. 방금 여러분은 올림픽 선수들과 세계 기록 보유자들과 같은 운동을 해냈다.

나는 인터벌 트레이닝이 운동을 시작하는 초보자들에게 완벽한 운동이라고 생각한다. 내가 그렇게 생각하는 이유는 몸을 잘 움직이지 않던 사람들이 운동을 처음 시작할 때 주로 겪는 일들 때문이다. 무슨 뜻인지 잠깐 설명해 보겠다.

매리 정과 제프 크리스틀의 연구는 활동량이 적은 사람들에게 운동을 시켰다는 공통점이 있다. 그들이 연구한 대상은 인터벌 트레이닝을 맛보는 순간 비명을 지르며 도망칠 것 같은-적어도 어떤 사람들은 그렇게 생각할 것 같은-사람들이었다. 매리 정은 당뇨가 있는 사람들, 대사 증후군 직전의 비만한 사람들, 주로 앉아서 생활하는 사람들을 연구했고, 제프 크리스틀의 연구는 심부전 환자들을 연구했다. 그들은 공통적으로 이렇게 말한다.

심혈관 질환이나 건강에 해로운 생활 습관으로 인해 체력이 매우 약해진 사람들은 중강도의 연속 운동을 시작하더라도 결국 언젠가는 한 번 휴식을 취해야 한다. 아무리 강도를 적당히 조절해도 긴 시간 동안 쉬지 않고 운동하기는 어렵다.

이들 중에는 계단으로 한 층을 오르기만 해도 숨이 차는 사람들도 있다. 동네 한 바퀴를 걸어서 완주하는 것도 힘들어할 수 있다. 하지만 일단 시도한다고 해 보자. 어떤 자극을 받아서, 무언가로부터 동기부여를 받았을 수 있다. 친한 친구가 큰 병에 걸렸을지도, 주치의가 이제부터 주 150분 활동 가이드라인을 따르라고 했을지도 모른다. 그래서 오늘부터 산책을 시작하기로 한다. 하지만 생각보다 너무 버겁다. 가로등 두 개를 겨우 지났을 뿐인데 벌써 지쳐서 쉬어가야 한다. 사기가 훅 떨어진다. 운동에 실패했다고 자책한다. 그리고 스스로 한심하게 느끼면서 운동에 대한 도전을 마무리한다.

하지만 다른 방식으로 접근한다면 어떨까? 이 사람들에게 이렇게 말해준다면 어떨까? "괜찮아요. 일정량의 중간 강도의 연속 운동을 달성하지 못했다고 자책하지 않아도 돼요. 오히려 스스로 칭찬해 주셔야 해요. 방금 걷기 운동을 해서 숨이 찰 때까지 심박수를 올렸지요? 그게 바로 인터벌이에요. 쉬고 나서 가로등 두 개를 다시 건너 집으로 돌아왔죠? 그게 또 하나의 인터벌이에요. 그러니까 방금 인터벌을 2회 해낸 거네요. 잘했어요! 인터벌 운동 한 세트를 마치셨네요!"

인터벌 트레이닝을 너무 어렵고 힘든 운동으로 일축하는 사람들은 바로 이 점을 간과하고 있다. 체력이 나쁜 사람들, 즉 그들이 가장 운동을 전파하고 싶어 하는 사람들은 이런 식으로 운동을 시작하면 저절로 인터벌 트레이닝을 하게 되기 마련이다.

자연히 그렇게 하게 된다. 산책을 시작하고, 지쳐서 휴식을 취한다. 좀 더 걷는다. 다시 쉰다. 뒤를 돌아 집으로 돌아온다. 중간에 한 번 쉰다.

이러한 사람들에게 인터벌 트레이닝은 그나마 할 만한 운동이다. 다양한 인구 집단에 적합한 것으로 알려진 운동 프로그램을 제공한다고 생각해 보자. 텐바이원 운동은 1분 높은 강도로 운동하고 1분 쉬고 다시 1분 운동하고 1분 쉬는 패턴으로 총 10회를 반복해 총 20분이 걸리는 운동이다. 이 운동을 주 3회 수행하면 일주일에 총 1시간이 소요된다. 운동치고는 충분히 할 만하지 않은가? 특히 공중 보건 당국에서 가장 운동의 효과를 전파하고 싶어 하는, 주로 앉아서 생활하는 사람들에게는 말이다.

"인터벌을 활용해 문턱을 넘게 도와주는 건 활동적이지 않은 사람들이 몸을 움직이게 하기에 좋은 방법이다. 효과가 아주 빠르게 나타나기 때문이다." 제프 크리스틀은 말한다. "인터벌을 일주일에 세 번, 텐바이원 운동으로 하는 건 어떨까? 이러한 프로그램을 하면 4주 만에 상당한 개선 효과를 느낄 것이다. 규칙적 걷기 운동 프로그램으로는 두 배는 더 걸려야 같은 효과를 볼 수 있다. 이게 인터벌 트레이닝의 큰 장점 중 하나다."

다음 장에서는 운동을 한 번도 해 본 적 없는 노인부터 다음 경기에서 우위를 점하려는 운동선수에 이르기까지 모두를 위한 일련의 운동 계획을 세워 보겠다. 그 전에 먼저 몇 가지 팁을 제공하며 이 장을 마무리하고자 한다. 인터벌 트레이닝에서 가장 어려운 부분은 시작하는 것이다. 특히 인터벌 트레이닝 프로토콜을 막 시작했을 때는 고강도 스프린트 부분이 힘들 수 있다. 이 과정을 좀 더 즐겁게, 혹은 최소한 덜 힘들게 할 수 있는 두 가지 팁이 있다.

먼저, 음악이 도움이 된다. 내가 공동 집필한 2015년 맥마스터 논문은 주의 분산이 스프린트 운동에 미치는 영향을 분석했다. 그 결과, 동기를 부여하는 음악을 듣는 것이 음악을 전혀 듣지 않는 것보다 더 빠르고 세게 페달을 밟는 데 도움이 된다는 것을 발견했다. 높은 강도에 쉽게 도달할 수 있는 정신 상태로 만들기 위해 흥분하게 해주는 것이다. 댄스 음악을 사용하는 사람들도, 갱스터 랩이나 펑크 록을 들으며 운동하는 사람들도 있다. 내 경우에는 밴 헤일런 Van Halen의 음악이 잘 맞는 것 같다.

둘째, 주변인들에게 약간의 도움을 받으면 좋다. 친구가 옆에서 "그래, 그거야, 계속해!" 하며 응원해 주는 것도 좋고, 코치가 열심히 했다고 칭찬해 주는 것도 좋다. 다른 모든 일과 마찬가지로 이러한 격려는 인터벌 운동에도 도움이 된다. 적어도 2013년 웨스턴대학교 Western University의 연구에서 언어적 격려가 인터벌 운동의 즐거움에 미치는 영향을 조사한 결과에 따르면 그렇다. 스프린트 중에 긍정적

피드백을 받은 사람들은 격려를 거의 혹은 전혀 받지 못한 사람들에 비해 운동을 더 즐겼다. 운동은 힘들 때도 있다. 그러니 모든 도움을 받는 게 좋다.

이제 매리 정이 알려주는 운동을 시작하고 꾸준히 하기 위한 다섯 가지 팁을 소개하겠다.

### 1. 자신감을 길러라

매리 정은 운동을 시작하기 위한 자신감을 키우는 것은 닭이 먼저냐 달걀이 먼저냐의 문제가 될 수 있다고 했다. 운동을 시작하려면 해낼 수 있을 거라는 자신감이 있어야 한다. 하지만 운동해 본 적이 없는 사람이 어떻게 그런 자신감을 기를 수 있을까? 이 문제를 해결하기 위해 매리 정은 스탠퍼드의 저명한 심리학자 앨버트 반두라Albert Bandura의 연구를 참고했다. 반두라는 자신에 대한 믿음을 기르는 가장 효과적인 방법들을 알아냈다. 예컨대 1분 강한 운동-1분 휴식 프로그램을 시작하고 싶은데, 1분 동안 그렇게 세게 자신을 밀어붙일 수 있을지 확신이 서지 않는다고 하자. 최근에 힘들게 무언가를 하느라 땀을 흘린 경험을 떠올려 보자. 최근에 공항에서 비행기를 놓치지 않기 위해 뛰어야 했을 수도 있다. 이러한 경험을 새로운 상황에 적용해 보자. 그러면 이렇게 생각할 수 있지 않을까. "그날 비행기를 잡으려고 게이트까지 전속력으로 달렸었잖아. 그것도 해냈으니 이것 정도는 거뜬히 할 수 있을 거야."

자신감을 키우는 또 다른 방법은 여러분이 하려는 일을 겪어 본 다른 사람들의 이야기를 들어 보는 것이다. 이 책의 전반에 걸쳐 우리는 심장 재활 환자들과 제2형 당뇨병 환자들이 어떻게 인터벌 트레이닝을 시작하고 지속했는지 이야기했다. 그들이 할 수 있다면, 여러분도 할 수 있다.

### 2. 이른 아침에 시작하라

운동을 처음 시작할 때는 의지력이 가장 높은 아침에 운동 일정을 넣는 게 좋다. 이 부분에 있어서 매리 정은 인간의 의지력에 관한 선구적인 연구들을 감독한 플로리다주립대학Florida State University의 로이 바우마이스터Roy Baumeister의 생각을 참고했다. 바우마이스터는 의지력이 하루 동안 밀물과 썰물처럼 드나든다는 사실을 확립했다. 피곤하거나 배고플 때는 의지력이 낮아진다. 어떤 무언가에 의지력을 쏟으면 나중에 다른 일에 발휘할 의지력이 적어진다. 인간의 의지력은 숙면하고 일어났을 때 가장 많이 쌓여 있다. 그러니 운동을 원활하게 하려면 아침에 운동하는 것이 좋다.

### 3. 자신에게 친절하라

우리는 자신에게 가장 신랄한 비평가가 되려는 경향이 있다. 문제는 자기혐오가 잘못된 의사 결정으로 이어진다는 것이다. "운동복을 빨아 놓았어야지, 그걸 또 까먹은 거야? 왜 이리 멍청한 건데." 이렇게 생각할 수 있다. "이번에도 뭐 좋은 거 해 보겠다고 난리 치는 거야? 어차피 실패할 게 뻔한데." 이렇게 자신에게 욕을 퍼붓기보다는 여유를 가지라고 매리 정은 제안한다. 때로는 운동을 못하고 건너뛰게 될 수도 있다. 모든 사람이 마찬가지다. 핵심은 다음에는 할 거라는 자신감을 유지하는 것이다. 자신에게 야박하게 구는 건 자신감 유지와는 거리가 먼 길이다.

### 4. 비교를 피하라

인간은 사회적 동물이다. 나를 다른 사람과 비교하는 건 지극히 인간적인 습성이다. 사람들이 운동을 시작하는 많은 이유도 이러한 인간적 성향에서 온다. 헬스장 회원권을 끊으러 오는 많은 이들이 방학 동안 수영복을 입고 친구들보다 멋진 몸매를 보여주고 싶어서 운동을 시작한다. 하지만 이러한 동기부여는 오래 가지 않는다. 목표를 달성하더라도 기분이 그리 좋지 않을 수 있다. 여러분의 자존감을 높여줄 수 있는, 평생 가져갈 운동 습관을 만들어야 한다. 목표를 세울 때는 다른 사람의 머리를 밟고 올라가지 않아도 되는 일에 집중하자. "손주들과 놀아줄 체력을 기르기 위해서 운동해야겠어"가 "내 친구 세실리아보다 한 사이즈 작은 바지를 입고 싶어서"보다 훨씬 나은 이유다.

### 5. 자신에게 보상을 제공하라

달성 가능한 목표에 도달했다면, 자신에게 상을 줄 차례다. 예컨대 매리 정이 가장 좋아하는 보상은 와인 한 잔이다. 작고 경제적 부담이 적으면서도 럭셔리한 기분이 든다. 아니면 아이들과 떨어져서 혼자만의 시간을 보낼 수도 있다. 아니면 따뜻한 목욕을 하는 건 어떨까. 예를 들어 일주일에 세 번 운동하는 게 여러분의 목표라면, 이를 달성한 첫 번째 주의 저녁에 시간을 내어 본인에게 맞는 상을 마음껏 누리라고 매리 정은 제안한다. 목표를 달성한 직후에 자신에게 상을 주면, 목표-보상 관계가 강화되고 향후 다른 목표를 달성하도록 동기를 부여한다.

# CHAPTER 6

## 즐겁고 빠르게 운동하기:

나는 늘 내 운동을 직접 설계한다. 자택 지하실로 내려가 운동용 자전거를 타고 TV로 스포츠 경기를 틀어놓고 운동을 한다. 때때로 나는 스프린트 사이에 다양한 맨몸운동을 넣는다. 팔굽혀펴기, 턱걸이, 버피 등 무엇이든 좋다. 이들은 각각 노화의 영향을 피하는 데 도움이 되는 근력 강화 저항 훈련에 해당한다. 운동을 설계하는 것은 운동의 재미있는 부분 중 하나다. 운동을 늘 새롭게 한다.

이 장의 목적은 사람들이 자신만의 고강도 인터벌 트레이닝 운동을 만들 수 있도록 이에 필요한 도구를 제공하는 것이다. 여기에서 소개하는 운동과 시중의 많은 운동 서적의 차별점은 이 프로그램들의 긍정적 효과는 과학적으로 입증되었다는 것이다. 아래에 소개할 8가지 운동은 피어 리뷰 학술 연구에 포함되어 있다. 심장 재활 환자부터 고도의 운동선수에 이르기까지 모든 사람에게 사용된 프로토콜이다. 이러한 운동의 과학적으로 측정된 이점을 설명하고, 자신만의 운동을 설계하는 데 도움이 될 몇 가지 팁으로 마무리하겠다. 하지만 먼저, '노력'을 어떻게 정량화할지에 대해 몇 마디 더하고자 한다.

## 분노의 질주: 강도 측정하기

일반적인 스피닝 클래스를 상상해 보자. 트레이너가 운동용 자전거에 걸터앉아 회원 12명을 마주 보고 있다. 몸의 진동을 일으키는 테크노 비트 속에서도 들릴 만큼 큰 소리로 헤드셋에 대고 외친다. "3초 후에 90%로 갑니다! 3...2...고!" 베테랑 회원들과 초보자들 모두 페달을 밟는다. 하지만 그들은 모두 다른 속도로 달리고 있을 것이다. 90%의 노력이 어떤 느낌인지에 대해 서로 다른 인식을 가지고 있을 테니.

고강도 인터벌 트레이닝의 가장 까다로운 요소가 여기에 있다. 주어진 스프린트를 위해 어느 정도로 힘을 써야 할지 어떻게 전달해야 할까? 운동 강도를 측정하는 방법에는 여러 가지가 있지만, 대부분은 장기간의 연속적 '유산소' 운동에 맞게 설계되었으며, 스프린트에 적용할 때 각각 고유한 문제가 있다.

## $VO_{2max}$ & Power

전통적으로 운동 강도를 결정하는 가장 정확한 방법은 운동 중에 얼마나 많은 산소를 사용하는지 측정하는 것이다. 그 사람의 최대 산소 섭취량, 즉 VO2max에 대비하여 표현한다. 예를 들면, 어떤 사람이 VO2max의 75%로 자전거를 타고 있다고 말할 수 있다. 하지만 인터벌에 드는 노력을 설명하기 위해 VO2max를 사용하면 몇 가지 문제점이 있다. 스프린트에서는 VO2max를 끌어내는 데 필요한 속도보다 몇 배 더 빠르게 달릴 수 있다. 게다가 VO2max를 측정하는 것도 쉽지 않다. 이를 측정하려면 입과 코를 가리는 마스크를 써야 하고, 피실험자가 들이쉬고 내쉬는 공기의 산소 함량 차이를 측정하는 장치로 연결되는 호흡관이 필요하다. 실험실 밖에서 쓰기엔 실용적이지 않다.

운동량을 측정하는 또 다른 과학적 방법은 '일률' 또는 '파워' power라고 부르는, 보통 와트 watt 단위로 측정하는 개념이다. 와트는 전구의 밝기나 냉장고의 에너지 효율성을 나타낼 때 쓰는 '전력'과 같은 단위다. 와트는 일 work이 수행되는 속도를 나타낸다. 자전거를 탈 때를 예로 들자면, 건강하지만 훈련받지 않은 사람들이 300와트의 파워 출력에서 VO2max에 도달할 수 있다면, 스프린트에서는 같은 사람이 몇 초 동안 900와트를 생성할 수 있고, 반면 엘리트 트랙 사이클리스트는 2,000와트 이상을 달성할 수 있다. 이는 100와트 전구 20개를 밝힐 수 있는 일의 속도로, 큰 집 전체를 밝힐 수 있는 양이다. 이 측정 방법에는 어떤 문제점이 있을까? 우리는 이러한 각각의 운동이 다양한 운동의 형태에 적용될 수 있기를 바란다. 컴퓨터는 운동용 자전거의 와트를 쉽게 측정할 수 있지만, 수영이나 달리기 같은 다른 활동의 일률 출력을 측정하기는 쉽지 않다.

## 심박수 문제

운동 강도를 설명하는 또 다른 일반적인 방법은 사람의 최대 심박수에 비교해 나타내는 것이다. (이 값을 추정하는 편리한 방법은 220에서 나이를 뺀 값이지만 개인마다 편차가 많다.) 예를 들면 "최대 심박수의 65%로 달리세요!"라고 트레이너가 말할 수 있다. 그러면 평범한 40세의 사람이라면 분당 117회의 평균 심박수를 목표로 운동하면 된다. 심박수 모니터는 점점 더 휴대하기 쉽고 정확해지고 있어, 실험실 외부에서 측정하기가 훨씬 더 쉽다.

문제는 심박수도 최대 및 최대에 가까운 스프린트의 강도를 설명하는 데 문제가 있는 척도라는 것이다. 특히 격렬한 운동을 시작할 때 심박수가 노력보다 지연되기 때문이다. "다가오는 차로부터 아이를 구하기 위해 달려가듯 전력을 다해 가세요!" 나는 사람들에게 전력 질주 스프린트를 요구할 때 이렇게 말한다. 하지만 30초 동안 전력 질주를 하고 나서도 심박수는 최대 심박수의 70% 정도에 불과할 수 있다. 매우 격렬하게 운동하면 심혈관계가 따라잡는 데 약간의 시간이 걸리기 때문이다. 최대 심박수에 도달하려면 몇 분 동안 쉬지 않고 연속해서 고강도 유산소 운동을 하거나, 스프린트를 여러 번 반복하고 회복 기간을 매우 짧게 가져가야 한다. 따라서 최대 심박수의 백분율은 정상 상태의 유산소 운동 중 노력의 지표로 유용하고, 강도가 낮은 스프린트에도 사용할 수 있지만, 전력 질주에 해당하는 스프린트에 필요한 노력을 설명하는 데는 훨씬 더 문제가 있다.

## 그렇다면 정답은?

해결책은 생리학자들이 '운동 자각도$_{\text{rating of perceived exertion}}$' 또는 RPE라고 부르는 것으로 시작된다. 스톡홀름대학교의 심리학자 군나르 보그$_{\text{Gunnar A.V. Borg}}$는 1970년에 이 개념을 도입했다. 보그는 운동 자각도를 심박수에 연결했다. 원래 척도는 6에서 20으로, 평균 젊은이의 심박수를 10으로 나눈 값과 대략 일치하는 범위였다. 평균 젊은이의 심박수가 약 60이기 때문에 6에서 시작했고, 같은 젊은이의 심박수가 분당 약 200회에서 정점을 찍기 때문에 20까지 올라갔다. 걷기 또는 '가벼운' 운동은 10 또는 11의 RPE에 해당했다.

6부터 20으로 이루어진 척도는 다루기가 조금 번거롭기 때문에, 보그는 나중에 1에서 10까지의 더 간단한 RPE 범위를 제시했다. 여기서 1은 "아무것도 하지 않는 것", 10은 "매우 매우 강렬한(거의 최대) 것"을 말한다.

이 책에 설명된 운동의 강도 척도는 보그의 수정된 RPE 척도를 모델로 한다. 보그의 척도와 마찬가지로 여기에서도 10보다 높게 올라갈 수 있다. 다음 차트를 보면 "10+" 등급이 전력을 다한 스프린트를 나타냄을 알 수 있다. 이는 그동안 내가 "다가오는 차로부터 아이를 구하기 위해 달리는 것만큼 빨리"로 표현한 것과 같은 수준을 가리킨다. 대략적인 가이드를 제공하기 위해, 보그의 수정된 척도의 점수에 따른 운동 강도를 설명해 보았다.

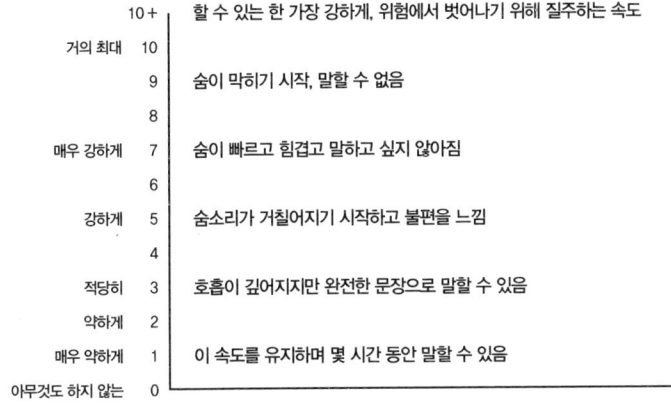

## 왜 어떤 운동은
## 강도가 점점 올라가는가?

나는 대부분의 운동을 가정용 운동 자전거(구체적으로는 Life Fitness 95Ci 모델)로 하기 때문에 내 개인 운동을 할 때 스프린트의 기준은 절대적 작업량을 기준으로 한다. 즉 내가 유지하고자 하는 특정 작업량에 해당하는 출력을 설정하는 것이다. 내 자전거는 원하는 파워(예를 들면, 250와트)를 입력할 수 있다. 그런 다음 나는 각각 5분씩 5회의 인터벌을 1분의 회복 간격을 곁들여 수행한다. 심박수는 5회의 스프린트 내내 점점 오르고 마지막 인터벌은 거의 악마 같다. 운동하는 동안 점점 더 어려운 강도에 도전하게 되기 때문에 이렇게 하는 것을 좋아한다. 운동을 마치고 나면, 최선을 다했다는 걸 확신할 수 있다. 매우 지쳐 있고, 기분이 좋다.

뒷장의 운동을 미리 봤다면 이미 알아차렸겠지만, 어떤 운동은 강도가 운동 과정 중에 점점 증가한다. 고강도 인터벌 트레이닝의 놀라운 효능을 확립한 실제 과학적 연구에 나온 프로토콜에 따라 운동을 설계했기 때문이다. 일부 운동은 최대 노력 또는 최대 노력에 가까운 스프린트를 기반으로 한다. 이러한 경우, 그 사람의 파워 출력 또는 실제 속도는 각 스프린트마다 점점 감소한다. 이전 스프린트에서 전력을 쏟아부었기 때문에 다음 스프린트에는 그만큼의 에너지가 남아 있지 않기 때문이다.

하지만 이 중 일부는 첫 번째 반복, 마지막 반복과 상관없이 각 스프린트마다 동일한 파워 출력을 생성하도록 요구한 연구에 기반했다. 이러한 운동은 강렬하지만 총력전까지는 아닌 스프린트를 특징으로 하는 경향이 있다. 예를 들어, 텐바이원(Ten by One) 프로토콜의 효능을 확립한 연구에서 우리는 피실험자들에게 운동 내내 동일한 파워 출력으로 페달을 밟도록 요청했다. 그렇게 하기 위해 그들은 매번 조금 더 열심히 일해야 했다. (이 비유는 다른 유형의 인터벌 트레이닝에도 적용된다. 예를 들어, 달리기를 하는데 같은 언덕을 같은 속도로 10번 연속으로 달려야 한다면, 횟수를 반복할수록 같은 속도를 유지하려면 힘을 점점 많이 들여야 한다.)

따라서 강렬하지만 전력은 아닌 운동은 강도가 점점 증가한다. 우리가 인용한 논문의 과학자들은 절대적인 작업 부하를 기준으로 연구를 수행했기 때문에, 운동에 드는 노력의 수준, 즉 운동 강도는 점점 증가했을 것이다. 연구의 피실험자들과 동일한 이점을 얻고자 한다면, 여러분의 운동도 끝을 향할수록 점점 힘들어져야 한다.

## 칼로리에 대한 몇 마디

여러 운동 관련 책을 보면 운동마다 칼로리 소모량이 기재되어 있다. 운동용 자전거도 마찬가지다. 내 지하실에 있는 자전거는 내 체중과 나이뿐만 아니라 작업 부하 설정, 운동의 길이 등의 변수까지 고려해서 칼로리를 계산해 준다. 그러나 '칼로리 소모량'은 그저 나와 비슷한 사람들의 평균을 기준으로 추정한 숫자일 뿐, 정확한 측정값이 아니다. 어떤 운동용 자전거도 칼로리 소모량에 영향을 미치는 변수를 모두 알 수는 없다. 칼로리 소모는 유전적 구성을 포함한 수많은 요인의 영향을 받는다.

또한 우리가 제시하는 운동은 자전거, 달리기, 버피 반복, 계단 오르기에 이르기까지 거의 모든 유산소 운동에 적용할 수 있는 템플릿으로 사용하도록 만들었다. 칼로리 소모량은 운동 유형에 따라 달라진다. 그리고 마지막으로, 애프터번 afterburn이라는 개념이 있다. 운동에서 회복하는 동안 신체가 소비하는 칼로리 증가량을 설명하기 위해 자주 사용되는 단어다. 전문 용어로는 '운동 후 초과 산소 소비 excess post-exercise oxygen consumption, EPOC'라고 하는 현상으로, 방금 수행한 운동의 강도의 영향을 받는다. 운동 강도가 높을수록 애프터번에서 소모되는 칼로리의 양이 많아진다. (EPOC와 강도 높은 운동에 관해서는 8장에서 좀 더 자세히 다루겠다.)

요약하자면, 실제 작업 부하량과 개인의 생리에 따라 칼로리 소모량은 제각각 달라지기 때문에 운동 중에 소모되는 정확한 칼로리 수를 제공할 수는 없다. 다만, 애프터번을 고려하면 이 장에서 설명하는 모든 운동은 동일한 기간의 전통적인 정상 상태 운동보다 더 많은 칼로리를 소비한다. 일부 운동은 실험실에서 이를 직접 확인했다. 예를 들어, 텐바이원 운동으로 인한 에너지 소비량(즉, 24시간 동안 연소된 칼로리)의 증가는 중강도 연속 운동을 약 2배 더 오래 했을 때와 비슷했다.

## 인터벌 운동을 자신에 맞게 변형하기

앞으로 제안할 여러 운동은 말 그대로 제안일 뿐이다. 이를 여러분에게 적합한 방식으로 자유롭게 변형해도 좋다. 그게 바로 인터벌 운동의 매력이다. 인터벌 운동의 형태는 거의 무한에 가깝게 다양하다. 다만, 내가 제안하고 싶은 것이 하나 있다. 여러분의 운동에 약간의 저항 훈련을 접목하는 것에 익숙해졌으면 한다. 나이가 들수록 저항 훈련이 점점 더 중요해지기 때문이다. 저항 훈련은 힘을 키우는 운동이다. 역도, 팔굽혀펴기, 풀업 등의 맨몸운동, 케틀벨 훈련, 그리고 피트니스 센터에서 볼 수 있는 웨이트 기구를 사용한 운동이 여기에 포함된다.

유산소 운동과 저항 운동을 결합하면 유산소 운동만 하는 것보다 체지방을 더 많이 줄일 수 있다는 것은 잘 알려져 있다. 저항 훈련은 또한 노화에 따른 근육 감소도 줄여준다. 그리고 외모도 더 좋게 만들어준다.

다행스럽게도 많은 인터벌 훈련 프로토콜이 저항 훈련을 도입하기에 적합하다. 몇 가지 다른 접근 방식이 존재하고, 각각 짧은 시간에 다양한 생리적 시스템을 작동하기 때문에 매우 효율적이다. 그중 하나는 '휴식' 부분 동안 맨몸운동을 수행하는 것이다. 예를 들어 윈게이트 클래식 운동의 경우, 30초 스프린트 사이에 지정된 4분 30초의 휴식 시간에 스쾃, 버피, 팔굽혀펴기 또는 풀업을 수행할 수 있다. 이 접근 방식의 단점은 저항 훈련이 몸을 지치게 하는 만큼 스프린트 수행에 사용할 수 있는 에너지가 줄어든다는 점이다.

내가 선호하는 방식은 많은 개인 트레이너가 일을 하는 방식이기도 하다. 맨몸운동, 즉 자신의 체중을 중량으로 활용하는 형태의 저항 훈련 운동이다. 팔굽혀펴기, 턱걸이, 버피, 스쾃 등의 맨몸운동은 다양한 근육 그룹에 작용하여 심박수를 높인다. 이러한 운동을 빠르게 수행하면 몸의 유산소 시스템이 단련된다. 그렇다면 체중 운동을 인터벌 트레이닝 스프린트로 수행할 수 있다는 뜻이다.

따라서 저항 훈련을 스프린트 운동에 적용하려면, 달리기, 수영, 자전거 타기 등의 활동을 심박수를 비슷한 수준으로 높이는 체중 운동으로 바꾸기만 하면 된다. 요령은 장시간의 스프린트 운동을 피하는 것이다. 맨몸운동을 상당한 시간 동안 할 수 있는 사람은 거의 없기 때문이다. 예를 들면, 체중 운동을 활용한 인터벌을 할 때는 노르웨이 운동 Norwegian workout 은 활용하지 않는 게 좋겠다. 이 운동의 스프린트 간격인 4분 동안 팔굽혀펴기를 하는 것은 매우 힘들다.

6장과 7장의 프로토콜 중 팻버너Fat Burner와 타바타 클래식Tabata Classic이 텐바이원과 마찬가지로 체중 운동 스프린트와 잘 어울린다. 하지만 여러분도 자유롭게 프로토콜을 실험해 보고 여러분의 필요에 맞게 적절히 변형해 보기 바란다. 내가 좋아하는 체중 스프린트 운동은 30초 운동-30초 휴식 인터벌의 총 10분짜리 운동이다. 첫 번째 30초 인터벌은 팔 벌려 뛰기(점핑 잭)로 워밍업한다. 두 번째 인터벌은 팔굽혀펴기(푸시업), 세 번째는 턱걸이(풀업), 네 번째는 앉았다 일어나기(스쾃)다. 그다음부터는 이 순서대로 푸시업, 풀업, 스쾃을 반복해서 총 3세트를 실시하면 10분 운동이 끝난다. 재미있으면서도 강아지를 산책시키는 것보다도 더 짧은 시간 만에 저항 훈련과 유산소 훈련을 달성하기 때문에 매우 시간 효율적이다.

팀 스포츠는 인터벌 운동을 피트니스 루틴에 통합하는 또 다른 방법이다. 우리 가족은 팀 스포츠에 열광한다. 나는 일주일에 한 번 하키를 한다. 내 아내는 보통 한 시즌에 여러 팀에서 하키와 축구를 하고, 두 아들 모두 하키 선수이다. 이러한 경험을 통해 나는 팀 스포츠를 하는 과정에서 별도의 인터벌 운동 없이도 인터벌 기반 신체 활동을 하게 되는 모습을 자주 볼 수 있었다.

생각해 보라. 각 팀이 세 라인으로 구성된 하키의 경우, 한 시프트마다 30~45초가 걸린다. 이 부분이 스프린트에 해당한다. 숨이 가빠지고 심장이 두근거리는 전력 질주 활동이 경기당 15~20회 발생한다. 하키는 훌륭한 인터벌 운동이다.

이탈과 달리기를 반복하는 축구도 마찬가지다. 한 프로 경기에서 선수들은 6마일 이상을 조깅할 수 있다. 풀 코트 농구도 인터벌 운동이라고 할 수 있다. 얼티미트 프리스비Ultimate Frisbee와 터치 풋볼도 마찬가지다. 실제로 다양한 형태의 팀 스포츠는 최고의 스프린트 세션에 해당한다. 친구들과 함께 거의 전면적인 강도로 진행할 수 있고, 참가자들에게 많은 긍정적인 효과를 제공할 가능성이 높다.

하지만 이 효과는 어느 정도일까? 내 하키 그룹인 맥마스터 피터 키친McMaster's Peter Kitchen의 동료 학자는 2016년에 한 연구를 공동 저술했다. 이 연구를 통해 취미로 하키를 하는 35세 이상의 남성들은 신체적으로 활동적인 다른 남성보다 당뇨병, 고혈압, 심장 질환의 비율이 낮은 경향이 있다는 사실을 발견했다.

마찬가지로, 2010년 논문은 축구를 취미로 하는 사람들이 경기의 20% 동안 평균 심박수가 최대치의 90% 이상으로 격렬한 인터벌을 수행하여, 근육량과 심폐 체력이 지구력 달리기 비교군에 비해 더 크게 증가했다고 밝혔다.

정리하자면, 인터벌의 다양한 효과를 누리면서도 재미있고 사회적인 대안을 찾고 있다면, 팀 스포츠를 고려해 보자.

## 운동에 접근하는 방법

이 장에서 설명하는 모든 운동은 실제 과학 연구에서 사용된 형식을 기반으로 한다. 이러한 연구 중에는 5분에서 10분 길이의 워밍업과 쿨다운을 포함한 경우도 있고, 그러한 세부 사항을 명시적으로 설명하지 않은 연구도 있다. 대부분의 사람들은 3분 워밍업과 2분 쿨다운으로 충분하기 때문에, 시간 효율성과 일관성을 위해 여기에는 그렇게 설명되어 있다. 설명에서 알 수 있듯이 각 운동마다 특정 유형의 사람들(초보자, 중급자 이상 등)에게 더 적합한 운동도 있다. 격렬한 운동을 하기로 결심했다면, 이렇게 접근해 볼 것을 제안한다.

### 1단계

첫째, 운동 루틴을 시작하거나 변경하기 전에는 항상 의사와 상의하자. 주치의가 문제가 없다고 판단했다면 다음 단계로 넘어가도 좋다.

### 2단계

현재 체력이 바닥인 상태라면, 당장 영웅이 되려고 하지 말자. 쉬운 운동으로 시작한 다음 점점 더 힘든 운동으로 진행하여 혹시 모를 낮은 위험을 완화하는 것이 좋다. 전력 스프린트로 시작하지 않는 것이 좋다. 우선 인터벌 걷기부터 해 보고 점진적으로 텐바이원, 10-20-30(둘 다 이 장에 소개되어 있다) 같은 운동으로 강도를 올려 보자. 우리는 이러한 운동들을 '준맥시멈' 운동 프로그램이라고도 한다. 격렬히 운동해야 하면서도 전면적인 강도를 요구하지는 않기 때문이다.

**3단계**

'준맥시멈' 인터벌 프로토콜의 여러 형태에 익숙해지기 전에는 전문가 운동으로 넘어가지 않는 게 좋다. 7장의 '타바타', '디폴트 운동' 같은 체중 서킷 트레이닝 말이다. '원미닛 운동'이나 '윈게이트 클래식' 같은 매우 강력하고 매우 시간 효율적인 전면 운동도 마찬가지다. 다시 말하지만, 이들은 초보자를 위한 운동이 아니다. 충분히 연습하고 준비된 후에, 마침내 가장 강력하고 가장 시간 효율적인 운동의 혜택을 누릴 수 있을 만큼 체력이 좋아졌다는 사실에 자부심을 가져도 좋다.

# 운동법
## The Workouts

# 초보자
## The Beginner

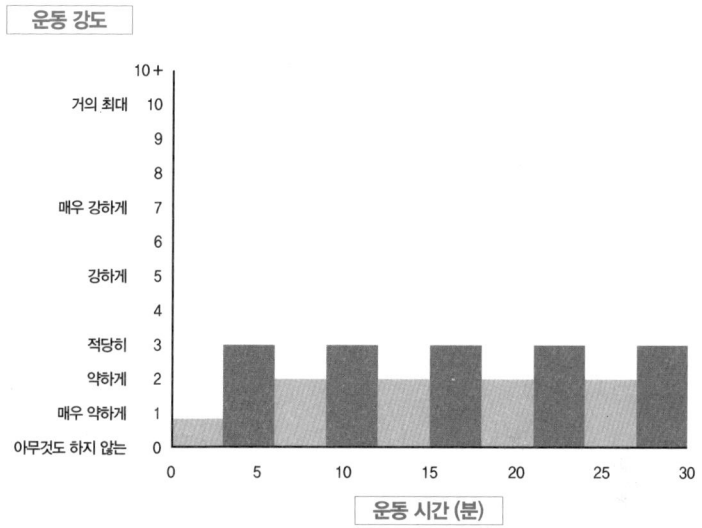

HIIT가 부담스럽게 느껴질 수 있다. 마치 철인 같은 사람들만 할 수 있는 운동처럼 말이다. 하지만 걷기 말고는 운동을 해 본 적 없는 사람이라도, 인터벌의 효과를 누릴 수 있다.

**최고 강도: 3**

**운동 시간: 30분**

### 근거

많은 의사들이 걷기가 최고의 약이라고 말한다. 걷기는 쉽고 편리하고 경제적이기까지 하다. 다만 문제가 하나 있다. 사람에 따라 평소 걷는 속도가 체력을 높일 만큼 빠르지 않은 사람들도 있다. 그래서 일본의 신슈대학 연구진들은 신체 활동을 많이 하지 않는 노인들을 위한 인터벌 걷기를 개척하였고, 이후 이 주제에 관한 여러 연구가 생겨났다. 일반적으로 이러한 프로토콜은 약 3분 동안 속도를 높이고 거의 같은 시간 동안 속도를 줄인 다음 다시 속도를 높이는 방식으로 진행된다. 꾸준한 속도로 걷는 것과 비교할 때, 인터벌 기반 루틴은 건강이 좋지 않은 사람들의 심폐 건강을 훨씬 더 크게 개선하고 혈압을 훨씬 더 많이 감소시키는 결과를 가져오는 것으로 나타났다. 좀 더 최근에 있었던 코펜하겐대학의 2013년 연구에 따르면, 인터벌 걷기 접근법은 지방량과 체질량을 줄이고 제2형 당뇨병 환자의 혈당 조절 능력을 향상시킨 반면 연속 걷기는 그렇지 않았다. 이 책에서 소개하는 인터벌 걷기 프로토콜은 2010년 메이요 클리닉Mayo Clinic과 신슈대학의 공동 노력에서 가져왔다. 이 연구는 일주일에 4번 반복되는 3개월간의 인터벌 걷기가 심폐 건강을 25% 이상 증가시키고 수축기 혈압을 6% 감소시키는 데 박차를 가한다는 것을 보여주었다. 메이요 클리닉과 신슈대학의 연구 대상자들은 평균 34분 동안 인터벌 워킹을 했다. 여기서는 운동 시간을 30분으로 제한했지만, 점진적으로 더 많은 효과를 얻고 싶다면 더 오래 해도 좋다.

### 이런 사람에게 추천한다

메이요-신슈 연구는 50대 중반의 체력이 좋지 않은 남성과 여성을 대상으로 이루어졌다. 70대 후반을 대상으로 같은 형식을 사용한 연구들도 있다. 그들은 평소 거의 앉아서만 생활해서 한 번에 3분 이상 빠르게 걸을 수 없었다. 따라서 이 프로그램은 노인이나 이제 막 운동을 시작해 보려는 모든 사람에게 매우 적합할 수 있다.

### 운동 방법

1. 3분 동안 1의 강도로 걸으면서 워밍업한다.
2. 강도를 3으로 높인다. 숨이 깊어지나 대화는 할 수 있을 정도의 페이스를 3분 동안 유지한다.
3. 강도 2로 되돌려 3분간 유지한다.
4. 총 30분 동안 1~3단계를 반복한다.
5. 처음부터 30분의 인터벌 걷기를 해내지 못해도 괜찮다. 자책하지 말자. 처음에는 할 수 있는 만큼만 반복해도 좋다.

# 기본 훈련
## Basic Training

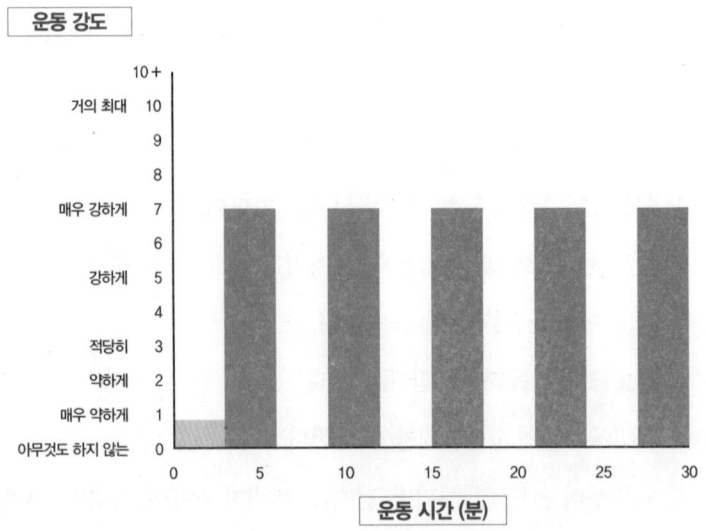

나의 스승이자 스칸디나비아의 전설적인 생리학자인 벵트 살틴의 프로토콜에 기반한 이 운동은 1973년 연구에서 소개되었으며 3분 인터벌을 기준으로 하는 인터벌 걷기에서 발전된 운동이다. 길고 비교적 힘든 스프린트는 초보자에게는 어려울 수 있지만 심폐 기능

을 빠르게 향상시켜 유산소 활동을 더 길고 빠르게 할 수 있는 강력한 방법이다. 원래 연구에는 쿨다운 시간이 언급되어 있지 않았으며, 시간 효율성을 위해 여기에도 포함하지 않았다. 하지만 필요시 몇 분 동안 쉬운 속도로 몸을 식혀도 좋다.

**최고 강도: 7**
**운동 시간: 30분**

### 근거

1970년대 초, 벵트 살틴과 공동 저자들은 스웨덴 제1통신연대에서 기본 훈련을 시작하는 젊은 남성 징집병 3개 소대를 모집했다. 전 세계 군대 신병 훈련소에서 흔히 볼 수 있는 일종의 운동 및 달리기 프로그램을 적용하는 대신, 한 소대는 15초 달리고 15초 쉬는 폭발적 방식으로 하루에 15분씩 달리게 하고, 나머지 두 소대는 3분 달리고 3분 쉬는 주기로 달리게 했다. 다만, 이 두 소대 중 하나는 일주일에 세 번 훈련하고 다른 하나는 일주일에 다섯 번 훈련했다. 심폐 체력이 가장 크게 증가한 소대는 3분-3분 주 3회 소대로, 단 한 달 만에 20%나 증가했다. 기억하기 쉬운 기본적인 프로토콜로, 트랙이나 운동용 자전거로 손쉽게 할 수 있는 운동이다.

### 이런 사람에게 추천한다

살틴과 공동 저자들의 연구는 평균 연령이 약 21세인 건강하지만 훈련받지 않은 스웨덴 군대 징집병을 대상으로 했다. 운동을 막 시작하는 사람에게는 3분 인터벌을 권하지는 않겠지만, 운동 정체기를 돌파하거나 심폐 기능을 빠르게 향상시키고자 하는 훈련 초기 내지 중간 단계의 건강한 사람들에게는 도움이 되리라 생각한다.

### 운동 방법

1. 아주 가벼운 강도(1단계)로 3분 동안 워밍업한다.
2. 강도를 7까지 세게 올리고(호흡이 빠르고 힘차며 말을 할 수 없는 단계) 3분 동안 유지한다.
3. 3분간 휴식한다.
4. 3분 동안 세게 달리고 3분 동안 쉬는 인터벌을 반복하여, 총 5회의 스프린트 인터벌을 완료한다.

# 노르웨이 운동
## The Norwegian

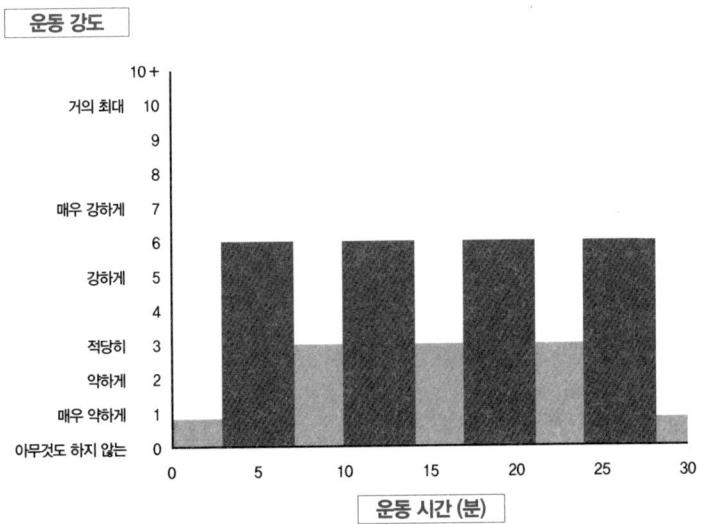

내가 이 운동을 좋아하는 이유는 수십 개의 연구에서 심혈관 질환, 제2형 당뇨병, 대사 증후군 등 HIIT를 하기엔 너무 위험하다고 생각할 수 있는 인구에 적용한 운동이기 때문이다. 인터벌 운동은 젊고 건강한 사람들의 전유물이 아니다. 원래 이 운동은 러닝머신에서 달리기 또는 오르막 걷기를 기반으로 하지만, 인터벌에는 빠른 오르막 걷기, 사이클링 등 여러 운동 모드를 활용할 수 있다.

**최고 강도: 6**

**운동 시간: 30분**

**근거**

이 프로토콜은 가장 확립되어 있는 인터벌 트레이닝 프로토콜 중 하나를 기반으로 한다. 이 형식은 2001년에 처음 주목을 받았다. 노르웨이과학기술대학 Norwegian University of Science and Technology의 한 연구진은 이 운동을 엘리트 남자 주니어 축구 선수들에게 적용했다. 8주 동안 주 2회 단 16분의 스프린트로 선수들의 심폐 기능이 11% 향상되었다. 더 놀라운 것은 축구의 주요 성과 지표가 개선되었다는 점이다. 경기 중 커버하는 거리가 20% 향상되었고, 훈련된 선수가 공을 터치하는 횟수는 24% 향상되었다. 놀랍게도, 성공적인 패스 횟수 등 선수의 전반적인 체력과 별 관련이 없는 성과 지표도 개선되었다. 그 이후로 다른 학자들과 코치들은 4x4 프로토콜을 심혈관 질환이 있는 사람들과 과체중인 사람들을 포함한 수많은 다른 집단에 적용했다. 예를 들어, 같은 노르웨이 기관의 울릭 비쉐르프 연구실에서 수행된 2008년 연구는 심장병, 뇌졸중, 당뇨병의 전조인 대사 증후군이 있는 좌식 중년 남녀 그룹에 프로토콜을 적용했다. 16주 동안 일주일에 세 번 반복한 결과, 실제로 대사 증후군의 증상을 역전시킬 수 있었다. 실제로 인터벌을 수행한 그룹은 건강의 중요한 지표인 VO2max가 35% 증가해, 적당한 강도의 연속 운동을 수행한 그룹보다 두 배 넘게 올랐다.

### 이런 사람에게 추천한다

이 프로토콜은 훈련된 운동선수부터 심장 재활 환자에 이르기까지 모든 사람에게 적용되었지만, 대사 증후군의 위험을 역전시키려는 좌식 생활을 하는 사람들에게서 가장 흥미로운 효과가 나타난다.

### 운동 방법

1. 강도 1에서 3분간 워밍업을 수행한다.
2. 강도 6으로 4분 동안 격렬히 운동한다.
3. 강도 3에서 3분 동안 가볍게 운동한다.
4. 강도 6에서 4분 동안 스프린트한 다음, 강도 3에서 3분 동안 쉬는 사이클을 반복한다. 강도 6의 각각 4분 길이의 인터벌 4회를 완료할 때까지 반복한다.
5. 네 번째 인터벌 후에는 강도 1에서 2분 동안 회복한다. 총 운동 시간은 30분이다.

# 10-20-30

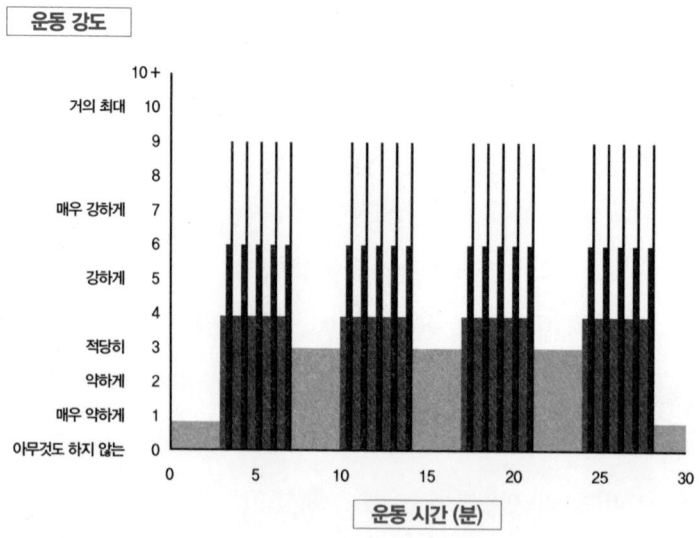

 2012년에 코펜하겐대학의 내 몇몇 이전 동료들은 인터벌 트레이닝을 건강하고 훈련된 러너에게 도입하면 어떤 영향을 미치는지 조사한 연구를 발표했다. 그들이 사용한 프로토콜은 복잡해 보이지만 요령을 터득하면 매우 간단해진다. 게다가 이 운동은 시간 효율적이고 매우 재미있다. 〈뉴욕타임스〉의 '웰 블로그$_{\text{Well Blog}}$'의 그레첸 레이놀즈$_{\text{Gretchen Reynolds}}$가 자신이 가장 좋아하는 운동이라고 말할 정도다. 이 프로토콜은 체력이 이미 우수한 피실험자들에서도 몇 가지 놀라운 효과를 유발했다는 추가적 장점이 있다.

**최고 강도: 9**
**운동 시간: 30분**

### 근거

전력을 다해 운동하면 심혈관 기능이 향상된다. 우리도 안다. 하지만 이는 고통스럽다. 그래서 코펜하겐대학교의 생리학자들은 궁금해졌다. 체력이 좋은 러너가 전력을 다하지 않아도 성적 향상을 경험할 수 있을까? 그 답을 찾기 위해 그들은 평소에 주 2~4회, 평균적으로 2시간 15분 동안 약 17마일을 달리는 16명의 남녀 러너들로 구성된 그룹을 모집했다. 그중 8명은 평소처럼 계속 달렸다. 나머지 8명의 인터벌 그룹에 대해서는 훈련량을 54%까지 줄인 특이한 프로토콜을 만들었다. 7주 동안 일주일에 세 번 인터벌 프로토콜을 수행한 후 과학자들은 두 그룹의 러너를 비교했다. 평소와 같이 훈련을 계속한 지구력 러너들은 아무것도 바뀌지 않았다. 10-20-30 운동을 실시한 스프린트 그룹의 사람들은 VO2max가 4% 증가했다. 그들은 1,500m 달리기에서 21초(6%), 5km 달리기에서 48초(4%) 기록이 향상되었다. 수축기 혈압은 5mmHg 감소했다. 또한 '나쁜 콜레스테롤'이라고도 부르는 저밀도 지단백 콜레스테롤(LDL 콜레스테롤) 수치도 줄어들었다. 이미 단련되어 있는 운동선수들이 이전에 했던 운동의 절반 정도를 한 결과로 나쁘지 않은 것 같다.

**이런 사람에게 추천한다**

이 덴마크 연구진은 평균 연령이 약 34세인 훈련된 러너들을 대상으로 연구를 수행했다. 이 러너들은 연구가 시작되기 전에도 5km를 준수한 성적인 평균 약 23분에 달릴 수 있었다. 하지만 이 프로토콜을 시도하는 누구든 심폐 체력 향상을 얻을 수 있을 것으로 보인다.

**운동 방법**

1. 3분 동안 워밍업한다.
2. 강도 4로 30초 동안 진행한다.
3. 강도 6에서 20초 동안 진행한다.
4. 강도 9로 10초 동안 진행한다.
5. 주기를 4번 더 반복하여 총 5분 동안 인터벌 달리기를 한다.
6. 2분간 가벼운 활동으로 휴식을 취한다.
7. 가능하다면 10-20-30 스프린트를 3회 더 반복한다.
8. 2분 동안 쿨다운한다. 운동 전체는 약 30분 소요된다.

# 지방 태우기
## The Fat Burner

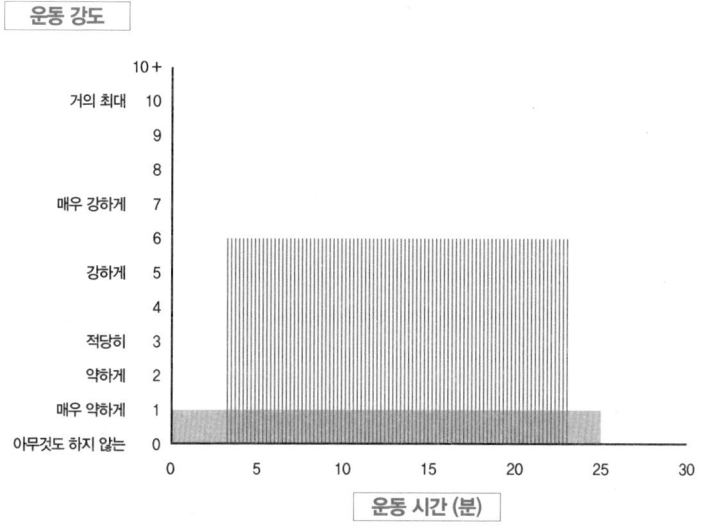

비만의 증가, 그리고 많은 운동 프로그램이 지방 손실을 거의 또는 전혀 일으키지 않는다는 사실을 주목한 호주의 과학자들은 비활동적인 사람들을 위해 특별히 지방 손실을 목표로 하는 프로토콜을 설계하기 시작했다. 그 결과, 일련의 마이크로 인터벌이 지방

감소에 있어 기존의 정상 상태 운동보다 월등히 뛰어났다는 점이 나타났다. 또 다른 보너스도 있다. 최근 연구에 따르면 사람들은 긴 인터벌을 조금 하는 것보다 짧은 인터벌을 많이 수행하는 것을 선호한다고 하니, 이 연구가 딱 들어맞는다.

**최고 강도: 6**
**운동 시간: 25분**

### 근거

이 프로토콜의 기반이 되는 2012년 호주 연구의 피실험자들은 12주 동안 주 3회 운동을 수행하여 심폐 기능이 15% 증가하고 일부 흥미로운 체성분 변화가 나타났다. 참가자들은 전체 체중이 3.3파운드(약 1.5kg) 감소했는데, 이는 운동만으로 달성하기는 정말 어렵다. 더 나아가 피실험자의 총 체지방량은 평균 4.4파운드(2.0kg) 감소했다. 이 운동은 복부 지방을 6.6%, 몸통 지방을 8.4% 줄였다. 이 운동은 강도가 6에 불과한 비교적 쉬운 스프린트 인터벌에 의존한다. 같은 호주 연구실에서 앞서 수행한 15주에 걸친 연구에서는 스프린트 강도를 전력 질주에 해당하는 10+로 증가시켰고, 그 결과 체지방이 5.5파운드(2.5kg) 감소하고 심폐 기능이 24% 증가했다.

### 이런 사람에게 추천한다

2012년 연구는 과체중 및 비활동적인 젊은 남성을 대상으로, 이전의 강도 높은 연구에서는 체지방률이 30% 이상인 비활동적인 젊은 여성을 대상으로 했다. 하지만 이 운동은 시도해 볼 마음이 있는 대부분의 건강한 사람들에게 도움이 될 것이다. 이 운동의 그래프가 극단적으로 보인다고 해서 두려워하지 않아도 된다. 스프린트 강도가 비교적 수월한 6단계에 불과하므로 그렇게 나쁘지 않다. 게다가 스프린트가 8초로 짧고 12초의 회복 시간이 많은 도움이 된다. 운동 강도를 높이더라도 이것은 첫인상보다 덜 고통스럽고 접근하기 쉽다.

**운동 방법**

1. 이 프로토콜의 핵심은 8초 운동, 12초 휴식 형식을 편리하게 추적할 방법을 찾는 것이다. 나는 이 운동을 사이클리스트는 운동용 자전거, 러너는 트랙에서 하는 걸 제안한다. 기본 스톱워치나 인터벌 트레이닝 타이머 앱을 활용해 멈추고 시작하는 알림을 제공하도록 설정하는 게 좋다. 기계를 잘 못 다루는 사람이라면 머릿속으로 초를 세어보는 방법도 있다.
2. 방법이 정리되면 3분 동안 간단히 워밍업한다.
3. 강도 6에서 8초 동안 고강도로 달린다.
4. 12초 동안 쉰다.
5. 최대 60회 또는 20분의 인터벌을 수행할 때까지 최대한 많이 반복한다.
6. 2분간 가벼운 쿨다운을 수행한다.

# 윈게이트 클래식
## The Wingate Classic

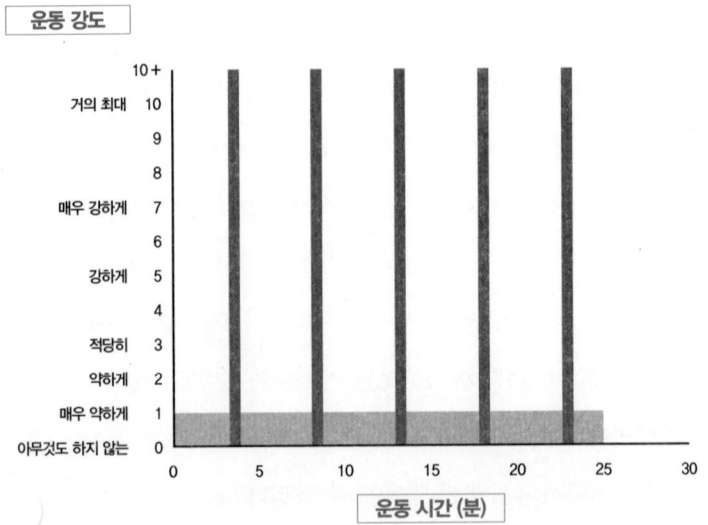

    2005년과 2008년에 내 연구실에서 이 운동이 기존의 정상 상태 지구력 운동보다 10배 더 큰 효과를 제공할 수 있음을 보여주어 많은 언론의 관심을 불러일으킨 바로 그 프로토콜이다. 전력 질주가 가능하다면 이 프로토콜은 체력을 좋게 만들거나 유지하기 위한 강

력하고 효율적인 도구임이 여전하다. 스프린트 사이에 무얼 할지는 너무 걱정하지 않아도 된다. 충분히 강하게 자신을 푸시했다면 아무것도 하지 않을 거다. 이 운동의 핵심은 인터벌의 강도다. 할 수 있는 최대한으로 강도가 높아야 한다.

**최고 강도: 10+**
**운동 시간: 25분**

### 근거

체력 증진에 있어, 전력을 다해 운동하는 행위에는 매우 강력한 무언가가 있다는 것을 우리에게 알려주었던 프로토콜이다. 이 운동은 고정식 자전거에서 30초 동안 전력 질주하는 윈게이트 테스트의 반복을 기반으로 했다. 매우 지치지만 놀랍도록 강력하다. 이 훈련은 30초 전력 스프린트를 5회 반복하는 것으로 구성되어 있다. 즉, 강도 높은 운동을 하루에 총 2.5분 정도만 수행하면 된다. 우리 연구의 피실험자들은 일주일에 세 번 이 프로토콜을 반복해, 주 10분 미만의 고강도 운동을 했다. 6주 후, 우리는 스프린트 그룹의 효과를 주 5회, 주당 총 4.5시간의 적당한 강도의 연속 운동을 마찬가지로 6주 동안 진행한 그룹의 효과와 비교했다. 스프린트 그룹은 전통적 운동을 한 그룹에 비해 유산소 능력, 근지구력, 지방 연소 능력 면에서 개선 효과가 같거나 그 이상이었다. 스프린트 그룹이 운동에 할애한 시간이 1/3이었던 점을 고려하면 놀라운 결과가 아닐 수 없다.

**이런 사람에게 추천한다**

윈게이트는 모든 사람을 위한 운동은 아니다. 이 프로토콜도 마찬가지다. 우리는 원래 20대 중반의 체력이 건장한 청년을 대상으로 연구를 수행했다. 그 이후 이루어진 다른 연구들을 통해 이 프로토콜이 과체중 및 비만 성인의 여러 대사 질환과 혈관 질환 위험을 개선하는 것으로 나타났다. (유산소 운동이 처음이라면 '초보자'나 '텐바이원' 같은 좀 더 쉬운 인터벌 운동을 마스터한 후에 윈게이트 클래식을 시도할 것을 권한다.)

**운동 방법**

1. 3분 동안 워밍업한다.
2. 총력을 다해, 10+단계 강도로 30초 스프린트를 수행한다.
3. 4분 30초 동안 아주 가벼운 운동을 하며 회복한다.
4. 30초 전력 스프린트 후 가벼운 운동을 4.5분간 한다. 이 과정을 총 5회 반복한다.
5. 2분 동안 가벼운 운동으로 쿨다운한다. 총 25분 30초의 운동 시간이 소요된다.

# 텐바이원
### The Ten by One

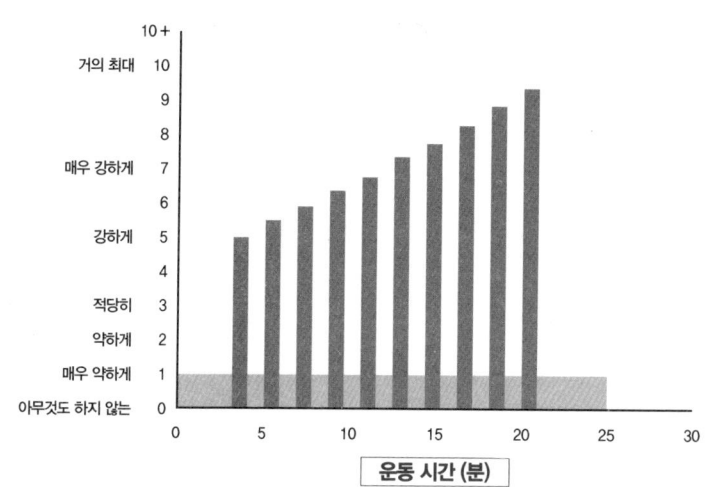

    전력을 다하는 윈게이트는 모든 사람을 위한 운동은 아니다. 그래서 내 연구실에서는 윈게이트 클래식과 유사한 체력 증진 효과를 제공하면서도 강도가 덜한 버전을 고안해냈다. 여전히 시간 효율적이지만, 과체중인 사람이나 이제 운동을 시작하려는 사람들에게도 적합하다. 1분-1분 형식이 기억하기 수월하다는 장점도 있다.

**최고 강도: 9**
**운동 시간: 25분**

### 근거

2010년 즈음 우리 연구실에서는 윈게이트 클래식의 좀 더 쉬운 버전을 만들기 시작했다. 스프린트 길이와 전체 파워 출력을 다양하게 조정해 본 결과, 2013년에 텐바이원 형식을 고안해냈다. 2013년의 연구 결과, 이 프로토콜을 6주 동안 주 3회 수행하면 체지방률이 감소하고 체력이 향상된다는 사실이 입증되었다. 나의 맥마스터 동료인 머린 맥도널드는 이 운동을 60대 심장 재활 환자, 즉 이 운동을 활용해 심혈관 질환을 치료하려는 환자에게 적용했다. 두 그룹 모두 12주 동안 일주일에 두 번 운동했다. 머린 맥도널드는 텐바이원 프로토콜을 수행한 고강도 인터벌 그룹을 일주일에 두 번 50분 동안 정상 상태 운동을 수행한 그룹과 비교했다. 스프린트 그룹은 정상 상태 그룹보다 일주일에 절반 정도만 운동했다. 이러한 차이에도 불구하고, 두 그룹 모두 유산소 능력과 동맥 건강이 비슷한 정도로 향상되었다. 많은 심장 재활 환자들이 심장 전문의의 운동 처방을 따르지 않는 주요 원인으로 시간 부족을 꼽는 것을 고려하면 상당히 유망한 결과였다.

### 이런 사람에게 추천한다

우리 연구실의 2013년 연구는 20대 중후반의 주로 앉아서 생활하는 과체중 여성을 대상으로 이 형식을 테스트했다. 맥도널드의 연구는 60대에 심혈관 질환이 있는 사람들에게 이 프로토콜을 적용했다. 그리고 우리는 이것이 제2형 당뇨병이 있는 노인의 혈당 수치를 빠르게 낮추는 데 효과적이라는 것을 보여주었다. 그런데도 이 운동은 재미있고 쉬우며 강도 높은 운동을 할 수 있는 사람이라면 거의 누구나 할 수 있다.

### 운동 방법

1. 3분 동안 가벼운 활동으로 워밍업한다.
2. 강도 5에서 1분 동안 첫 번째 스프린트를 수행한다.
3. 회복을 위해 1분간 휴식한다.
4. 이전보다 약간 더 높은 강도 수준에서 1분 동안 두 번째 스프린트를 수행한다.
5. 10번의 스프린트를 마칠 때까지 계속하고 마지막 스프린트는 강도 9로 수행한다.
6. 2분 동안 가벼운 활동으로 쿨다운하여 총 24분의 운동을 마무리한다.

# 미드웨스턴
## The Midwestern

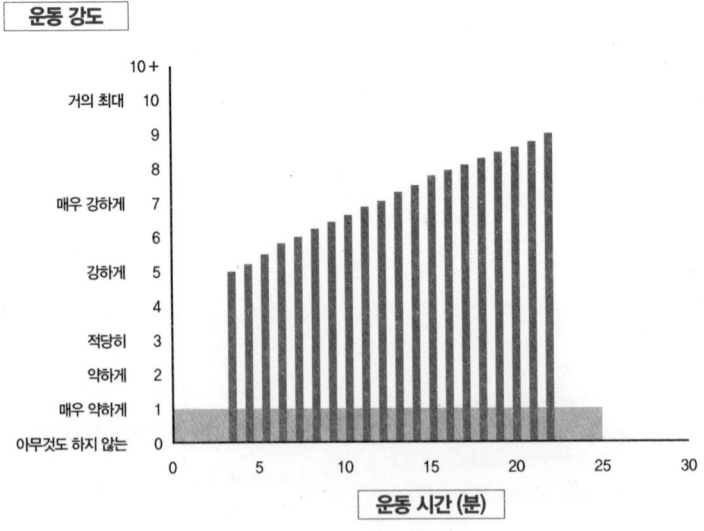

 원게이트 클래식의 스프린트는 30초로 매우 짧다. 하지만 스프린트가 항상 젖 먹던 힘까지 짜내야 하거나 고통스러워야 하는 것은 아니다. 강도를 견딜 만하게 낮추고 스프린트의 수와 빈도를 늘리면, 기억하기 쉽고 변형하기도 쉬우며 고유의 강력한 속성을 가진 재미있는 프로토콜인 '미드웨스턴'이 탄생한다.

**최고 강도: 9**

**운동 시간: 25분**

### 근거

인터벌 트레이닝에 거의 아무도 관심이 없었던 1990년대 초, 일리노이대학교 시카고 캠퍼스의 한 연구진은 훈련을 받지 않은 20대 후반 남녀 12명을 대상으로, 연속적 운동과 인터벌 운동을 비교하는 실험을 진행했다. 8주 후, 연속 훈련 그룹은 심폐 기능이 크게 향상되지 않은 반면, 인터벌 트레이닝 그룹은 16% 증가했다. 이 결과로 이어진 연구에 흥미로운 점이 있다. 연구진은 피실험자의 체력이 향상되는 동안 운동 강도가 동일하게 유지되도록 훈련에 사용되는 운동용 자전거의 저항을 증가시켰다. 인터벌 트레이닝 그룹의 체력은 가파른 속도로 증가한 반면, 연속 훈련 그룹의 체력은 아주 서서히 올라갔다.

### 이런 사람에게 추천한다

텐바이원과 마찬가지로, 이 운동은 훈련 초기의 사람들, 상대적으로 고통 없이 체력을 향상시킬 방법을 찾는 사람들에게 적합한 프로토콜이다. 최대 이하의 강도의 30초 스프린트는 제법 견딜 만하다.

**운동 방법**

1. 3분 동안 1의 강도로 예열한다.
2. 30초 동안 강도를 5로 높인다. 스프린트가 끝날 무렵에는 숨소리가 거칠어야 한다.
3. 30초 동안 강도를 1로 낮춘다.
4. 총 20번의 스프린트를 수행할 때까지 각 스프린트를 통해 점진적으로 노력을 증가시키면서 가능한 한 오랫동안 패턴을 반복한다. 20개를 모두 완료하지 못하더라도 자책할 필요는 없다. 이 프로토콜을 계속하다 보면 나도 모르는 사이에 더 빨리 마치게 될 것이다.
5. 2분 동안 1의 강도로 쿨다운한다.

## 나만의 HIIT 운동을 설계할 때 기억해야 할 5가지 사항

솔직히 말하면, 코치나 트레이너의 밀착 지도를 받는(혹은 과학 연구를 위해 대학원생들의 모니터링을 받는) 경우가 아니라면, 하나의 훈련 프로토콜을 오래 유지하기란 쉽지 않다. 꼭 그래야 하는 것도 아니다. 시간이 지나면 지루해지기 마련이고, 훈련 효과가 정체되기도 한다. 누구에게나 다양성이 유익할 수 있다. 위의 각 운동 요소를 자유롭게 활용하여 자신만의 운동 프로토콜을 만들어 보자. 그렇게 할 때 다음 조언을 기억하라.

### 1. 세상에 공짜 점심은 없다

이는 벗어날 수 없는 현실이다. 시간 효율적인 운동을 원한다면 자신을 밀어붙여야 한다. 타바타 이즈미(Izumi Tabata)가 1996년 논문에서 언급한 내용을 풀어 말해 보자면, 더 세게 운동할수록 시간 효율과 체력 효과는 증가한다. 그렇다고 해서 운동할 때마다 젖 먹던 힘까지 짜내야 하는 건 아니다. 세게 할수록 건강상의 이점과 성능 향상 측면에서 더 큰 보상을 얻을 수 있다.

### 2. 운동선수는 스프린트를 더 길게 하면 좋다

많은 운동과학자들과 코치들은 3분에서 5분 사이의 반복적인 강도 높은 인터벌이 심폐 건강을 강화하는 데 가장 효과적이라고 여긴다. 숨차지 않고 더 오래, 더 빨리 달리거나, 말을 타거나, 수영을 하고 싶다면 이러한 운동을 종종 추가해 보자.

### 3. 하지만 짧은 스프린트가 더 재미있다

브리티시컬럼비아대학교 오카나간 캠퍼스의 매리 정과 존 리틀이 공동으로 수행한 최근 연구와 사우스플로리다대학교의 연구자들이 발견한 점이 있다. 그들의 연구에 따르면, 활동량이 거의 없었던 과체중인들은 긴 스프린트를 적게 하는 것보다는 짧은 스프린트를 여러 번 하는 인터벌 트레이닝을 선호했다. 각 세션의 총작업량이 동일한 경우에도 마찬가지였다. 핵심은 초보자에게 동기를 부여하는 데는 짧은 인터벌이 가장 좋다는 점이다.

### 4. 운동은 하루 종일 조금씩 여러 번 하라

우리는 하루 중 어느 한 시점에 한 번 운동하는 데 익숙해졌다. 그러나 2014년 뉴질랜드에서 실시된 연구에 따르면 제2형 당뇨병 환자는 하루 안에 스프린트를 조금씩 분배하면 한 번에 운동하는 것에 비해 혈당을 더 잘 조절할 수 있다. 논리적으로도 말이 된다. 근육이 일을 하면 글리코겐의 연료 저장고를 사용한다. 저장고가 고갈되면 근육조직이 혈액에서 당을 흡수한다. 따라서 인슐린 저항성과 같은 건강 위험이 줄어든다. 결론은, 목표에 따라, 하루 종일 여러 번 운동하는 것이 한 번에 길게 운동하는 것보다 나을 수 있다.

### 5. 다채로운 경험은 삶을 즐겁게 한다

이 점은 아무리 강조해도 지나치지 않다. 인터벌 트레이닝의 장점 중 하나는 무한한 다양성이다. 시간만 넉넉하다면 전통적인 유산소 운동에는 아무런 문제가 없다. 하지만 적당한 속도로 긴 시간 연속적으로 운동하는 방법은 한계적이다. 반면, 인터벌이 제공하는 다양한 조합의 가능성은 무한하다. 인터벌은 훨씬 더 재미있는 운동 방법이다. 따라서 인터벌 운동 중 하나에만 집착할 필요가 없다. 여러분의 건강 및 체력 수준에 따라 날마다 하고 싶은 운동을 직접 선택하고 자유롭게 운동을 설계할 수도 있다.

# CHAPTER

## 7

## 얼마나 적게 운동할 수 있을까?

이 책을 마무리하는 중에 나는 이메일 한 통을 받았다. 과거 미국 노스다코타North Dakota에서 살다가 지금은 뉴질랜드 남섬에 살고 있는 어드벤처 레이서 앤디 마그네스Andy Magness라는 사람에게서 온 메일이었다. 울트라 러닝 경력 초기에 앤디는 50마일의 울트라 마라톤과 지구에서 가장 험난한 지역을 2일에서 10일 동안 횡단하는 모험 경주에서 좋은 성적을 거두는 데 익숙해졌다. 그러다가 2007년에 그는 아버지가 되었고 점점 더 많은 일에 몰두해야 하는 상황에 직면했다. 이 책의 서두에서 말했던 내 상황과 매우 비슷했다. 앤디는 이전처럼 주당 10시간에서 15시간을 운동 훈련에 할애할 여유가 없었다. 하지만 그는 여전히 모험 경주에 도전하고 싶었다. 답은 고강도 인터벌 트레이닝에 있었다. 오늘날 앤디는 여전히 위스콘신의 64마일 프로즌 오터 울트라 트렉Frozen Otter Ultra Trek에서 팀 기반의 6일 250마일 아부다비 어드벤처 챌린지Abu Dhabi Adventure Challenge에 이르기까지 1년에 6개의 대형 레이스를 달린다.

그러나 마그네스는 일주일에 30분만 훈련한다.

그래서 최소한은 어디까지인가? 사람들은 나에게 항상 이 질문을 한다. 컨퍼런스에 초청받아 강의를 마치고 질문을 받기 시작하면, 가장 먼저 손을 드는 사람이 자주 하는 질문이다. "얼마나 적게 운동해도 되나요?" 혹은 이를 약간 변형한 유형의 질문이다.

그들이 궁금한 바는 이렇다. 건강히 오래 살기 위해 최소한의 운동만 하고 싶다면 어디까지 가능한가?

울트라 마라토너의 경우, 앤디 마그네스가 아마 그 최솟값에 닿아 있는 것 같다. 구글에서 그의 이름을 검색해 보라. 그의 이야기는 인터넷 사방에 있다. 자신의 인터벌 기반 훈련 방법에 대한 전자책도 출간했다. 하지만 마라토너가 아닌 우리 같은 평범한 일반인이라면, 그저 체력을 기르고 유지하는 게 목표라면, 현재 과학에 기반한 답은 '1분'이다. 힘든 운동 1분. 온 힘을 다해 20초 동안 스프린트하고, 이를 두 번 더 하면 된다. 총 3회의 스프린트. 성공했다면 여러분은 방금 가장 강력한 운동을 마친 거다.

나는 '1분'이라는 답에 자신이 있다. 얼마 전에 발표한 우리의 연구가 이를 증명했다. 우리는 전력을 다한 1분 운동을 주 3회 수행한, 즉 일주일에 30분의 총 운동 시간을 할애한 사람들을 연구했다. 3개월 후, 이들은 공중 보건 가이드라인에서 권장하는 모든 운동을 한 사람들, 즉 일주일에 150분의 적당한 강도의 연속 운동을 한 사람들과 같은 개선 효과를 보였다.

그 이유는 이렇다. 운동 시간보다 강도가 더 중요하다. 거의 모든 종류의 건강 효과에 대해, 오랜 시간 동안 쉽게 운동하는 것보다 짧은 시간 동안 힘들게 운동하는 게 더 시간 효율적이다.

그 이유는 3장에서 설명한 신체의 은유적 스위치로 귀결된다. 이 스위치는 신체의 운동 효과를 활성화한다. 근육 내 미토콘드리아가 많아지고, 심장은 펌핑하는 용량이 증가하고, 동맥은 가단성이 증가한다. 이 스위치를 활성화하는 방법은 두 가지가 있다. 전통적인 방법은 적당한 강도로 일정한 속도로 오랜 시간 운동하는 것이다. 에너지 저장량이 점진적으로 감소하면서 다양한 적응 반응을 유발한다. 이런 식의 운동은 더 오래 할수록 효과가 더 좋아진다.

이제 우리는 이 스위치를 활성화하는 또 다른 방법, 더 빠른 방법이 있다는 걸 알고 있다. 이 방법은 에너지 저장량을 빠르게 소진해 스위치를 켠다. 에너지의 저장량의 절대적인 수준이 아니라, 에너지를 고갈하는 '속도'에 달렸다. 에너지를 소진하는 속도가 더 빠를수록 좋다. 에너지 저장량이 아주 빠르게 떨어지도록 할 수 있다면, 운동 효과는 굉장해진다. 이런 식의 운동으로 가장 시간 효과적으로 운동 효과를 얻는 방법은 할 수 있는 한 제일 힘들게 운동하는 것이다. 그리고 폭발적인 버스트를 여러 번 연속으로 반복하는 것이 좋다. 즉, 적어도 두 번 이상의 인터벌을 하는 게 좋다.

이 방식으로 스위치를 켜려면, 운동 시간은 덜 중요해진다. 이보다 더 중요한 건 운동을 할 때 아주 세게 하는 것이다. 운동을 충분히 세게 하면, 에너지 저장량을 빠르게 소진하면, 아주 짧은 시간 안에 놀라운 이점을 얻을 수 있다.

사람들은 이 개념을 처음에는 받아들이기 어려워한다. 아주 오랫동안 우리가 운동 효과에 대해 믿어왔던 것들과 너무 다르기 때문이다. 조금 헷갈리는 개념이긴 하다. 고강도 스프린트를 몇 번만 해도 장거리 달리기나 사이클링과 같은 효과를 얻을 수 있다니 말이다. 그래서 이렇게 비유해보겠다. 신체의 운동 효과를 촉발하는 방아쇠가 바다를 가로지르는 항공기를 조종하는 조종사라고 생각해 보자. 뉴욕에서 런던으로 날아가고 있는 보잉 747 항공기라고 가정해 볼까? 이 항공기는 뉴욕 존 F. 케네디 공항에서 3시간 전에 출발했다. 이 비행기 안의 사람들에게 있어 연료에 관해 걱정해야 할 점은 두 가지가 있다. 첫째, 항공기에 연료가 남아 있지 않다면 어떨까. 당연히 걱정되지 않겠는가? 이게 사실이면 이 항공기는 무사히 런던 히스로 공항에 도착할 수 없다. 이 소식을 기내 방송으로 전달하면, 이제 이 비행기 안은 매우 분주해진다. 승객들은 자리로 달려가고, 천정에서는 에어 마스크가 내려온다.

연료에 관해 조종사가 걱정할 만한 또 다른 사항은 연료량이 얼마나 급격히 감소하는지이다. 조금 전까지 연료 게이지가 가득 차 있었는데 1~2분 만에 게이지가 반이나 줄어버리면 어떨까? 이 속도가 계속되면 히스로 공항에 착륙하기 전에 연료 탱크가 바닥날 게 뻔하다. 마찬가지로 이 비행기 안은 곧 매우 분주해져야 한다.

인체의 운동 조절기는 조종사와 비슷하다. 다만, 문제가 생기면 변화를 일으키기 시작한다. "운동을 너무 오래 해서 몸에 저장된 연료가 고갈되고 있습니다!" 운동 조절기는 이렇게 외친다. 혹은 이렇게 외칠 수도 있다. "운동을 너무 세게 해서 저장된 연료가 급속도로 고갈되고 있습니다!" 두 경우 모두에서 운동 조절기는 걱정하기 시작한다. 그리고 부정적인 영향을 줄이기 위해 몸의 변화를 일으킨다. 심장이 강해지고, 미토콘드리아가 늘어나는 등의 앞서 언급한 변화들이 일어난다. 이러한 과정을 우리는 '훈련' 또는 '트레이닝'이라고 부른다.

아래의 그래프는 이 프로세스의 정신을 보여준다. 요약하자면 더 세게 운동할수록 단위 시간당 더 많은 효과를 누릴 수 있다. 얼마나 오래 운동하는지는 그다지 중요하지 않다. 운동할 때 얼마나 자신을 세게 밀어붙이는지가 중요하다. 그러니 지구력 훈련에 필요한 몇 시간을 운동할 여력이 없는 사람이라면, 같은 효과를 몇 분의 강한 운동만으로 누릴 수 있다.

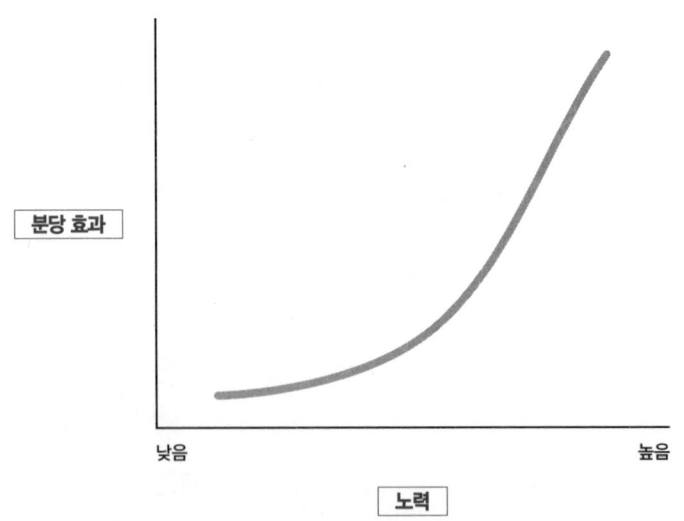

## 운동 시간보다 강도가 더 중요한 과학적 이유

우리가 운동 시간보다 강도의 중요성을 탐색하게 된 계기는 역학 연구였다. 단어가 조금 어렵지만 사실 개념은 간단하다. 역학epidemiology 연구에서 과학자들은 많은 사람을 시간이 지남에 따라 추적한다. 그리고 개인의 라이프스타일과 건강을 비교한다. 추적한 사람들의 수가 충분하다면(수천 명 등), '이러한 생활 방식을 채택했던 사람들이 저렇게 살았던 사람들보다 더 오래 사는 경향이 있었구나' 같은 결론을 내릴 수 있다.

운동 강도가 시간보다 중요하다는 원칙은 수많은 주요 연구에 의해 이미 확립되었다. 코펜하겐시 심장 연구Copenhagen City Heart Study가 그중 하나다. 이 연구는 두 가지 다른 방식으로 이 원칙을 보여주었다. 1976년부터 최대 25년 동안 거의 2만 명의 코펜하겐 거주자들을 추적했다. 연구 대상자들이 제공한 라이프스타일 정보와 사망 원인을 시간 경과에 따라 비교함으로써, 연구자들은 특정 라이프스타일 선택(예: 걷기)의 상대적 건강 효과를 확립할 수 있었다.

시간이 지날수록 수석 연구원 피터 슈노르Peter Schnohr와 그의 연구진은 사람들의 걷기 습관에 관한 흥미로운 점을 발견했다. 많이 걷는 사람들은 조금 걷는 사람들보다 그다지 더 오래 살지 않았다. 오히려 빨리 걷는 경향이 있는 사람들이 더 오래 산다는 분명한 발견이 있었다. 그리고 많이 걷든 적게 걷든지는 중요하지 않았다. 더 빨리 걸을수록 더 오래 살았다. 걸은 거리는 큰 영향을 미치지 않았다.

5년 후 후속 연구에서 자전거 타기에 대한 동일한 현상이 드러났다. 코펜하겐은 세계에서 가장 자전거 문화가 발달한 도시 중 하나이기 때문에 많은 사람이 자전거를 주요 교통수단으로 사용했다. 나도 벵트 살틴의 연구실에서 일하던 시절 그곳에 살아봤기에 잘 알고 있다. 걷기 연구와 마찬가지로, 건강과 장수에 있어 하루에 자전거로 이동한 거리가 몇 킬로미터였는지는 중요하지 않았다. 오히려 중요한 것은 자전거를 탔을 때 얼마나 빠른 속도로 자전거를 타느냐였다. 짧은 시간이라도 규칙적으로 세게 자전거를 탄 사람들이 더 오래 사는 경향이 있었다. 빠른 속도로 자전거를 탄 남성들은 천천히 자전거를 탄 남성들보다 5.3년 더 오래 사는 경향이 있었다. 빠른 속도로 자전거를 탄 여성들은 느린 속도로 자전거를 탄 여성보다 3.9년 더 오래 사는 경향이 있었다. 얼마나 오래 자전거를 탔는지는 전혀 관련이 없었다.

다른 연구에서도 비슷한 현상이 나타난다. ⟨Lancet⟩에 발표된 2011년 대만 연구에서는 40만 명 이상을 추적한 결과, 하루 60분의 중간 강도의 신체 활동이 전반적인 사망 위험을 약 25% 감소시키는 것으로 나타났다. 이는 놀라운 숫자다. 그러나 하루에 15분만 신체 활동을 한 사람들도 격렬하게 운동하는 한 동일한 감소를 보였다.

그렇다면 이 강도의 원리를 삶에 어떻게 적용할까? 이 장의 나머지를 이 주제에 할애했다. 운동을 통해 더 많은 이점을 얻을 수 있을 뿐만 아니라, 시간을 절약하고 더 효율적으로 운동하며, 더 큰 퍼포먼스를 얻을 수 있는 몇 가지 방법을 보여주겠다. 이러한 원칙이 비례적으로 더 많은 사람에게 운동의 이점을 열어주길 바란다.

## 1분으로 단축하기

운동 강도가 운동 시간을 능가한다는 역학적 증거를 확인한 나는 2014년에 내 연구실에서 일했던 대학원생들과 함께 지금까지 만든 운동 중 가장 짧고 강력한 운동을 고안했다. 우리는 건강을 개선할 수 있는 최소 운동량의 개념을 다룬 2011년 영국 연구의 영향을 받았다. 그 논문의 주 저자는 당시 스코틀랜드의 헤리엇와트대학교Heriot-Watt University의 대학원생이던 리처드 메트칼프Richard Metcalfe였다. 그는 우리 연구실의 '윈게이트 클래식'을 살펴보았다. 이는 30초 동안 전력 스프린트를 4~6회 반복하는 운동이다.

30초 동안 총력을 다하는 것은 꽤 힘든 일이라고 메트칼프는 생각했다. 〈에스콰이어〉 매거진에 실린 글에서 저자 A. J. 제이콥스가 했던 유명한 표현이 있다. "당신의 다리는 마치 아기를 낳는 것 같다. 종아리에는 어제 마티니 여덟 잔을 마신 것 같은 숙취가 느껴진다." 그래서 메트칼프는 그렇게까지 큰 고통 없이도 윈게이트 클래식의 이점을 대부분 얻을 수 있는 방법이 있는지 궁금했다.

그 질문에 대한 우리의 조사는 '텐바이원' 프로토콜로 이어졌고, 이는 매우 다양한 사람들에게 매우 효과적으로 적용되었다. 워밍업과 쿨다운을 포함하면, 텐바이원은 25분이 걸리는 운동이다. 영국의 연구진은 훨씬 더 시간 효율적인 방법이 없을지 찾고 있었다. 그들은 격렬한 신체 활동이 모든 근섬유를 동원하여 근육세포에 저장된 연료를 빠르게 감소시키기 때문에 격렬한 운동의 이점이 발생한다는 점에 대해 생각했다. 메트칼프와 그의 동료들은 연료량 감소의 대부분이 스프린트의 처음 15초 동안 발생한다는 것을 깨달았다. 실제로 이 시간이 지나면 에너지 공급을 방해하는 대사 부산물이 축적되기 시작한다. 시간이 어느 정도 지나면 스프린트가 고통스러워지는 이유 중 하나다. 그렇다면 20초 길이의 총력전 스프린트는 어떨까? 30초 스프린트만큼 효과적이지 않을까? 확실히 덜 고통스럽긴 할 거다.

메트칼프는 워밍업, 회복, 쿨다운을 포함하여 단 10분밖에 걸리지 않는 운동에 20초씩 두 번의 스프린트만 배치하는 프로토콜을 만들었다. 그는 이 프로토콜을 '노력 경감 고강도 훈련reduced-exertion high-intensity training'을 줄여 'REHIT'라고 불렀다. 젊고 건강하지만 비교적 체력이 좋지 않은 사람들을 선별하여 메트칼프의 20초 스프린트 프로토콜을 6주 동안 일주일에 세 번 실시한 결과, 심폐 기능이 남성은 15%, 여성은 12% 증가했다. 상당한 결과이지 않은가.

그 연구는 상당히 흥미로웠다. 그래서 '20초 스프린트'의 이점에 대해 우리도 직접 조사하기로 했다. 또 다른 큰 영향은 타바타의 1996년 프로토콜이었다. 이 운동은 20초 동안 8번의 고강도 스프린트를 수행해야 하는 건 같지만, 쉬는 시간이 한 번에 10초, 총 4분에 불과하다. 사람들은 최소한의 휴식 덕분에 타바타 운동을 킬러 운동으로 여긴다.

우리 연구실은 휴식이 약간 포함되지만 그렇다고 너무 많지는 않은 프로토콜을 만들려고 노력했다. 휴식은 필요하지 않을 수 있고, 이 연구를 시작한 핵심 주제인 시간 효율성을 떨어뜨릴 수 있기 때문이다. 그래서 우리는 자체 연구를 설계할 때 메트칼프와 타바타

와 동일한 20초 스프린트를 약간 수정하여 사용했다.

먼저 반복 횟수를 고려했다. 우리는 확실히 하나는 넣고 싶었다. 하지만 겨우 20초 아닌가. 피실험자들이 하나보다는 더 할 수 있지 않을까? 이 책의 첫 번째 장에 포함된 두 개의 그래프를 기억하는가? 그 그래프가 보여주었듯, 스프린트를 반복할 때마다 유산소 에너지 시스템에 더 많은 부담이 가해진다. 그런데 반복되는 스프린트는 수확체감의 법칙을 따른다. 더 많은 스프린트를 할수록 각각의 추가 스프린트에서 얻는 이점이 줄어든다. 그렇다면 고통과 시간을 최소화하면서 이익을 극대화하려면 몇 개의 스프린트가 적당할까?

우리는 그 답이 3회라고 생각했고, 처음부터 끝까지 10분 동안 지속되는 운동에 세 번의 반복을 설정했다. 그래서 2분 워밍업과 20초 스프린트를 3번 반복하고 3분 쿨다운을 했다. 피실험자들은 6주 동안 일주일에 세 번 1분 운동을 반복했다. 우리가 했던 연구는 메트칼프의 이전 20초 연구보다 더 많은 요소가 있었다. 피실험자의 근육 내 변화를 조사하기 위해 근육 생검 등의 추가 측정을 포함했다. 주요 결과는 심폐 기능이 12% 증가하고 안정시 동맥 혈압이 7% 감소한 것이었다. 이 연구는 언론의 엄청난 관심을 불러일으켰고, 학술지 〈PLoS ONE〉에 게재된 첫해에 5만 회 이상 조회되었다.

다음은 앞선 연구보다 두 배 더 긴 기간인 12주 동안 지속된 실험이었다. 우리는 3분의 힘든 운동을 주 30분 프로토콜에 따라 수행한 스프린트 그룹과 가이드라인에서 권장하는 주 150분 운동을 수행한 그룹을 비교했다.

놀랍게도 효과는 동일했다.

운동 시간보다 강도가 중요하다는 원칙을 검증한 놀라운 순간이었다. 심폐 기능의 향상은 두 그룹에서 동일하게 19% 증가했다. 두 그룹 모두 체지방률이 2% 감소했다. 근육 미토콘드리아 함량도 비슷한 정도로 증가했다. 피실험자들의 혈당 관리 능력의 개선 정도도 같았다.

그렇다. 운동하지 않고 앉아서 생활하는 평범한 사람도 일주일에 150분 전통적 지구력 훈련(50분씩 주 3회 운동)을 한 것과 같은 심폐 기능 효과를 얻을 수 있었다. 그것도 단 1분 분량의 힘든 운동을 주 3회만 반복하면 되는 거였다. 이 장의 끝부분에 이 '1분 운동'에 대해 자세히 설명했으니, 여러분도 준비되었다면 직접 시도해 볼 수 있다.

## '1분 운동' 그 이상

최초의 '1분 운동' 연구는 운동용 자전거로 진행되었다. 그러다 우리는 이런 생각이 들었다. 운동용 자전거를 언제든 편하게 사용할 수 있는 사람이 몇 명이나 될까? 대부분의 사람들에게 더 실용적이면서도 여전히 강력한 효과를 지닌 비슷한 운동을 만들 수 있을까? 이번에는 우리 맥마스터 연구실이 퀸스대학교의 연구진과 협업했다. 우리는 이 '1분 운동'을 계단에서 할 수 있는 형태로 만들 수 있을지 알아보기로 했다.

따지고 보면, 많은 사람이 고층 건물로 출근하거나, 아니면 고층 아파트에 거주하거나, 아니면 적어도 출장이나 여행으로 호텔에서 시간을 보내지 않는가. 어쨌든, 우리는 맥마스터 커뮤니티 주변에서 좌식 생활을 하는 사람들을 대학의 6층 건물로 데려왔다.

몇몇 테스트를 통해 평균적인 사람이 20초 안에 4~5개의 계단을 오를 수 있는 것으로 나타났다. 참가자들은 한 번에 평균 약 60걸음을 올랐다. 그것이 우리 운동의 기초가 되었다. 사람들은 워밍업을 위해 그냥 걸어 다니다가 20초 동안 계단을 전력 질주했다. 그들은 다시 계단을 내려갔고, 조금 더 걸은 다음 다시 최대한 빨리 계단을 올라갔다. 다음으로 한 번 더 반복한 다음 3분의 쿨다운으로 마무리했다.

이 글을 쓰고 있는 지금 이 연구는 아직 발표되지 않았지만, 그 결과는 1분 운동을 계단에서 하든 운동용 자전거를 타고 하든 상관없다는 것을 시사한다.

우리는 또한 사람들에게 보다 편리한 옵션을 제공하기 위해 이 운동의 또 다른 특징을 조사하고 있다. 자전거를 타거나 고층 계단을 이용할 수 없는 사람들도 많다는 걸 깨달았기 때문이다. 그들을 위해 우리는 북미 전역의 대부분의 이층집에서 쉽게 볼 수 있는 계단을 사용한 1분 프로토콜 버전을 설계했다. 20초 스프린트가 아니라 1분 동안 계단을 오르내리고, 10분 안에 이를 두 번 더 반복하는 스프린트를 기반으로 한다. 그러니 엄밀히 말하면 '3분 운동'이라고 부르는 게 맞겠다. 그러나 인터벌의 실제 계단 오르기 부분은 약 20초 동안 지속된다. 즉, 각 인터벌에는 약 20초의 계단 오르기와 40초의 계단 내려가기가 포함된다. 예전처럼 사람들이 TV 프로그램을 중간 광고와 함께 시청하던 시절에 특히 적합했을 운동이다. 드라마를 보다가 중간 광고가 나오면 계단으로 가서 위층으로 전력 질주하고 아래층으로 내려가는 것을 1분의 중간 광고 동안 계속 반복하면 된다.

## 초소량 운동 활용하기

운동 강도가 운동 시간보다 중요하다는 원칙을 적용하는 방법은 사람마다 다를 수 있다. 일반적으로 최첨단 운동 테크닉에 관심을 기울이는 사람들은 세 부류로 나뉜다. 그리고 각 유형마다 초소량 운동의 과학 혜택을 누릴 수 있다.

첫 번째는 체력이 낮은데 체력을 키우고 싶어 하는 사람들이다. 이 사람들을 나는 '체력 만들기 unfit to fit' 그룹이라고 부른다. 두 번째는 경기력 향상을 위해 보다 시간 효율적인 방법 또는 경기력 정체를 돌파할 수 있는 강력한 방법을 찾고 있는 운동선수다. 나는 이 그룹을 '체력 향상 fit to fitter' 그룹이라 부른다. 내가 속한 세 번째 그룹은 바쁜 커리어를 가지고 있고, 제법 건강하지만 비활동으로 인한 노화를 방지하기 위해 운동을 활용할 시간 효율적인 방법을 찾는 사람들이다. 이 그룹을 나는 '체력 유지 maintaining fitness' 또는 '노화 방지 fighting aging'라고 부르겠다.

## 체력 만들기 unfit to fit

여러분은 지금까지 이제라도 체력을 빨리 만들어 보려는 사람들에게 인터벌 트레이닝이 얼마나 유익한지에 대해 읽었다. 그런데 피트니스의 길을 출발하게 하는 최소한의 운동량은 무엇일까? 여기서 요점은 운동을 시작하는 사람이라면 누구나 경험하는 고통의 도전을 최소한의 불편함으로 통과하도록 해서 운동하는 습관을 만들고 체력을 빠르게 길러주는 것이다.

이건 뚱뚱함에서 날씬함으로 가는 길을 말하는 게 아니다. 그건 운동보다는 입 안에 무엇을 넣는지와 더 관련이 있고, 다음 장에서 다룰 주제다. 따라서 이 질문은 순전히 체력이 없는 사람이 가장 시간 효율적인 방식으로 운동의 이점을 누리는 방법에 관한 것이다.

일반적 주의 사항을 언급하자면, 본인의 몸 상태에 고강도 운동이 안전할지 등에 관해서는 먼저 의사와 상의해야 한다. '원미닛 운동'의 강도를 낮춘 버전으로 시작하는 것도 하나의 방법이다. 계단에서, 자전거를 타고, 혹은 필드나 길에서 달리기에 맞게 프로토콜을 조정해도 좋다. 어느 종목으로 힘을 쏟는지는 중요하지 않다. 중요한 것은 운동을 시작하는 것, 그리고 조금 푸시해 보는 것이다. 편안한 구간에서 벗어나야 한다. 단 몇 분의 운동도 유익하다. 그런 다음 좀 더 할 수 있을 것 같다는 느낌이 들면, '텐바이원'처럼 더 흥미롭고 도전적일 수 있는 다른 운동을 시도해도 좋고, 더 몸을 키우고 싶다면 이 장의 마지막에 자세히 설명된 '타바타'나 '고투 운동' 같은 서킷 트레이닝 프로토콜을 시작해도 좋다.

## 체력 향상 fit to fitter

이미 꽤 체력이 좋은 사람의 입장도 있다. 취미로 운동을 하는 아마추어 선수나 일종의 주말 전사 유형일 수 있다. 하지만 처음 운동을 시작했을 때만큼 체력이 빠르게 증가하지 않아 열정이 식고 있다.

스프린트가 도움이 될 수 있다.

고강도 인터벌 운동은 퍼포먼스 정체기를 돌파하는 시간 효율적인 방법이다. 이에 대한 고전적인 예로는 옥스퍼드 의과대학에서 공부하는 동안 전면적인 인터벌로 4분 마일을 깨기 위해 훈련한 로저 배니스터가 있다.

좀 더 최근에 장 방스보 Jens Bangsbo 라는 덴마크의 생리학자는 퍼포먼스 정체를 돌파하는 문제를 살펴보았다. 그는 세계 최고의 축구팀 중 하나인 이탈리아 유벤투스 FC와 덴마크 축구 국가대표팀의 어시스턴트 코치로서 프로 운동선수들과 함께 일한 경험이 많다. 그의 많은 연구는 운동선수의 정규 훈련 프로그램의 일부를 다양한 인터벌 운동으로 대체하는 것을 수반한다.

방스보의 연구 중 하나는 일반적으로 일주일에 약 55km(약 34마일)의 로드워크를 수행하는 훈련된 러너들을 모니터링했다. 이 운동선수들은 이미 일상생활에서 고강도 인터벌을 활용하고 있었다. 방스보는 일부 피실험자들에게 주간 운동 중 두 가지를 일련의 총력 스프린트로 대체하도록 했다. 세션에는 거의 최대 노력으로 각각 30초씩 6~12개의 스프린트가 포함되었으며 3분의 회복 시간이 있었다. 나머지는 정상적인 훈련을 유지했다. 개입 6~9주 후 러너들은 근육 생검과 일련의 퍼포먼스 테스트를 받았다. 정상적인 루틴을 지속한 주자들은 전혀 향상되지 않았다. 스프린터들은 3km 및 10km 레이스 시간이 약 3% 향상되었다. 확실히 성능 정체기를 돌파하기에 충분했다. 심지어 방스보는 최근에 다른 프로토콜을 사용하여 더 큰 효과를 얻었다. 이전 장에서 설명한 '10-20-30' 운동이다.

고도로 훈련된 지구력 운동선수라면 이미 훈련에 인터벌을 도입해보았을 가능성이 있다. 그러나 아직 경험하지 못한 주말 전사들에게는 인터벌은 정체기를 돌파할 수 있는 강력한 방법이다. 방스보의 연구에 대한 일부 비평가들은 그의 단거리 선수들의 효과 중 일부는 훈련량이 줄어드는 테이퍼링 효과에서 비롯되었을 수 있다고 지적한다. 훈련된 러너들이 훈련량을 줄이면 단기적으로 레이스에서 더 나은 성과를 내는 경향이 있기 때문이다. 아마도. 사실, 정기적인 지구력 훈련을 어떤 형태로든 스프린트 훈련과 교환하면 성능을 크게 향상시키는 것으로 나타났다.

하지만 여러분이 가장 짧은 기간 안에 체력을 가장 많이 늘리고자 하는 취미 운동선수라면 어떨까. 여러분에게는 시간이 있고 그만한 의지도 있다. 답은 심폐 건강을 향상시킬 수 있는 놀라운 속도로 생리학자와 코치들 사이에서 거의 전설적인 지위를 얻은 40년 된 프로그램이다. 이 운동은 최단 시간 내에 최대 VO2max 향상을 생성하기 위한 프로그램 유형에 대한 템플릿을 만들었다.

이를 만든 워싱턴대학교 박사후연구원인 로버트 힉슨 Robert Hickson 의 이름을 따서 지어진 '힉슨 프로토콜'은 10주 동안 일주일에 6일 동안 인터벌 훈련과 지구력 훈련을 번갈아 하는 것이 특징이다. 인터벌 운동은 VO2max에서 운동용 자전거를 타고 5분 스프린트를 6회 반복하는 것과 같았으며, 이 책에서 사용한 운동 척도 기준으로는 약 9의 강도에 해당한다. 스프린트 사이사이에는 2분 동안 가볍게 페달을 밟으며 휴식을 취했다.

지구력 훈련일은 첫 번째 주에는 30분, 두 번째 주에는 35분, 프로그램의 나머지 기간에는 40분 동안 '가능한 한 빨리' 달리기를 요구했다.

힉슨은 연구에서 운동을 처음 혹은 오랜만에 하는 사람들에게 과도한 훈련을 떠안기는 대부분의 프로토콜이 그들을 아프게 하고 다치게 할 수 있다고 지적했다. 이 운동은 달리기와 자전거 타기라는 두 가지 매우 다른 활동을 번갈아 가며 수행했기 때문에 다치지는 않았다. 그리고 단 10주 만에 힉슨의 8명의 피실험자들은 심폐 기능이 평균 44% 증가했다. 일주일에 4% 이상 증가한 것이었다.

이 운동은 특별히 시간 효율적이지도 않고, 너무나 힘들었기에 피실험자들 중 누구도 훈련을 계속하고 싶다고 하지 않았지만, 단일 시즌에 심폐 기능을 최대로 높이는 게 목표라면 힉슨 프로토콜이 아마 최고의 방법일 것이다.

이제 마지막 질문이 남았다. 향상된 체력을 유지하는 데 필요한 최소 수준의 운동은 어느 정도인가? VO2max 강화 운동이라는 주제에 대한 리뷰를 공동 집필한 메이요 클리닉의 마이클 조이너Michael Joyner의 연구에 따르면, 힉슨 프로토콜의 훈련량의 2/3를 수행해야 효과를 유지할 수 있다. 행복한 훈련이 되기를 기원한다.

## 체력 유지 또는 노화 방지

나이가 들어감에 따른 기능 저하와 근력 저하의 대부분이 실제로는 노화와 관련이 없다면 어떨까? 오히려 노화와 관련된 악화의 대부분이 실제로는 '비활동성 자체'와 관련이 있다면? 킹스 칼리지 런던King's College London의 한 연구진의 최근 〈Journal of Physiology〉 논문에서 알 수 있듯, 이는 최근 운동계에서 통용되고 있는 아이디어이다. 스티븐 해리지Stephen Harridge가 주 저자인 이 논문은 많은 노인들이 운동을 충분히 하지 못하기 때문에 우리는 비활동성과 노화를 연관 짓는다고 지적한다. 하지만 우리가 원인을 결과로 착각하고 있는 거라면? 비활동성의 원인이 노화가 아니라 노화의 원인이 비활동성이라면?

만약 그렇다면 우리는 높은 신체 활동 수준을 유지함으로써 우리에게 주어진 시간이 줄어드는 것에 맞설 수 있다. 그리고 점점 더 많은 과학 연구 문헌들이 운동을 많이 해서 노화에 맞서는 것이 가능함을 시사하고 있다.

그게 바로 내가 하려는 일이다. 이 책을 쓰는 지금 나는 50세에 가까워지고 있다. 내가 운동에 집착하는 이유는 이게 건강과 웰빙을 앞으로 수십 년 동안 유지하는 가장 효과적인 방법이라고 생각하기 때문이다.

그렇게 하려면 필요한 최소 활동 수준은 무엇일까? 그 답은 사람마다 다르다.

울릭 비쉐로프가 10년 전에 발표한 연구에 따르면, 그 답은 꽤 쉬운 것 같다. 비쉐로프의 연구진은 16년 동안 56,000명의 남녀를 추적했다. 그들은 고강도 운동을 일주일에 한 번 하는 것이 심혈관 질환으로 인한 사망 위험 감소와 관련이 있다는 것을 발견했다.

이건 우리도 예상할 만한 결과이지 않은가? 고강도 운동의 효능은 강력하니 말이다. 이 연구 결과에서 예상을 벗어난 건 운동을 더 많이 하는 것은 효과가 없었다는 점이다. 일주일에 한 번 더 오랜 시간 운동한 사람들은 일주일에 한 번 더 짧은 시간 동안 운동한 사람들과 비교했을 때 심혈관 질환으로 사망할 확률이 거의 비슷했다. 운동을 서너 번 더 한 사람들도 마찬가지였다. 아무튼 일주일에 한 번보다는 더 자주 운동했는데도 말이다. 비쉐로프의 연구는 심혈관 질환 위험 감소의 최대 효과를 얻기 위해서는 일주일에 한 번 열심히 운동하면 된다는 걸 알려주었다.

이 연구 결과는 일주일에 한 번 힘든 운동을 하는 건 위험하다는 운동에 대한 인식과 상반된다. 친구들과 일주일에 한 번 하키나 농구를 하는 일반적 중년 남자를 떠올려 보라. 신문을 읽다 보면 종종 이런 행동이 위험하다는 기사를 볼 수 있다. 확실히 격렬한 운동을 한 후에 심장 마비를 겪는 사람들이 있다. 아마도 그들은 자신의 위험 여부를 제대로 확인하지 않았을 거다. 그들은 다양한 활동이나 스트레스 요인으로 인해 언제든 곧 심장 마비가 올 수 있는 사람들이었을 수 있다. 과학적 근거에 따르면 스포츠를 통한 주 1회 운동은 모든 원인의 사망 위험 측면에서 유익할 수 있다. 다시 한번 말하지만, 여러분의 상황에 문제가 없을지 반드시 먼저 의사의 확인을 받기를 바란다.

하지만 내가 걱정하는 건 단지 심혈관 질환으로 사망할 위험만이 아니다. 나는 두 가지를 유지하고 싶다. 나의 체력과 힘이다. 즉 제법 오랜 시간 동안 에너지를 사용할 수 있는 능력, 그리고 무언가를 들거나, 밀거나, 당겨서 작업을 완료할 수 있는 능력 모두를 유지하고 싶다. 그래서 나는 하루에 적어도 매일 30분씩 운동한다. 나는 주로 맨몸운동 위주의 저항 훈련과 사이클링을 번갈아 가며 일주일에 3일 인터벌 방식으로 수행하고 매주 한 시간 동안 친구들과 아이스하키를 한다.

전형적인 시간 효율적 저항 훈련 운동 프로그램은 세 가지 운동을 수행하도록 한다. 저항 운동의 근력 강화 효과를 유발하는 가장 빠른 방법은 모든 세트에서 실패 지점까지 가는 것이다. 더 이상 할 힘이 없을 때까지 운동을 계속하면 된다. 물론 어려운 일이지만 내가 운동하는 방식이기도 하다. 지하실로 내려가 더 이상 할 수 없을 때까지 할 수 있는 한 많은 턱걸이를 한다. 그런 다음 나는 더 이상 할 수 없을 때까지 가능한 한 많은 팔굽혀펴기를 한다. 그런 다음 런지로 다시 반복한다. 각 운동은 20~30초가 걸린다. 내 자택 지하실에는 파워 랙, 바벨, 웨이트가 있다. 그래서 여러 가지 운동 옵션이 있으므로, 한 번 운동할 때 턱걸이, 벤치 프레스, 스쾃 등을 다양하게 한다. 모든 세트를 통과한 후에는 각각 총 3세트씩 다시 시작한다. 각각 운동을 더 이상 할 수 없을 때까지.

시간이 오래 걸리지는 않지만, 꽤 효과적이다.

유산소 운동을 하는 날에는 운동용 자전거를 타고 스프린트를 한다. 이 장이나 이전 장에서 소개한 운동 중 하나를 선택한다. 오늘은 텐바이원일 수 있다. 1분 운동, 1분 휴식을 20분 동안 반복하면 끝이다. 아니면 방스보의 10-20-30 운동도 좋다. 시간 여유가 없으면 '1분 운동'을 빠르게 마친다. 신선함이 고픈 날에는 8초 운동-12초 휴식 형식의 '지방 태우기Fat Burner' 프로토콜을 선택한다.

호텔에 묵고 있는데 투숙객용 헬스장에 운동용 자전거가 없다면, 심박수를 높이기 위해 무엇이든 한다. 운동 강도가 운동 시간보다 중요하다는 원칙을 기억하는가? 즉, 대부분 사람들에게는 아주 짧게라도 심박수가 높아지면 체력을 유지하거나 향상하는 데 도움이 된다. 근력 운동을 하는 날에는 서킷 루틴을 최대한 많이 한다. 유산소 운동? 계단을 찾아본다. 거기에서 인터벌을 할 수 있을지 확인한다. 이제 달리기가 불가능해진 왼쪽 무릎으로도 통증 없이 몇 층의 계단을 힘차게 오를 수 있다. 아니면 버피 몇 세트를 빠르게 진행하기도 한다.

## 딱 한 가지 운동만 해야 한다면

2011년에 〈뉴욕타임스〉의 그레첸 레이놀즈가 내게 전화로 이런 질문을 했다. "만약 한 가지 운동만 해야 한다면 어떤 운동을 할 건가요?" 만약 딱 하나의 운동을 할 시간만 있었다면 어떤 운동을 하겠는가. 즉 어떤 운동이 제일 좋은 운동인가? 궁지에 몰린 학자들이 대체로 그러하듯 나는 그 전제를 거부하려 했다. "하나를 선택하려는 건 한 분야 전체를 압축하려는 거나 마찬가지예요." 나는 이렇게 말하고 어깨를 으쓱한 다음 그레첸에게 내 선택을 말했다.

나는 최고의 운동은 많은 이들이 고등학교 체육 수업 시간에 해 본 기억이 있을, 어디서든 할 수 있는 동작인 버피라고 말했다. 첫 번째 동작 세트는 쪼그려 앉고, 손을 땅에 대고, 두 발을 뒤로 차서 플랭크 자세를 취하는 것이다. 원한다면 여기에서 푸시업을 할 수 있다. 다음으로, 발을 다시 가져와 바닥에 손을 대고 웅크린다. 마지막으로 공중으로 뛰어올라 두 손을 동시에 머리 위로 들어 올린다.

"왜 버피를 선택했어요?" 그레첸이 물었다.

몇 가지 이유가 있다. 가장 큰 이유는 버피가 근육과 지구력을 동시에 키우는 운동이라는 점이다. 특히 푸시업을 추가하면 더욱 그렇다. "하지만 대부분 사람에게는 이걸 즐기면서 하거나 오랜 습관으로 들이는 건 상상도 하기 어렵지요." 나는 말했다.

맨해튼에 사는 조슈아 스포덱Joshua Spodek은 이 기사를 읽고 도전으로 받아들였다. 스포덱은 뉴욕대학교의 겸임 교수이자 컬럼비아에서 강의하는 리더십 컨설턴트다. 그는 천체물리학 박사 학위와 MBA가 있다. 도전을 좋아하는 타입이다. 마라톤을 하고, 허드슨강을 수영하고, 한 달 동안 매일 찬물 샤워를 했다. 그저 이러한 것들이 자기 몸에 어떤 영향을 미치는지 알아보기 위해서였다. 그는 얼티미트 프리스비 국가전 수준에서 경쟁하는 선수였고, 그레첸의 기사를 읽었을 때 그는 다음에 도전해 볼 챌린지를 찾고 있었다. 그는 옥상에 올라가 친구와 술 몇 잔을 마시며 이 기사에 대해 이야기하게 되었고, 곧 그들은 한 달 동안 매일 버피를 하기로 약속했다.

스포덱은 다음 날인 2011년 12월 22일에 도전을 시작했다. 첫날에는 지칠 때까지 10개를 할 수 있었다. 이 경험으로 그는 이 운동에 대한 확신이 생겼다. 저항 훈련을 하면서도 심박수를 높이는 효율적인 방법이라는 생각이 들었다. 어깨, 가슴, 코어, 엉덩이, 대퇴사두근, 종아리-버피를 제대로 하면 이 모든 부위를 운동하게 된다. 그는 특별한 장비가 필요하지 않다는 점도 좋았다. "버피를 영원히 할 거라고 생각했어요." 스포덱은 말했다. "내가 찾고 있는 모든 걸 갖췄어요."

첫 달 말까지 스포덱은 300개의 버피를 수행했다. 반복 후에 그는 상쾌함을 느꼈다. 그는 아침에 샤워하기 전에 운동하는 일과를 개발했다. 그의 능력은 11개, 그다음에는 12개, 13개로 향상되었고, 스포덱은 세트를 두 배로 늘려 아침뿐 아니라 밤에도 버피를 했다.

1년 후, 스포덱은 하루에 버피 20회씩 두 세트까지 하고 있었다. 그는 40대 초반이었고 몇 년 전보다 기운이 넘쳤다. 그래서 그는 아침에 한 세트, 저녁에 한 세트를 계속했다. 어깨가 꽉 찼다. 그의 가슴에 윤곽이 생겼다. "버피는 내 인생 최고의 몸을 만들어 주었습니다." 스포덱은 말했다.

그는 첫해에 버피를 총 9천에서 1만 번 정도 했다고 계산한다. 다음 해에 그는 2만 개를 달성했고, 그다음에는 3만 개를 달성했고, 최근에는 5년 동안 버피를 하고 세트당 반복 횟수를 하루 2세트로 26회로 늘린 후, 아마 70,000회의 버피를 한 것 같다고 한다.

그는 하루 두 번의 버피 일과에 그치지 않고 동작을 더 추가했다. 스포덱은 버피를 반복하는 것으로는 등 근육을 운동하지 못한다는 걸 발견했다. 당기기 동작이 포함되지 않았기 때문이었다. 이 문제를 해결하는 한 가지 쉬운 방법은 풀업 바를 어딘가에 설치하는 것이다. 자택에도 그렇게 했다. 하지만 스포덱의 맨해튼 아파트에는 그럴 만한 공간이 없었다. 그래서 버피를 마친 후 그는 식탁 아래에 자리를 잡고 팔로 매달린다. 그는 발뒤꿈치를 들어 의자에 올려놓고 식탁 아래에 거의 수평으로 매달렸다. 그런 다음 그는 푸시업의 반대라고 할 수 있는 로잉(rowing) 동작을 수행한다. (더 쉬운 로잉 동작을 수행하려는 사람들은 발을 바닥에 그냥 두어도 된다.) 이게 다가 아니다. 스포덱은 스트레칭도 하고 복근 운동도 한다. 괴물같이 어려운 동작으로 알려진 L자 앉기 동작도 한다. 이는 다리를 앞으로 쭉 뻗고 바닥에 앉아 손을 사용하여 엉덩이를 바닥에서 들어 올리고 발뒤꿈치가 바닥에서 떨어지도록 하여 몸이 거의 파이크 자세로 직각이 되도록 하는 동작이다.

스포덱은 자신의 블로그를 통해 본인의 버피 기반 루틴에 대해 다음과 같이 썼다. "혼자서, 사람들과 함께, 공공장소에서, 실내에서, 야외에서, 취한 상태에서, 취하지 않은 상태에서, 배고픈 상태에서, 배부른 상태에서, 일찍, 늦게, 행복하고, 좌절하며, 상상할 수 있는 모든 상황에서 1년 동안 매일 버피를 했다. 뉴욕시, 할리우드, 북한, 한국, 중국, 베트남, 싱가포르, 필리핀에서 버피를 해왔다."

최근에 이 책을 마무리하고 있을 때 스포덱이 내게 이메일을 보냈다. "그 기사를 읽고 나서 바로 매일 버피를 했어요."라고 그는 썼다. "이제 5년 차인 제 경험이 당신의 이야기에서 시작되었으니 궁금하실 수도 있겠다고 생각했습니다. 이전에는 버피에 대해 들어본 적이 없었습니다. 누군가 내가 한 말을 팔로업한다면 나도 이에 대해 듣고 싶을 겁니다."

내게 알려준 조슈아에게 고맙다. 나는 그의 헌신과 절제 능력이 경이롭다. 그가 버피를 통해 얻는 이득이 무엇인가? 물론 그는 격렬한 동작을 빠르게 수행한다. 페이스는 총력에 가깝다. 26회 버피를 수행하면 약 90초의 준최대 스프린트로 간주한다. 이를 하루에 두 번 반복한다. 테이블 아래에서 하는 로우 운동을 포함하면, 스포덱은 각 주요 근육 그룹마다 힘을 키우고 유지하고 있다. 그는 노화와 싸우고 심혈관 건강을 유지하고 있다. 스포덱과 달리 나는 지루해져서 매일 같은 운동 루틴을 할 수 없다. 게다가 운동을 바꿔가는 것이 몸에 좋다. 하지만 급한 상황이라면 스포덱과 같은 버피 기반 운동은 유지에 필요한 많은 부분을 제공할 수 있다.

## 정말 시간이 없다면 적어도 한 번이라도

마지막으로, 정말로 운동할 시간이 없다고 느끼는 사람들을 위한 몇 가지 조언이다. 2013년에 나는 노르웨이과학기술대학의 울릭 비쉐로프 연구실에서 연구를 공동 집필했다. 비활동적이지만 건강한 과체중 남성 두 그룹을 10주 동안 일주일에 세 번 운동하게 하고 그들을 추적했다. 한 그룹은 이 장에서 설명한 노르웨이식 운동을 따라, 운동할 때마다 4분 인터벌을 4회 반복했다. 반면에 다른 그룹은 매번 4분 동안 단 한 번의 노력을 수행했다. 첫 번째 그룹은

VO2max가 13% 증가했고, 단일 인터벌 그룹은 작업의 1/4 미만을 수행했음에도 불구하고 10% 향상했다. 결론적으로, 시간이 촉박하다면 단 한 번의 노력만으로도 심혈관 건강을 강화하거나 유지하는 데 큰 도움이 될 수 있다.

다음은 일련의 초저용량 운동이다. 이것은 과학이 아직 개발하지 못한 가장 강력한 운동 프로토콜이다. 이전 장의 프로토콜과 마찬가지로 형식을 약간 조정했다. 예를 들어 워밍업을 3분으로 표준화하고 쿨다운을 2분으로 표준화했다. 자유롭게 원하는 대로 변형하고 가장 중요한 것은 재미있게 즐기길 바란다.

# 운동법

## The Workouts

# 원미닛 운동
## The One-Minute Workout

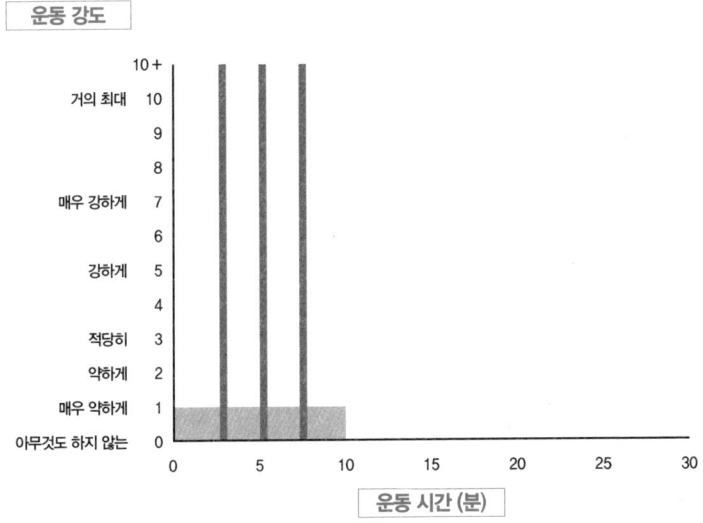

    첨단 운동생리학의 가장 흥미로운 분야 중 하나는 초저용량 인터벌 운동의 새로운 과학이다. 건강을 향상시킬 수 있는 최소 운동량을 조사한 2011년 영국의 연구에 영향을 받은 우리는 이전에 운동을 거의 하지 않던 사람들을 위해 시간 효율적인 방법으로 전반

적인 체력 상태를 크게 향상시킬 수 있는 1분 프로토콜을 개발했다. 이 프로토콜의 효과는 얼마나 강력했을까? 우리의 최근 연구 결과는 단 10분, 그것도 단 1분의 고강도 운동만으로도 전통적인 지구력 훈련 50분에 해당하는 효과가 나타난다는 것을 보여주었다.

**최고 강도: 10+**

**운동 시간: 10분, 센 운동은 1분**

**근거**

상당한 건강상의 이익을 얻을 수 있는 최소 운동량에 근접했다고 생각할 때마다, 항상 무언가가 나타나서 내 생각이 틀렸음을 증명해내곤 한다. 2014년 말에 우리 연구실에서는 내가 시험한 운동 중 가장 적은 양의 운동의 효과를 추적하는 연구를 발표했다. 20초 짧은 스프린트를 매일 세 번 반복하여 하루에 총 1분의 고강도 운동을 하는 것으로, 하루에 총 10분의 시간을 투자하는 운동이었다. 7일에 걸쳐 이를 3번 반복하면, 주당 3분의 고강도 운동이 이루어지는 프로토콜이다. 우리는 운동하지 않고 비만이거나 과체중인 20대와 30대의 남녀에게 6주 동안 이 프로토콜을 따르도록 요청했다. 그리고 결과는 충격적이었다. 주당 단 3분의 고강도 운동만으로 혈압이 6~8% 감소하고, 심폐 체력이 12% 증가하여 사망률과 만성 질환 발병 위험이 감소했다.

가장 놀라운 점이 있다. 우리 연구실에서 최근 진행한 연구에서 운동하지 않는 사람들을 대상으로 1분 인터벌 프로토콜의 효과를

12주 동안 추적하고 주당 135분의 중강도 유산소 운동을 실시한 다른 그룹의 효과와 비교한 결과, 그 효과가 동일했다.

그랬다. 평범한 비운동인도 주당 135분의 전통적 지구력 훈련(주 3회, 각각 45분씩)의 심혈관 건강 효과를 단지 주 3회, 각각 1분씩의 고강도 운동으로 얻을 수 있었다.

### 이런 사람에게 추천한다

지금까지 우리는 '1분 운동'을 건강한 사람들에게만 테스트했다. 이 운동을 할 자신이 있고 해도 좋다는 주치의의 확인을 받았다는 전제하에, 이 프로토콜은 우리가 테스트한 가장 시간 효율적인 운동 방법이다.

### 운동 방법

1. 가볍게 3분간 쉬운 속도로 워밍업한다.
2. 20초간 전력을 다해 스프린트한다.
3. 1단계 강도의 가벼운 활동으로 2분간 휴식한다.
4. 다시 20초간 스프린트한다.
5. 이 주기를 3번 반복하여 총 3번의 스프린트를 완료한다.
6. 쿨다운으로 2분간 천천히 식혀준다. 총 운동 시간은 10분이다.
7. 원한다면 심박수를 크게 높이는 스쾃 등 전신 운동을 스프린트에 더할 수 있다. 이전 장에서 언급한 계단 오르기 같은 활동을 선택해도 좋다.
8. 실험실에서 테스트한 프로토콜은 워밍업 및 쿨다운 시간이

달랐다. 이 책에서는 책의 다른 운동과 일치시키기 위해 워밍업은 3분, 쿨다운은 2분을 사용했다.

# 타바타 클래식
## The Tabata Classic

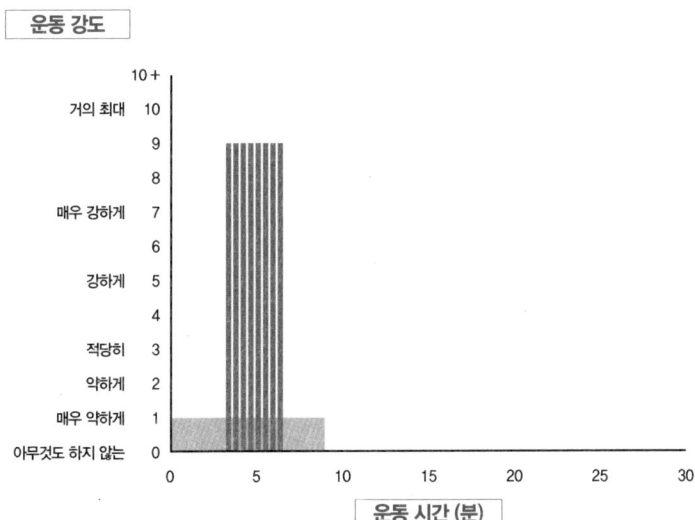

**최고 강도: 9**

**운동 시간: 9분**

**근거**

타바타의 1996년 논문의 연구는 현재 '타바타 프로토콜'로 알려진 운동과 중강도 지구력 훈련을 비교하였다. 지구력 그룹은 주 5일의 지구력 테스트를 6주 동안 수행하였으며, 스프린트 그룹은 주 4회의 인터벌 프로토콜과 주 1회 30분 중간 속도로 정상 상태 운동을 수행했다. 6주 후에 지구력 그룹의 유산소 역량은 전혀 향상되지 않았다. 반면 주당 11분 미만의 고강도 운동을 수행한 스프린트 그룹은 유산소 역량이 14.6% 향상되었다. 이로써 타바타의 연구는 스프린트가 유산소 역량 향상을 위한 강력한 도구의 역할을 할 수 있음을 보여준 최초의 연구 중 하나가 되었다.

**이런 사람에게 추천한다**

타바타의 연구는 대학생 연령의 체육 학생들을 대상으로 진행되었으며, 그 대부분은 축구, 농구, 수영 같은 스포츠의 대표팀에 속해 있었다. 타바타 운동은 스프린트 기간보다 회복 기간이 짧고 거의 최대 노력을 필요로 하기 때문에 힘들다. 타바타 스타일의 운동을 하는 대부분의 사람들은 자신을 하드코어한 운동선수로 여긴다.

**운동 방법**

1. 약 3분 동안 쉬운 속도로 워밍업한다.
2. 20초 동안 강도 9(전력을 다하기 직전 단계)로 스프린트한다.
3. 10초 동안 쉰다.
4. 20초 스프린트와 10초 휴식을 총 8회 반복한다.

5. 가벼운 활동으로 2분 동안 쿨다운을 진행한다. 총 운동 시간은 9분이 된다.

**변형하기**

타바타 프로토콜에 저항 훈련을 넣는 것은 어렵지 않다. 2012년 퀸스대학교와 브리티시컬럼비아대학교 오카나간 캠퍼스의 연구진들은 시간 효율적인 인터벌을 저항 훈련과 결합하는 가장 우아한 방법 중 하나를 고안해냈다. 타바타 형식을 기반으로 만들었지만, 스프린트를 저항 훈련 운동으로 대체하여 놀라운 결과를 얻었다.

운동을 즐기는 여성 대학생들이 이 프로토콜을 수행했지만, 그 효과는 모든 연령대의 건강한 남녀에게 적용될 수 있다. 하루 4분의 고강도 운동으로 피실험자들은 하루 30분 동안 고강도 지구력 운동을 한 비교군만큼 유산소 체력이 향상되었다. 게다가 레그 익스텐션 횟수가 40%, 팔굽혀펴기 횟수가 135%, 윗몸일으키기 횟수가 64% 증가했다. 결론적으로, 타바타 맨몸운동 프로토콜은 유산소 운동 능력과 근력을 동시에 향상시키는 아주 효과적인 방법이다. 수행하는 방법은 다음과 같다.

1. 각 훈련일마다 3분 워밍업으로 시작한다. 워밍업은 원하는 운동을 가벼운 버전으로 느린 속도로 수행하면 된다.
2. 1일 차에는 20초 안에 최대한 많은 버피를 수행한다. 버피는 선 자세에서 시작해서 스쾃 자세로 내려가고, 손바닥을 아래로 하여 손을 바닥에 대고, 두 다리를 뒤로 차서 플랭크 자세

로 마무리한다. 스쿼트 자세로 돌아와서 양팔을 머리 위로 높이 들며 최대한의 높이로 점프한다. 난이도를 높이려면 플랭크 자세에서 푸시업을 수행한다.

3. 10초 동안 휴식한다.

4. 운동을 20초 동안 수행하며, 최대한 많이 반복하려 노력한다. 20초 운동하고 10초 쉬는 형식을 8번 반복하여 운동을 진행한다.

5. 2분 동안 쿨다운한다. 총 운동 시간은 9분이 된다.

6. 다음 훈련일에는 20초 운동, 10초 휴식 사이클을 8번 반복하여 진행한다. 각 훈련일마다 마운틴 클라이머, 점핑 잭, 스 스러스트 등 한 가지 운동에만 집중한다.

7. 마운틴 클라이머는 플랭크 자세에서 시작한다. 플랭크 자세를 유지한 채로 한 다리를 앞으로 끌어당겨 무릎을 가슴 쪽으로 가져온다. 그 후 일반적인 플랭크 자세로 돌아간다. 그런 다음 다른 다리의 무릎을 가슴 쪽으로 가져온다. 이를 반복한다.

8. 점핑 잭은 양손을 몸 옆에 두고 똑바로 선 자세로 시작한다. 점프하고 다리를 어깨너비보다 약간 넓게 벌리고 팔을 머리 위로 들어 손가락 끝이 거의 닿도록 한 상태로 착지한다. 두 번째 점프를 하며 다시 서 있는 자세로 돌아가고 팔은 몸 옆으로 내려놓는다. 이를 반복한다.

9. 스쿼트 스러스트는 양손을 몸 옆에 두고 똑바로 서서 시작한다. 손바닥이 바닥에 평평하게 닿을 때까지 스쿼트 자세로 앉는다. 다리를 뒤로 차서 플랭크 자세로 마무리한다. 양다리를 동시

에 다시 가져와 스쾃 자세로 돌아온다. 양팔을 몸 옆에 두고 일어선다. 이를 반복한다. 이 연구의 대상자는 5파운드 덤벨을 사용했지만, 설명을 간소화하기 위해 장비 언급은 생략했다. 스쾃 스러스트의 난이도를 높이려면 플랭크할 때 푸시업을 더 하면 좋다.

10. 더 다양한 운동을 원하는가? 하루에 한 가지 운동을 하는 것보다 같은 날 프로토콜 내에서 네 가지 운동을 모두 서킷 스타일로 번갈아 가며 할 수 있도록 변화를 주는 것도 좋다.

# 원바이포
## The One by Four

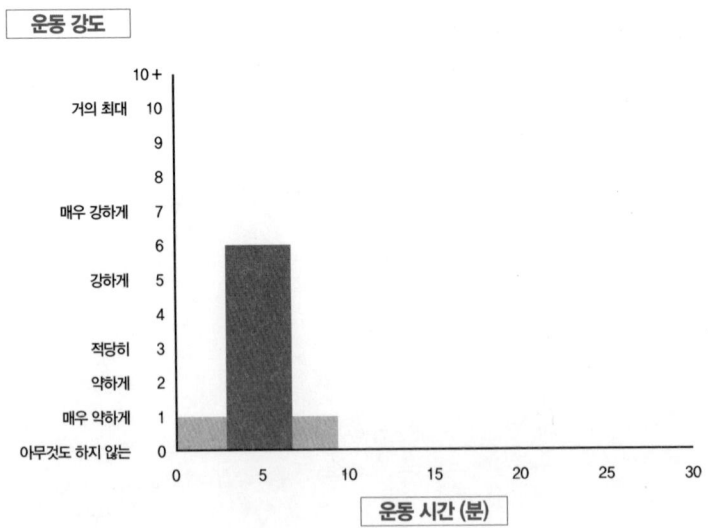

체력은 좋지만 시간이 많이 부족한 사람들에게는 적어도 1회의 인터벌을 제대로 하는 것도 하나의 방법이다. 내가 울릭 비쉐로프와 함께 공동 저술한 2013년 논문에서 얻을 수 있는 결론이다. 이 연구는 인터벌 운동의 대부분이 첫 번째 스프린트에서 나온다는 것을 보여주었다. 비쉐로프의 연구실에서는 피실험자들이 10분 동안 워밍업하고 5분 동안 쿨다운했지만, 여기서는 시간 효율성을 위해 이를 좀 더 짧게 줄였다.

**최고 강도: 6**
**운동 시간: 9분**

**근거**

심혈관 질환으로 인한 사망 위험을 줄이는 것은 가이드라인에서 권고하는 것보다 훨씬 적은 운동으로도 가능하다. 울릭 비쉐로프와 그의 연구진은 얼마나 적은 운동으로 효과를 낼 수 있을지 궁금했다. 그리고 흥미로운 사실을 발견했다. 그의 연구실에서는 비만 없는 건강한 중년 남성들을 모집해 두 그룹으로 나눴다. 한 그룹은 4분 스프린트를 4번 반복하는 노르웨이 프로토콜을 수행했고, 다른 그룹은 4분 스프린트를 1회만, 주 3회 수행했다. 10주 후, 비쉐로프의 연구실은 1회 스프린트 그룹이 4회 스프린트 그룹이 얻은 효과의 대부분을 경험했음을 발견했고 이 사실에 놀랐다. 4회 스프린트 그룹은 심폐 체력이 13% 향상되었다. 물론 인상적인 수치이다. 하지만 1회 스프린트 그룹도 심폐 체력이 거의 동등한 수준인 10% 향상되었다. 결론적으로, 이 연구는 시간이 부족하다면 단 한 번의 스프린트로도 강력한 효과를 얻을 수 있음을 보여주었다.

**이런 사람에게 추천한다**

6단계 강도로 4분 동안 스프린트하는 것은 쉬운 일이 아니다. 혹시 어렵다면 처음에는 스프린트를 짧게 줄여서 시작하고 점차 늘려서 4분에 도달해도 좋다.

**운동 방법**

1. 가벼운 활동으로 3분 동안 워밍업한다.
2. 4분 동안 6단계 강도로 스프린트한다. 호흡이 힘들 정도지만 숨을 헐떡이지는 않는 정도의 강도이다.
3. 2분 동안 가벼운 활동으로 쿨다운한다.

# 나의 디폴트 운동
## The Go-To Workout

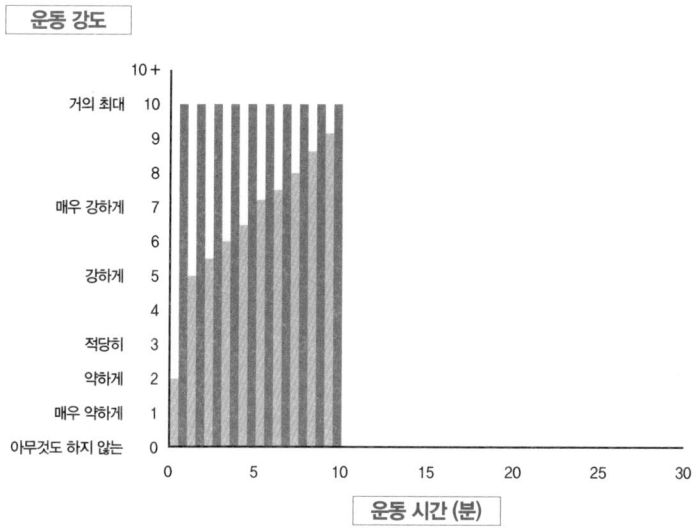

 만약 딱 한 가지 운동만 해야 한다면 나는 이 운동을 택하겠다. 내가 개발한 어디서든 시간 효율적으로 할 수 있는 운동은 근력과 유산소 심폐 체력을 동시에 향상시키도록 고안되었다. 이 책에서 소개한 가장 시간 효율적인 여러 운동의 가장 좋은 점들을 종합해서 만들었기에, 상·하체 근력을 위한 맨몸운동, 심혈관 훈련을 위해 심박수를 높게 유지하는 능동적 회복 기간이 포함되어 있다. 이 운동은 실내 자전거와 풀업 바가 있는 집 지하실에서도 할 수 있고, 탁 트인 공원에서 달리기나 철봉을 활용해서도 할 수 있다. 물론 로잉 머신으로 운동하는 것도 가능하다. 다른 체중 운동 방법을 활용해도 좋다. 특히 풀업을 좋아하지 않거나 할 수 없다면 다른 운동으로 대체해 보자. 그 밖에도, 푸시업을 좀 더 쉽게 하려면 발 대신 무릎을 바닥에 댈 수 있다. 30초 동안 최대한 많이 반복하지 않고 정해진 횟수만큼 수행해도 괜찮다. 내가 가장 선호하는 방식이기는 하지만, 어떤 운동이든 한 가지만 계속하는 것은 권하지 않는다. 인간은 생리적으로나 집중력 측면에서나 다양성이 있을 때 능력을 발휘하기 때문이다.

**최고 강도: 10**

**운동 시간: 10분**

**이런 사람에게 추천한다**

이 운동은 도전하고 싶은 건강한 사람이라면 누구나 할 수 있다. 시간 효율적인 전신 운동을 원하는 사람에게 좋다.

**운동 방법**

1. 워밍업으로 30초간 점핑잭을 한다.
2. 체중을 활용한 맨몸 저항 훈련 운동과 유산소 운동을 교대로

수행하는 30초 인터벌을 반복한다. 체중 운동은 10단계의 고강도로 수행되어야 한다. 30초의 마지막에는 더 이상 그 동작을 할 수 없을 정도여야 한다. 유산소 인터벌은 강도를 조금 낮춘다. 다만, 속도는 여전히 격렬해야 한다. 5단계 정도로 시작해서 9단계로 점차 늘리는 것도 좋다. 유산소 인터벌이 체중 운동에 비해서는 '회복' 시간이라 할 수 있지만, 10분의 전체 운동 시간 내내 심박수가 높게 유지되어야 한다.

3. 체중 운동을 하는 인터벌은 상체 운동과 하체 운동이 모두 포함되어야 한다. 이러한 조합의 예시로 푸시업, 풀업, 에어 스쾃을 혼합할 수 있다. 이 운동을 30초 동안 지속할 수 없으면 할 수 있는 만큼만 해도 좋다. 이 밖에도 마운틴 클라이머, 버피, 런지 등 다양한 운동을 활용해도 좋다.

4. 유산소 운동은 자전거 타기, 계단 오르내리기, 주변 공원 한 바퀴 돌기, 혹은 제자리 달리기도 좋다. 한 가지를 골라서 반복해도 좋고, 다양한 유산소 운동을 번갈아 해도 좋다.

5. 이제 운동이 끝났다. 나 자신을 칭찬해 주자. 여러분은 방금 근력 강화 및 건강 증진에 가장 강력하고 효과적인, 과학이 입증해낸 운동을 해냈다. 그것도 불과 10분 만에 말이다.

# CHAPTER 8

## 고강도 영양

이 책의 대부분은 빠르게 체력을 기르고 건강해지는 방법을 다루고 있다. 오래 활동적인 삶을 살기 위해서는 건강해야 한다. 하지만 인간은 건강을 위한 행동만을 하지는 않는다. 우리는 멋진 기분을 누리며 행복한 삶을 살기를 바란다. 그리고 우리는 내면만큼이나 겉으로도 멋져 보이고 싶어 한다.

    운동은 다양한 일을 할 수 있다. 운동하면 체력이 좋아지고, 건강이 개선되고, 만성 질환의 위험이 줄어들고, 기대 수명이 연장된다. 나는 인터벌 트레이닝이 가장 강력한 운동이라고 생각한다. 신체 활동을 통해 건강을 얻을 수 있는 가장 강력한 방법은 인터벌이다.

    하지만 몸의 체질과 성분과 구성을 개선하고 싶다면-지방을 감량하고, 근육량을 늘리고, 외모를 개선하고 싶다면-식단과 영양 문제도 해결해야 한다. 우리 입으로 들어가는 것을 바꿔야 한다.

    이것이 바로 이 장의 주제다. 시중에는 건강한 식단에 관해 훨씬 더 자세히 알려줄 책들이 많이 있다. 이 책은 식단의 모든 것을 알고 싶거나 영양사가 되고 싶은 이들을 위한 책은 아니다. 대다수의 사람들은 영양 전문가가 될 필요가 없고, 영양학을 진로로 삼고 싶은 것도 아니다. 그래서 이 장에서는 꼭 필요한 핵심만 정리했다. 체중을 감량하려면 어떻게 해야 하는지, 식단을 개선하기 위한 소소한 팁이나 요령은 무엇인지 등 조각 같은 탄탄한 몸을 만드는 가장 효율적인 여정에 꼭 필요한 정보들을 담았다.

## 체력 그리고 체중

지금 당장 더 예쁘고 멋진 몸을 만드는 방법이 궁금하겠지만, 그 전에 중요한 사실부터 짚고 넘어가야 한다. 순전히 삶의 '양'이라는 관점에서 볼 때, 체력과 체중 사이에는 대부분 사람이 놀라워하는 흥미로운 관계가 존재한다. 많은 연구 결과에 따르면, 과체중이든 그렇지 않든 체력을 기르는 것이 더 중요하다. 이 분야의 저명한 연구자로는 사우스캐롤라이나대학교University of South Carolina의 운동과학 교수 스티븐 블레어Steven Blair가 있다.

그의 연구는 전반적으로는 우리 기대를 벗어나지 않는다. 즉 인구 전반을 놓고 비교하면 체중이 높을수록 모든 종류의 건강 위험이 더 커졌다.

하지만 블레어와 그의 동료 연구자들은 데이터를 파헤치면서 흥미로운 점을 발견했다. 과체중인 사람들의 사망 위험은 체력이 좋은 사람들일 경우 전혀 달라졌다. 충격적으로 들릴지 모르지만, 체력이 좋은 과체중인들의 사망 위험은 정상 체중인과 유사했다. "모든 연구를 보면, BMI(체질량 지수)가 높은 사람들에게서 일반적으로 높은 사망률, 만성 질환, 심장 마비 등이 나타났다… 하지만 뚱뚱하지만 체력이 좋은 사람들을 살펴보면, '뚱뚱함'의 해로운 영향은 사라진다는 것을 알 수 있다." 블레어는 〈가디언〉 신문과의 인터뷰에서 이렇게 설명했다.

"비만인 중 체력이 아주 좋진 않아도 적당한 사람을 살펴보면… 그들의 향후 10년 사망률은 정상 체중이지만 체력이 나쁜 사람들의 절반 수준이었다. 그러니 엄청난 효과라 할 수 있다."

여기서 얻어야 할 교훈은 뭘까? 만약 여러분이 남들보다 몸무게가 조금(혹은 많이) 더 나간다고 해서, 오래 살고 싶으면 반드시 살을 빼야 하는 건 아니다. 운동을 시작하는 게 체중 감량보다 훨씬 중요하다. 이상적으로는 둘 다 하는 게 좋겠지만, 체력을 기르는 운동은 필수적으로 해야 한다.

우선 인터벌 걷기부터 시작해서 '텐바이원'이나 '지방 태우기' 운동을 해 보면 좋다. 계속하다 보면 언젠가는 점심시간에 계단을 오르내릴 수 있고, '원미닛 운동'도 거뜬히 해낼 수 있게 된다.

바람직하게는 여러분의 일상생활에서 신체 활동을 더 많이 할 수 있는 방법을 찾으면 좋다. 자동차 대신 자전거로 출퇴근하거나, 자녀들을 데리고 함께 터치 풋볼을 하러 외출한다거나, 출근 전에 친구들과 같이 스피닝 수업을 듣는 건 어떨까? 아무튼 몸을 움직이는 게 중요하다. 그러면 정상 체중의 체력이 좋은 사람들만큼 오래 살 수 있다. 정상 체중이지만 체력이 나쁜 사람들보다는 더 오래 살 가능성이 높다. 그리고 제2형 당뇨병이나 심장병 같은 만성 질환의 발병 가능성도 상당히 줄어든다.

요약하자면, 뚱뚱하고 건강한 몸이 날씬하지만 건강하지 않은 몸보다 낫다. 그러니 자신의 몸을 편히 받아들이고 체력을 기르는 운동을 고려하길 바란다. 블레어의 연구 결과처럼, "이러한 결과는 체중을 감량할 수 없거나 감량된 체중을 유지하지 못하는 사람들을 비롯한 모든 사람들에게 희망을 준다. 모든 사람들은 규칙적 신체 활동에 참여함으로써 상당한 건강 효과를 누릴 수 있다."

## 인터벌 트레이닝 그리고 체성분 구성

그런데도 대부분의 사람들은 체력과 무관하게 정상 체중이 되고 싶어 한다. 과체중은 무얼 하든 어딜 가든 삶에 수많은 영향을 미친다. 정상 체중을 유지하면, 매일 하는 일상적 활동을 도움 없이 해내기에 유리하다. 에너지도 더 많을 수 있다. 새로운 경험을 찾아 다니고, 이 멋진 세상이 제공하는 모든 기회에 완전히 참여할 수 있을 가능성이 더 높다.

그리고 외모도 나아질 수 있다.

그래서 이 장에서는 여러분이 남들보다 지방 몇 킬로 정도를 더 지니고 있고, 이를 제거하고 싶어 한다는 가정하에 도움이 되는 정보를 주고자 한다.

신체는 지방을 줄이려는 목표 달성에 도움이 되는 두 가지 주요 방법을 제공한다. 운동과 식단이다. 이 중 가장 효율적인 방법은 식단(다이어트)이다. 다이어트 방법에 관해서는 잠시 후에 몇 가지 유용한 팁을 다루겠다. 하지만 운동으로도 체성분의 구성을 바꿀 수 있다.

인터벌 트레이닝의 체성분에 대한 효과를 조사한 최초의 연구 중 하나는 퀘벡의 라발대학교Lavel University의 연구진이 1994년에 발표했다. 20주 동안 전통적 중강도 훈련과 인터벌을 비교한 야심 찬 연구였다. 두 그룹 모두 전반적으로 체중이 줄지 않았지만 체성분에는 약간의 변화가 있었다. 피부 주름 두께로 측정한 결과, 지구력 훈련 그룹은 신체의 6개 지점 중 3개 지점에서 지방량이 줄었다. 인터벌 트레이닝 그룹은 연구진이 측정한 모든 부위(상완의 앞뒤, 종아리, 복부, 엉덩이, 어깨 위쪽)에서 지방이 감소했다. 게다가 인터벌 트레이닝 그룹은 피부 주름 측정 기준 지방 감소량도 더 높았다. "주어진 활동 에너지 소비에 대해, 운동 강도가 높을수록 체지방 감소가 더 크다." 연구진은 결론지었다.

좀 더 최근인 2008년에 뉴사우스웨일스대학에서 발표한 연구에서는 15주 동안 45명의 젊은 여성을 추적했다. 피실험자들의 1/3은 20분의 인터벌 운동을 수행했다. 다른 1/3은 40분의 정상 상태 운동을 수행했다. 대조군인 마지막 1/3은 어떤 종류의 훈련도 하지 않았다.

이 연구의 결과는 이 책의 6장에 언급되어 있다. 이 운동 프로토콜을 '지방 태우기Fat Burner'라는 제목으로 소개했다. 인터벌 피실험자들은 자전거를 타고 한 번에 8초 동안 최대한 격렬히 페달을 밟은 후, 20초 동안 휴식했다. 이를 20분 동안 총 60회 반복했다. 반면, 정상 상태 운동 그룹은 최대 40분이 될 때까지 최대한 오랫동안 VO2peak의 60%에서 사이클링을 했다. 연구진은 두 그룹이 운동을 통해 비슷한 양의 에너지를 소비하도록 조정했다.

15주 개입 후, 총 체중, 체지방량, 복부 지방은 지구력 트레이닝 그룹보다 인터벌 트레이닝 그룹에서 더 많이 감소했다. 인터벌 트레이닝 그룹은 주당 36분(워밍업 및 쿨다운 제외)을 운동한 반면, 지구력 트레이닝 그룹은 주당 120분 운동한 것을 감안하면 놀라운 결과다. 연구진은 이렇게 정리했다. "운동 시간이 절반임에도 불구하고 현재 연구의 인터벌 트레이닝 피실험자들은 전체 체지방량의 11.2%를 감량했고, 정상 상태 운동 피실험자들은 지방이 감소하지 않았다."

## 인터벌과 지구력 트레이닝, 칼로리 소모량의 차이?

　　수많은 퍼스널 트레이너들이 'HIIT는 다른 어떤 운동보다도 지방을 잘 태운다'고 말한다. 그 말은 사실이다. 반면, HIIT를 비판하는 사람들도 있다. 그들은 HIIT는 운동 시간이 짧기 때문에 더 길게 적당한 강도로 운동하는 것보다 칼로리를 소모하지 못한다고 말한다. 그 말도 어느 정도 사실이긴 하다.

　　어떻게 둘 다 옳을 수 있을까? HIIT가 지방을 잘 태우지만 칼로리는 소모하지 못한다는 말인가?

　　그 의미를 설명해 보겠다.

　　적당한 강도로 장기간 운동을 하는 사람들은 인터벌 운동을 하는 사람들보다 실제로 '운동하는 동안' 더 많은 칼로리를 소모하는 경향이 있다. 그런데 운동이 끝나면 상황은 달라진다.

운동은 신진대사(신체가 산소를 사용하여 에너지 연료를 태우는 속도)를 높인다. 운동 강도가 높을수록 신진대사에 미치는 영향이 커지고 신체가 정상적인 휴식 상태로 돌아가는 데 더 오래 걸린다. 회복 중 신진대사가 상승하는 것을 전문 용어로는 '운동 후 초과 산소 소비excess post-exercise oxygen consumption'라고 한다. 퍼스널 트레이너들은 이를 주로 '애프터번afterburn'이라고 한다. 운동 강도가 높을수록 애프터번 동안 더 많은 칼로리가 소비된다. 그리고 애프터번의 칼로리 연소 효과는 적당한 운동 후보다 격렬한 운동 후에 더 크다.

예를 들어, 텐바이원(10 x 1) 인터벌 프로토콜은 50분의 연속적 중강도 운동과 비교하면, 두 운동이 VO2max를 높이는 측면에서 유사한 체력 효과를 나타낸 것과는 별개로, 텐바이원은 50분 연속 운동에 비해 절반 정도의 칼로리를 소비한다. 그러나 일단 운동을 중단하면 인터벌 트레이닝을 한 사람은 적당한 운동을 한 사람보다 더 빠른 속도로 계속해서 여분의 칼로리를 연소한다.

우리 연구진은 애프터번 동안 얼마나 많은 칼로리가 소모되었는지 궁금했다. 그래서 우리는 운동 세션부터 24시간 동안 피실험자의 칼로리 소모량을 측정하는 실험을 시작했다. 피실험자 그룹에게 하루는 텐바이원 인터벌 프로토콜을 수행하게 하고, 다른 날에는 최대 심박수의 70%의 적당한 속도로 50분 동안 연속적인 운동을 수행하도록 했다. 그런 다음 두 그룹이 운동 중에 소모한 칼로리를 포함하여 24시간 동안 소모한 칼로리양을 계산했다.

결과는 꽤 놀라웠다. 기억하겠지만, 연속적 운동은 HIIT보다 2배 이상 오래 걸렸고 피실험자들은 2배 더 많은 일을 해야 했다. 그런데도 24시간 동안 피실험자들은 어떤 종류의 운동을 하든 상관없이 비슷한 양의 칼로리를 소모했다. 연속 운동을 하든, 인터벌 운동을 하든 24시간 동안 같은 양의 칼로리를 소모했다. 그 정도로 격렬한 운동 후의 애프터번 효과는 대단했다. 그리고 다른 연구실에서도 동일한 효과를 입증했다.

결론적으로, 인터벌 트레이닝은 운동 중에는 많은 칼로리를 소모하지 않을 수 있지만 애프터번 효과가 강력하여 장기적으로는 연속 운동과 비슷한 양의 칼로리를 소모한다.

## 체중을 감량하는 방법

이제 여러분도 눈치챘겠지만, 나는 효율성을 매우 중요시한다. 무언가를 좀 더 시간 효율적으로 할 수 있는 방법이 있다면, 괜히 시간을 낭비하는 길로 가고 싶지 않다. 그리고 체중을 줄이는 가장 효과적이고 효율적인 방법은 입에 넣는 음식의 양을 줄이는 것이다. 낯선 개념이 전혀 아니다. 체중 감량이나 증량은 대체로 입 안에 얼마나 많은 에너지를 넣느냐에 달렸다. 소비하는 칼로리보다 더 많이 섭취하면 살이 찌고, 적게 먹으면 살이 빠진다.

물론 말로는 아주 쉽고 간단하다. 머리로는 누구나 알고 있는 사실이다. 그런데도 미국인 3명 중 2명은 과체중이고 3명 중 1명은 실제로 비만이다. 이 사람들의 대부분은 적어도 이론적으로는 체중 감량을 원한다.

그러나 그들은 그렇게 하지 못하고 있다.

즉, 많은 사람이 과체중이나 비만인 이유는 복합적이다. 다음은 도움이 될 수 있는 몇 가지 팁으로 생각해 보면 좋다.

먼저 몇 가지 기본적인 사항이다. 그런 다음 체중을 줄이는 데 도움이 되거나 적어도 살이 더 찌는 것을 방지하도록 고안된 다섯 가지 전술을 제공하겠다. 가장 먼저 해야 할 일은 체중을 유지하기 위해 하루에 얼마나 많은 칼로리를 섭취해야 하는지 파악하는 것이다. 이 숫자는 사람의 신진대사율에 해당하며, 대부분 하루에 소모하는 평균 칼로리 수로 표현된다. 몇몇 건강 클리닉이나 운동 실험실에서는 신진대사율을 확인해주는 대가로 많은 비용을 청구한다. 하루에 소비하는 칼로리를 측정하는 가장 정확한 방법은 '직접 열량 측정법direct calorimetry'이라는 기술로, 과학자들이 신체의 열 생산을 분석하는 방법이다. 대상자는 민감한 온도계가 장착된 작은 방으로 들어간다. 이 온도계들은 신체가 발산하는 총열량을 측정한다. 이 값을 통해 그 사람에게 필요한 칼로리 수를 알아낼 수 있다.

또 다른 방법으로는 '간접 열량 측정법indirect calorimetry'이 있다. 우리 연구실에서도 이 방법을 사용한다. 대상자는 편한 자세로 앉아 튜브를 통해 호흡한다. 이 튜브를 통해 소비된 산소량과 생성된 이산화탄소의 양을 측정할 수 있다. 본질적으로 VO2max 테스트의 휴식 부분과 거의 비슷하지만 좀 더 통제된 환경에서 이루어진다. 이를 정해진 시간(예: 30분 정도) 동안 한다. 이렇게 얻은 기체 교환 측정값을 통해 하루에 소모되는 칼로리 수를 매우 정확하게 추정할 수 있다.

하지만 정확한 맞춤형 테스트를 꼭 원하는 게 아니라면 이렇게 매우 정밀한 측정은 건너뛰어도 된다. 여러분에게 필요한 건 대략적인 칼로리 소비량이다. 어느 정도 쓸만한 추정값이면 된다.

이를 얻으려면 온라인 계산기를 사용하면 된다. 평소 사용하는 검색 엔진에 '대사량 계산기'를 검색하면, 나이, 키, 몸무게 등을 물어보는 곳이 나온다. 여기에 보통 자신의 대략적 활동량을 제공해야 한다.

정보를 입력하면 계산기가 예를 들어 '하루 2,800kcal' 같이 숫자를 알려준다. 빙고! 이제 여러분이 체중을 유지하는 데 필요한 칼로리 수를 예측할 수 있다.

물론 직접 열량계로 측정했다면 더 정확했겠지만, 우리에게는 이 정도면 충분하다.

다음으로, 건강하고 꾸준한 방식으로 체중을 줄이기 위해 식단에서 몇 칼로리를 줄여야 할지 파악할 차례다. 이건 얼마나 빨리 감량하고 싶은지에 따라 달렸다. 원한다면 칼로리 섭취량을 절반으로 줄이면 비교적 짧은 시간에 많은 체중을 감량할 수 있다. 하지만 그 과정이 지옥 같을 수도 있다.

이 다음 부분에 대해 알아보기 위해 나는 친한 동료 스튜어트 필립스Stuart Phillips에게 문의했다. 그는 나와 같은 학과의 교수이자 맥마스터 신체 활동 우수 센터Physical Activity Center of Excellence의 책임자다. 우리는 오랫동안 동료였고 심지어 같은 날 임용되었다. 그는 과체중, 체력 부족에서 날씬하고 체력 좋은 몸을 갖추기 위해 노력하는 사람들에 대해 수많은 연구를 수행했다. 일일 평균 칼로리 섭취량에서 얼마를 줄여야 하는지 묻는다면, 이에 대한 필립스의 답은 500이다.

즉, 일일 칼로리 섭취량에서 500칼로리를 줄여야 한다. 이는 어떤 사람들에게는 15~20% 사이의 감소를 의미한다. 따라서 체중을 유지하기 위해 2,800칼로리를 섭취해야 하는 사람은 일일 칼로리 섭취량을 2,300칼로리로 줄이면 된다. 참고로 맥도날드의 빅맥 하나에는 약 540칼로리가 들어 있다.

일반적으로는 식단에서 3,500칼로리를 줄이면 체중이 1파운드(0.45kg) 줄어든다고 한다. 따라서 하루에 500칼로리를 줄이면 일주일에 약 1파운드의 체중을 감량할 수 있다. (다이어트와 관련된 대부분의 경우와 마찬가지로 이것은 추정치이며 신진대사량의 개인차로 인해 정확하게 일치하지 않을 수 있다.)

이보다 더 많이 줄여도 좋고, 더 적게 줄일 수도 있다. 어떤 사람들은 일주일에 1파운드가 그다지 많지 않다고 생각하고, 하루에 1파운드를 감량하고자 하기도 한다. 반면, 빠른 체중 감량은 의심하는 사람들도 있다. 아마 살을 빨리 빼는 사람은 살도 빨리 찐다는 격언을 들어본 적이 있을 것이다. 그러나 천천히 체중을 감량해야 더 오래 날씬한 상태를 유지할 수 있다고 믿는다.

필립스는 이 격언이 사실이 아니라고 말한다. 장기간 학술 연구를 인용하면서 그는 체중 감량 속도는 건강한 체중을 얼마나 오랫동안 유지할 수 있는지와는 아무런 관련이 없다고 지적한다. 오히려 빠른 체중 감량이 더 나을 수도 있다. 체중을 빠르게 감량하는 사람들은 오래 걸리는 사람들보다 동기부여가 더 큰 경향이 있다.

체중 감량의 전반적인 성공 측면에서는 정확히 무슨 다이어트를 하는지도 그다지 중요하지 않다. "이 세상에 존재하는 모든 다이어트 방법마다 그 다이어트를 지지하는 자료를 찾을 수 있어요." 필립스는 말한다. "탄수화물, 고섬유질, 저지방 식단을 하고 싶으면 '딘 오니시Dean Ornish 다이어트'를 하면 됩니다. 반대로, 탄수화물은 거의 먹지 않고 단백질과 지방을 많이 섭취하는 다이어트가 좋으면, 앳킨스Atkins 다이어트도 있습니다. 정말 혼란스럽지요? 어느 쪽이든 체중을 많이 뺄 수 있습니다. 계속 식단을 유지하기만 하면요."

그러니 여러분의 마음에 들고 믿을 수 있는 다이어트를 찾으면 된다. 어느 다이어트를 고르든 좋다. 다음으로 칼로리 계산을 도와줄 도구가 필요하다. 필립스의 연구의 피실험자들은 대다수가 'MyFitnessPal' 앱을 사용하여 하루 종일 에너지 섭취량을 계속 기록했다.

체중 감량 속도를 높이는 데 도움이 되는 5가지 전술에 도달하기 전에 마지막으로 한 가지가 있다. 필립스는 만약 근본적으로 자명한 사실이 있다면, 다이어트를 하는 사람은 과일, 채소, 육류 및 유제품 등 '진짜 음식'으로 구성된 식사를 가능한 한 많이 먹도록 노력해야 한다고 말한다. 다양한 재료가 들어간 가공식품은 피하자. 식당에서는 어떤 재료를 사용하는지 알기 어렵기 때문에 직접 음식을 준비하는 것이 좋다. 그리고 상식처럼 들릴 수도 있지만, 과자나 사탕같이 칼로리가 많고 영양적 이점이 거의 없는 음식은 피하자.

이제 효율적이고 지속 가능한 방식으로 체중 감량을 위한 스튜어트 필립스의 5가지 팁을 소개한다.

### 1. 매 식사마다 단백질 먹기

단백질은 근육 생성을 포함하여 많은 것을 위해 신체에 필요하다. 더 강해지고 싶고 근력을 키워 외모를 개선하고 싶다면 단백질이 필요하다. 하지만 단백질을 섭취해야 하는 이유는 그뿐만이 아니다.

우선 단백질은 배고픔의 정도를 결정한다. 식사 중에 약간의 단백질을 섭취하면 포만감을 느낄 가능성이 높아진다. 단백질을 더 많이 섭취하면 포만감을 더 많이 느낀다. 즉, 배고픔을 적게 느낄 수 있다. 체중을 감량하려는 사람에게는 중요한 효과다. 포만감을 느낄수록 음식에 관해 더 나은 선택을 하게 된다.

살이 빠질 때 사람들은 대체로 지방과 근육조직이 3:1의 비율로 빠진다. 감량이 빠를수록 근육 손실 비율이 더 높아진다.

필립스가 스포츠 의학 학술지 〈Sports Medicine〉의 최근 리뷰에서 지적한 것처럼, 체지방 감소를 최대화하고 근육 손실을 최소화하는 것이 인간의 외모와 기능 모두에 바람직하다. 그리고 몸의 구조를 빠르게 개선하고 싶은 사람에게 가장 좋은 상황은 근육을 키우면서 지방을 빼는 것이다.

체성분 비율을 바꾸려면 매 끼니마다 단백질을 섭취해야 하며 매번 같은 양에 가깝게 섭취해야 한다고 필립스는 말한다. 일반적인 사람들의 식사 패턴을 보면, 아침 식사 때 토스트에 약간의 땅콩버터를 바르거나 약간의 달걀 덕분에 대부분 약 10~12g의 단백질을 섭취한다. 그런 다음, 점심 식사로 먹은 샌드위치의 터키 햄이나 또는 로스트 치킨 덕분에 15g을 얻는다. 저녁 식사 시간이 되면, 닭가슴살이나 돼지갈비나 어쩌면 스테이크를 먹는다. 저녁 시간에 많은 사람이 약 70~80g의 단백질을 섭취한다.

어떤가, 일정한 양의 단백질인가? 아침에 조금, 점심에 적당히, 저녁에 아주 많이, 그리고 다음 날 아침까지 아무것도 먹지 않는다. 배고픔을 효율적으로 예방하거나 몸에 필요한 원료를 공급하려는, 마른 근육조직을 유지하려는 사람에게 이는 단백질을 섭취하는 최적의 방법이 아니다.

잘못된 음식 선택을 할 가능성이 가장 높은 때가 언제인지 떠올려 보자. 많은 사람에게 아침 중간과 낮 중간이 그런 시간이다. 오전 시간, 500칼로리가 넘을지도 모르는 설탕이 가득하고 카페인이 함유된 음료를 찾아 커피숍으로 향한다. 오후 중반, 초콜릿 바 자판기로 향할 수 있다. 좋은 음식 선택이 아니다. 사람들이 가장 적은 양의 단백질을 섭취하는 경향이 있는 아침과 점심 식사 후 몇 시간 뒤에 간식이 발생하는 패턴이 보이는가?

배고픔을 달래기 위해 필립스는 식사마다 거의 같은 양의 단백질을 섭취할 것을 제안한다. "나는 아침 식사 때 상당한 양의 단백질을 섭취하도록 챙겨 먹어서, 아침에 간식을 먹고 싶은 욕구나 유혹을 느끼지 않도록 합니다."라고 말한다. "요즘 제일 많이 먹는 건 그릭 요거트예요." (3/4 컵 제공량당 약 16g의 단백질이다.)

그는 또한 수년 동안 금기시되었던 달걀을 많이 먹는다. 음식으로 섭취하는 콜레스테롤과 혈중 콜레스테롤 사이의 상관관계가 거의 없음이 연구를 통해 밝혀지면서 달걀은 다시 건강식품 선택으로 재고되고 있다. "달걀은 약간의 르네상스를 겪었어요. 그렇지만 다시 사람들의 식탁 메뉴로 돌아오고 있습니다." 필립스는 말한다.

"우리는 지방과 탄수화물 없이는 살 수 있지만, 단백질 없이는 살 수 없습니다. 단백질은 우리에게 반드시 필요한 유일한 다량 영양소입니다. 그래서 보디빌더들이 한밤중에 알람을 설정하고 일어나 단백질을 먹는 겁니다. 몸에서 근육을 만들기에 충분한 양의 단백질이 있을 수 있게 하는 거지요."

여러분도 한밤중에 식사를 하기 위해 알람을 맞춰야 한다는 말은 아니다. 그건 좀 극단적인 것 같다. 하지만 인터벌 트레이닝을 하는 많은 사람이 그렇듯 근육량을 유지하거나 늘리면서 체지방을 빼고 싶다면, 근육에 필요한 연료를 몸에 제공해주는 것이 좋다.

필립스는 체중을 줄이면서 근육량을 유지하는 데 필요한 단백질의 최적 섭취량을 설정하는 연구를 수행했다. 3파운드의 지방마다 1파운드의 근육을 잃는다는 3:1 비율의 체중 감량을 기억하는가? 필립스는 단백질을 많이 섭취하면 그 비율을 바꿀 수 있다는 사실을 발견했다. 체중을 줄이면서 근육 손실을 줄이려면, 식사 때마다 체중 1kg당 최소 0.25g의 단백질(체중 1파운드당 0.11g의 단백질)을 섭취할 것을 제안한다. 따라서 체지방을 줄이면서 근육량을 유지하거나 늘리고자 하는 59kg 여성을 위한 최적의 식사당 단백질 섭취량은 약 15g이다. 대략 그릭 요거트 1인분에 들어있는 단백질량이다. 86.1kg 남성에게는 20g 조금 넘는 단백질이 이상적이다. (체중을 줄이면서 근육을 '늘리고' 싶다면 단백질 섭취량을 체중 1파운드당 0.22g으로 더 늘릴 것을 필립스는 제안한다.)

내가 '매 식사마다'라고 하는 건 오전 7시, 정오, 오후 6시에 아침, 점심, 저녁을 먹는 걸 의미하는 건 아니다. 오히려 학술적 연구에 따르면, 우리 근육은 4시간마다 최적의 단백질 용량을 섭취할 때 가장 좋아하는 것으로 나타났다.

따라서 필립스는 근육량 손실을 최소화하면서 지방 손실을 최대화하려는 인터벌 트레이너라면 하루 종일 매 4시간마다 체중 1파운드당 최적의 0.11g을 섭취하고 잠자리에 들기 직전에 두 배의 용량을 섭취할 것을 제안한다. 이를 풀어보면 오전 6시에, 오전 10시, 오후 2시, 오후 6시에 단백질을 정량 섭취하고, 오후 10시에 두 배의 양을 섭취해야 한다. 채식주의자라면 두부, 견과류, 유청 단백질 파우더를 좋아하기를 바란다. 나머지 사람들은 닭고기를 즐기면 된다.

### 2. 칼로리를 마시지 않기

체중 감량을 위한 가장 효과적인 전술 중 하나는 가장 쉬운 것 중 하나이기도 하다. 바로 '물 마시기'다. 가끔 커피, 맥주 또는 와인 한 잔을 마실 때를 제외하고는 물 외에는 아무것도 마시지 말라. 그렇다면 물을 얼마나 많이 마셔야 할까? 그건 사람에 따라 다르다. 대다수의 사람들은 갈증을 신호 삼아 문제없이 해내고 있다.

여러분이 평범한 미국인과 비슷하다면, 탄산음료나 주스처럼 당이 많이 함유된 음료를 식단에서 줄이는 것은 큰 변화가 될 것이다. 탄산음료 섭취에 관해서는 방대한 양의 정보가 존재한다. 정부와 여러 기관들이 이 문제와 그것이 비만율에 영향을 미치는 방식에 대해 경각심을 가지게 되었기 때문이다. 1960년대부터 2001년까지 미국의 탄산음료 소비는 극적으로 증가하였고, 미국은 세계 최대의 탄산 청량음료 소비국이 되었다. 2001년 탄산음료 소비율이 최고조에 이르렀을 때, 단 음료는 미국인의 일일 칼로리 섭취량의 약 9%를 차지했으며, 이는 하버드 공중 보건 대학의 단 음료 팩트 시트에 따르면 1970년대의 4%에서 증가한 것이었다. 2011년 평균 미국 성인은 연간 170리터의 탄산음료를 마셨다. 참 많은 양의 음료다. 그러나 최근 몇 년 동안 대중들도 탄산음료 칼로리가 비만 유행에 얼마나 기여하는지 파악하게 되면서, 미국인들은 탄산음료를 마시는 습관에서 물을 선택하고 있다. 2014년에는 탄산음료 소비에서 아르헨티나가 미국을 뛰어넘었다. 2015년 〈뉴욕타임스〉의 '빅 소다의 쇠퇴(The Decline of 'Big Soda')'라는 제목의 특집 기사에 따르면, 한 업계 컨설턴트는 2017년까지 생수 판매가 처음으로 탄산음료를 넘어 미국에서 가장 큰 단일 음료수가 될 것이라고 예측했다. 〈뉴욕타임스〉에 따르면 아이들은 가당 음료를 통해 하루에 섭취하는 양이 2004년에서 2012년 사이에 79칼로리가 줄었다. 이는 제품 범주의 가장 큰 변화이다.

문제는 탄산음료에 당이 얼마나 많이 들었는지가 아니다. 물론, 아주 많이 들어 있긴 하다. 예를 들어, 591ml 탄산음료 한 병에는 19티스푼의 설탕과 290칼로리가 들어 있다. 또 다른 문제는 그렇게 칼로리가 높음에도 불구하고 탄산음료는 포만감을 주지 않는다는 점이다. 콜라 몇 잔을 통해 수백 칼로리를 마시면서도 여전히 버거와 감자튀김 또는 칩 한 봉지를 먹고 싶어 한다.

과일 주스는 가당 음료만큼 해로울 수 있다. 예를 들어, 오렌지주스는 콜라 기반 음료수보다 더 많은 칼로리를 함유하고 있다. 오렌지주스 한 컵당 약 112칼로리, 코카콜라 한 컵당 97칼로리다. 콜라에는 컵당 약 7티스푼의 설탕이 들어 있다. 오렌지주스는 6티스푼

이 들어 있다. 사과주스는 오렌지주스와 비슷한 양의 칼로리와 당을 함유하고 있다.

스포츠 음료는 어떤가? 게토레이에는 설탕과 칼로리가 코카콜라의 절반 정도 함유되어 있다. 이 브랜드의 저칼로리 라인인 G2 스포츠 음료는 당과 칼로리가 약 5분의 1이다.

그 모든 칼로리는 조금씩 쌓인다. 따라서 체중 감량을 시도하려는 경우 쉽게 할 수 있는 한 가지 방법은 가능한 모든 액체 칼로리를 피하는 거다. 즉, 물을 마신다. 오직 물만 마시는 거다. 스포츠 음료와 주스 대신 말이다. 물론 탄산음료는 더욱 안 된다. 그냥 물을 마시자.

마지막으로, 인공 감미료가 들어 있는 '제로' 탄산음료를 피하라. 이스라엘의 한 연구진이 2014년 〈Nature〉에 발표한 연구에 따르면, 아스파탐과 같은 화합물은 장내 박테리아 구성을 변화시켜 포도당 불내성을 조장한다. 이러한 상황은 당뇨병 발병의 더 큰 위험으로 이어질 수 있으며, 아이러니하게도 비만을 조장할 수 있다.

물론 항상 완벽하게 살 수는 없다. 필립스도 한 주를 잘 보냈고 보상을 받을 자격이 있다고 느낄 때는 가끔 맥주를 집는다. 그건 좋은 일이다. 좋은 습관에 대해 스스로 보상을 주면 다음에 좋은 선택을 할 가능성이 높아진다. 다른 모든 경우에는 모든 마실 것은 투명하게 유지하자. 즉, 물을 마시자.

### 3. 간식을 꼭 먹어야 한다면 아몬드를 선택하라

늦은 밤이고, 아이들은 자고 있고, 여러분은 책이나 태블릿을 들고 자리에 앉아 소셜 미디어를 스크롤하거나 좋아하는 드라마를 켠다. 그리고 충동이 일어난다. 지금 바로 간식이 당기는데? 나도 이해한다. 내 약점 중 하나는 Lay's 플레인 감자칩이다. 한 봉지를 뜯으면 꽤 많은 양을 먹는다. 한 번에 한 봉지를 다 먹은 적도 있다.

문제는 이러한 과자가 필립스가 가장 걱정하는 존재인 궁극의 도깨비라는 점이다. 감자칩은 에너지 밀도가 높지만 영양가가 적다. 즉, 전형적인 정크 푸드다. 일반 감자칩 1온스(oz)의 열량은 160칼로리이지만, 감자칩을 한 번에 1oz(28g)만 먹고 멈추는 사람은 거의 없다. 커다란 감자칩 한 봉지에는 놀랍게도 1,440칼로리가 들어 있다. 하루에 섭취해야 하는 칼로리의 절반 정도다. 그리고 필요한 것보다 훨씬 많은 소금이 들어 있다.

필립스는 간식이 먹고 싶으면 칩 대신 견과류를 먹을 것을 제안한다. 한때는 견과류에 지방 함유량이 높다는 이유로 사람들이 견과류를 폄하하기도 했다. 견과류에 지방이 많은 건 사실이지만, 심장 건강에 좋은 다중 불포화 지방이다. 필립스가 선호하는 견과류는 최근 몇 년 동안 약간의 브랜드 변화를 겪은 아몬드다. "10년 전에는 아몬드가 간식이었습니다." 필립스는 말한다. "이제 대부분의 의료 전문가들은 아몬드를 건강식품으로 여깁니다."

아몬드의 칼로리 함량은 온스당 약 160칼로리로 칩과 거의 같지만, 견과류에는 몇 가지 보너스가 있다. 아몬드 1oz당 6g의 단백질로 포만감을 주는 것들이 가득 차 있고, 3.5g의 섬유질도 들어 있다. 비타민 E, 망간, 마그네슘, 구리 등의 다양한 영양소도 있다. 아몬드 한 줌이면 대부분 경우 굶주림의 고통을 피할 수 있다.

필립스는 견과류의 또 다른 특징은 상대적으로 소화하기 어렵다는 점이라고 말한다. 아몬드에 함유된 모든 칼로리를 추출하는 것은 인체에는 어려운 일이다. 감자칩의 음식 에너지는 우리 몸이 쉽게 꺼내 지방 저장고로 보내버린다. 반면, 견과류의 딱딱한 질감은 씹기 어렵게 만들고 우리 몸이 견과류에 포함된 모든 음식 에너지를 효율적으로 추출하는 것을 방해한다. 따라서 1oz의 견과류를 먹으면 160칼로리의 음식 에너지를 입으로 삼키더라도, 실제로는 그중 많은 양이 나중에 배설된다.

마지막으로 필립스는 견과류가 모든 종류의 질병과 부정적인 상관관계가 있다고 말한다. 견과류를 더 많이 섭취할수록 심혈관 질환, 당뇨병에 걸릴 위험이 낮아진다. "저는 간식을 먹을 때 항상 아몬드를 먹어요." 필립스는 이렇게 정리했다.

### 4. 간헐적 단식

이 테크닉을 언급하는 이유는 가능한 한 가장 효율적인 방식으로 체력이 약하고 통통한 체형이 체력 좋고 날씬한 몸으로 바뀌도록 돕는 것이 이 책의 목표이기 때문이다. 우리는 시간이 많지 않다. 지금 당장 변화가 지금 일어나기를 바란다.

여러분도 그렇다면 몇 년 만에 학술 문헌에 등장한 체중 감량에 대한 가장 흥미로운 접근 방식 중 하나인 이 방식에 관심이 갈 수밖에 없다. 간헐적 단식. 그렇다. 굶주리는 것이다. 일정한 간격으로, 일정 시간 동안, 전혀 먹지 않는 것. 그것도 자발적으로.

인간은 오랜 세월 동안 온갖 이유로 단식을 해왔다. 유대인들은 욤 키푸르Yom Kippur에 금식한다. 라마단 기간 동안 낮에는 식사를 삼가는 무슬림 관습도 있다.

과학은 단식이 인체에 미치는 영향에 대해 상당한 지식을 축적했다. 우리 몸은 생각보다 훨씬 더 오랫동안 단식할 수 있다. 스코틀랜드의 애버딘대학교University of Aberdeen의 알렉스 존스톤Alex Johnstone은 금식이라는 주제에 대한 훌륭한 개요를 저술했다. 존스톤에 따르면 가장 오래 성공한 공개 단식 기록은 1965년에 시작되었다. 당시 456파운드의 27세 남성이 안 먹는 방법으로 체중 감량을 시도했다. 스코틀랜드 던디대학University of Dundee의 의사들이 이 단식을 감독했다. 그들은 그에게 칼륨 알약과 종합 비타민제를 제공했고, 결국 체중의 약 60%인 275파운드를 감량했다. 금식 기간은 1년 이상으로, 382일이었다.

이렇게 알 수 있듯, 하루 이틀의 단기 단식은 신체적으로 해를 끼치지 않는다. 단, 물은 계속 마셔야 한다. 실제로 필립스는 음식을 제한하면 수명이 더 길어진다는 많은 다른 동물에 대한 데이터가 있다고 말한다. 다양한 종의 동물을 대상으로 실시한 실험에서, 일반적으로 먹는 양 대비 20~40% 정도의 극단적인 칼로리 제한이 수명 연장, 암 위험 감소, 인슐린 감수성 등 수많은 유익한 변화를 가져오는 것으로 나타났다.

단식이 인간에게도 유익할까? 이런 식의 장기적 연구는 없지만, 북미 지역에는 극도의 저칼로리 다이어트로 연명하는 것이 건강하다고 믿는 사람들의 커뮤니티가 있다. 이 사상은 '칼로리 제한calorie restriction'으로, UCLA 의과대학 교수인 로이 월포드Roy Walford가 시작했다. 1991년부터 1993년까지 지속된 바이오스피어 2Biosphere 2라는 고립되고 독립적인 공동생활 실험에 참여한 8명의 크루 중 한 명이었던 월포드는 동료 크루들에게 저칼로리 고영양 식단으로 살아갈 것을 제안했다. 시설을 떠날 때 그들은 혈중 콜레스테롤, 혈압 등의 건강 지표가 상당히 개선되어 있었다.

오늘날에는 칼로리 제한의 하위문화가 인터넷에서 번성하고 있다. 체중에 따라 1,300~2,000칼로리의 일일 에너지 섭취 수준으로 살아가는 사람들로 가득하다. 이러한 장기적 생존 수준으로 그들의 체질량 지수BMI는 15~16 정도다. 키가 182cm인 한 남성 수련생은 몸무게가 52.2kg로 모든 기준에서 저체중이다. (같은 키의 남성 정상 체중의 최소 범위는 BMI가 19~24인 경우 63.5~81.6kg이다.) 그런데도 칼로리 제한 운동가들은 그들의 혈액 지표가 건강의 그림이라고 주장한다.

나도 스튜어트 필립스도 장기적 칼로리 제한을 권하지는 않는다. 오히려 우리는 빠르게 체중을 줄이는 데 도움이 되는 전략을 찾는 사람들에게 간헐적 단식을 고려할 것을 제안한다.

여러 가지 접근 방식이 있다. 한 버전은 하루는 금식하고 다음 날에는 식욕에 따라 정상적으로 식사하도록 규정한다. 약간 다른 버전은 하루는 정상적으로 식사를 하고 다음 날에는 칼로리 섭취를 정상의 25~50%로 제한한다. 영국의 마이클 모슬리Michael Mosley가 2013년 저서 《간헐적 단식법The Fast Diet》에서 개척한 또 다른 프로토콜은 5일 동안 정상적으로 식사를 한 후 다음 2일 동안 여성의 경우 하루 500칼로리, 남성의 경우 600칼로리로 근본적으로 칼로리 섭취를 제한할 것을 제안한다. 필립스는 훨씬 더 쉬운 형태를 제안하는데, 6일 동안 합리적으로 식사를 한 다음 일주일 중 하루는 단식하는 것이다.

필립스는 "자주 하지 않아도 간헐적 단식은 혈당, 지질 등 건강 바이오마커 조절 능력에 현저한 영향을 미칠 것"이라고 말한다.

간헐적 단식이 칼로리 제한과 동일한 이점을 제공하면서도 훨씬 덜 불편하기 때문이다.

예를 들어, 알렉스 존스톤은 어느 날 저녁 8시부터 다음 날 오전 8시까지 36시간 동안 금식한 24명의 남녀 참가자에게 무슨 일이 일어났는지 조사했다. 단식 기간 동안 모든 사람의 체중이 줄었다. 남성의 경우 평균 1.33kg, 여성의 경우 약 1kg이 줄었다. 그 이후에 일어난 일은 단식의 인기가 높아지는 이유를 설명하는 데 도움이 되었다. 금식 다음 날 피실험자들은 예상대로 평소보다 더 많이 먹었다. 그러나 그들은 잃어버린 체중을 모두 회복할 만큼 충분히 먹지는 않아, 단식 전과 비교하여 칼로리 섭취량이 20%만 늘어났다. 이런 일이 일어난 원리를 설명하는 가설 중 하나는 피실험자들이 금식 후 첫 아침 식사에서 자연적으로 더 많은 지방을 섭취했다는 것이다. 존스톤은 첫 아침 식사로 인한 포만감이 "남은 하루 동안의 식욕 증가를 억제했다"고 설명했다.

하지만 이는 단기 금식이었다. 격일 단식이 계속되었을 때는 어떤 일이 일어났을까? 존스톤에 따르면, 어느 한 연구에서 비만 피실험자들을 8주에서 12주 동안 격일 단식하게 한 결과, 체중의 5~6%가 빠지고 허리둘레가 2~2.75인치 정도 감소하는 것으로 나타났다. 이 연구에서 흥미로운 점이 있다. 격일 단식을 계속한 비만 피실험자들은 시간이 지남에 따라 금식일에 배고픈 느낌을 갖지 않게 되는 경향을 보였다. 그렇다면 최종 효과는 칼로리를 제한하면서도 일반적으로 수반되는 배고픔을 느끼지 않는 능력이다.

간헐적 단식을 선택했다면, 단식 중에 인터벌 트레이닝 운동을 해야 할까? 그건 여러분에게 달려 있다. 금식하면서 운동을 하면 현기증이 나는 사람도 있고, 전혀 문제가 없는 사람도 있다. 금식하는 동안 운동해도 괜찮을 것 같다면 얼마든지 해도 좋다. 하지만 주로 운동하기 전에 무언가를 먹어야 하는 타입이라면, 운동하기 전에 반드시 무언가를 먹는 게 좋다. 즉, 상식적으로 행동하자.

### 5. 운동

일반적으로 성공적인 체중 감량은 장기적으로 상당한 영향을 미치는 매일 작은 변화를 만드는 것을 의미한다. 이보다 더 구체적이기는 어렵다. 성공적인 체중 감량에 참여하고 유지하는 사람들은 칼로리 섭취량을 줄이고 유지하기 위해 다양한 전략을 활용한다.

최소 30파운드(13.6kg)를 감량하고 1년 이상 유지한 사람들에 대한 정보 데이터베이스인 미국의 내셔널 체중조절 레지스트리National Weight Control Registry, NWCR의 전술을 기반으로, 필립은 장기적 체중 감량 성공의 한 가지 '마법의 탄환' 같은 비결은 없다고 말한다. 페일리오, 앳킨스, 사우스 비치, 저탄고지 등 다이어트 종류는 상관없다. 장기적인 체중 감량의 주요 동인은 무엇이든 그 식단을 계속 고수하는 것이었다. 어떤 식단이든 오래 유지하면 살을 뺄 수 있다.

NWCR은 감량된 체중을 유지하는 사람들의 공통점 몇 가지를 보여준다. 그들의 대부분은 체중 감량에 성공하고 나면 저지방, 저칼로리 식단과 다량의 운동을 조합하여 체중을 유지하고 있다고 말한다. 약 78%는 매일 아침 식사를 한다. 위에서 언급한 바와 같이 고단백 아침 식사를 하는 사람의 비율은 알려지지 않았다. 흥미롭게도 62%는 일주일에 TV 시청 시간이 10시간 미만이라고 답했다. 그리고 마지막으로 그들 중 75%는 적어도 일주일에 한 번은 몸무게를 잰다.

그러나 장기적으로 체중 감량을 성공적으로 유지해 온 사람들의 가장 큰 공통점은 운동이다. 체중을 감량하고 유지한 사람들의 94%는 신체 활동을 늘렸고 대부분 걷기를 추구했다. 그리고 피실험자의 90%는 매일 운동을 했다.

다만, 이 사람들이 운동하는 이유는 칼로리를 소모하기 위해서만은 아니다. 그들이 운동하는 이유와 운동이 체중 감량에 도움이 되는 이유는 그보다 더 복잡하다.

운동을 단독 전략으로 체중 감량을 하기 어려운 이유는 다음과 같다. 이 장의 앞부분에서 언급한 3,500칼로리 규칙을 기억하는가? 사실 이 규칙은 시간이 지나면 깨진다. 누군가가 체중 감량을 시작할 준비가 되었다고 하자. 그래서 걷기 시작한다. 하루에 1마일을 더 걸으면 약 100칼로리를 추가로 소비한다고 볼 수 있다. 그렇다면 5년 동안 꾸준히 매일 1마일을 걸었다면 50파운드가 줄어야 한다. 하지만 실제로 매일 1마일을 더 걷는 사람이 5년 동안 감량하는 체중은 다른 조건이 동일하다면 10파운드 정도밖에 되지 않는다. 여기서 복잡하게 만드는 요인은 걷기로 인한 체중 감소에 대한 반응으로 신체가 변화하는 정도다. 체질량이 적을수록 필요한 칼로리가 적어진다.

이 문제를 가장 기본적 요소로 설명하자면 이렇게 말할 수 있다. 예컨대 여러분이 지금 도넛을 먹고 싶다고 하자. 도넛으로 먹은 칼로리만큼 오후에 조깅해서 빼면 되니 괜찮을 거라고 스스로 합리화한다. 내 생각에는 도넛을 먹지 않는 편이 훨씬 낫다. 칼로리를 제한하려는 게 목적이라면 가장 좋은 전략은 애초에 음식을 입에 넣지 않는 것이다.

그렇다면 운동이 성공적인 체중 감량에 중요한 이유는 무엇일까? 신체 활동에는 체중 감량 목표를 향한 궤도를 유지하는 데 직접적으로 도움이 되는 수많은 다른 이점이 있다. NWCR의 다이어터들이 운동하는 이유도 아마 이와 같을 거다. 예를 들어, 운동은 기분을 좋게 하고 우울증과 싸우며 불안을 감소시킨다. 그것은 다이어터가 마음을 다잡고 삶의 개선에 집중하고 옳은 길로 계속 가게 도와주는 항로 교정기 역할을 한다.

그렇다면 식단과 운동 중 무엇이 더 중요할까? 생리학자들이 항상 받는 질문이다. 필립스는 근육은 체육관에서 만들어지고 지방은 부엌에서 빠진다고 말한다. 하지만 사실, 좋은 기분과 멋진 외모를 얻고 싶다면 운동과 건강한 식단을 함께 하는 것이 둘 중 하나를 단독으로 하는 것보다 낫다. 필립스와 나는 이 부분에 있어 동의한다. 둘 다 하라. 이 둘의 조합은 효과 측면에서 단순히 부가적이 아닌 시너지 효과가 있다.

몇 가지 생각거리

여러분에게 한 이야기를 해주고 싶다. 디트로이트에서 캐나다 국경 바로 건너편에 있는 내 고향에 있는 윈저대학교(University of Windsor)에 다닐 때 알았던 사람의 이야기다. 당시 나는 철인 3종 경기에 깊이 빠져 있었다. 훈련의 수영 부분을 위해 나는 더 나아지고자 마스터 수영 프로그램에 등록했다. 그리고 뛰어난 운동선수인 그렉이라는 남자를 알게 되었다. 그는 내가 본 가장 체력이 좋은 사람 중 한 명이다. 키가 약 6피트 6인치(198.1cm)였고 몸무게는 약 170파운드(77.1kg)였다. 30대에 그는 마라톤을 2시간 30분 이내에 완주할 수 있었다. 참고로 마라톤을 3시간 이내에 완주하는 사람은 약 1%에 불과하다. 그렉은 그 지역 최고의 장거리 주자 중 한 명이었고 1년 동안 지역 마라톤에서 상위 10위 안에 들기까지 했다.

어느 날 수영장에서 그는 자기가 어떻게 운동선수가 되었는지 말해주었다. 그는 평범한 사람으로 인생을 시작했다. 스포츠에 관심이 없었다. 그러다 20대 초반에 그는 공장에 취직했다. 결혼했고 살이 쪘다. 여생을 소파에 앉아서 보낼 예정이었다.

그리고 어느 날 그의 아내는 여자 친구들과 함께 무언가를 축하하는 모임에 갔고, 결국 그들은 남성 스트립 클럽에 가게 되었다. 그녀는 집에 돌아와서 그날 본 남자들의 환상적인 몸매와 운동신경에 대한 감탄을 늘어놓았다. 그렉은 너무 짜증이 나서 이렇게 말했다. "그깟 몸 나도 얼마든지 만들 수 있다고!" 그는 다이어트를 하고 달리기를 시작했다. 파운드가 그의 몸에서 떨어져 나갔고, 곧 그는 동네 최고의 철인 3종 경기 선수가 되었다. 당시 30대였던 그는 처음으로 자신이 차트를 훨씬 벗어난 VO2max를 소유한, 괴물 같은 생리적 재능을 타고났다는 걸 알게 되었다.

내가 전하고픈 메시지는 그렉 같은 사람이 많을 수 있다. 그 정도까지 아니더라도 실험실에서 분명히 볼 수 있다. 과거에 운동해 본 적이 없는 여성을 데려다가 신진대사 카트에 연결하고 운동용 자전거에 태웠는데, 그녀의 연령대에서 상위 5%에 해당하는 VO2max를 보여주었다. 엄청난 유전적 잠재력이 있었지만, 그런 운동에 도전해 본 적이 없었기 때문에 전혀 모르고 있었다.

그렇다. 체중 감량에는 유전적인 요소가 있다. 어떤 사람들은 엄청나게 효율적인 엔진을 가지고 있다. 어떤 사람들은 체중이 빨리 줄고, 어떤 사람은 체중은 천천히 줄지만, 근육량이 잘 줄지 않는 경향이 있다. 필립스는 최근에 수행한 연구에서 이 사실을 발견했다. 젊은 남성과 여성을 대상으로 그는 피트니스와 음식 섭취라는 두 가지 도구를 사용하여 가능한 한 최단 시간에 그들을 건강하고 호리호리하게 만드는 테스트를 수행했다. 결과는 어떤 사람들에게는 인상적이었고 다른 사람들에게는 그다지 인상적이지 않았다. 어떤 사람들은 순식간에 몸을 만든 반면, 더 오래 걸리는 사람들도 있었다.

거의 모든 사람은 마음만 먹으면 체중을 줄일 수 있다. 감량된 체중을 유지하는 것이 진짜 숙제다. 여기에는 유전자가 한몫한다. 많은 요소가 영향을 미친다. 그러니 자신에게 너무 엄격하지 않아도 된다. 식사 규칙에 너무 목매지 않아도 된다. 위에 말한 규칙을 일종의 가이드라인으로 여기자. 이 규칙들을 고수하려고 노력하되, 그렇지 못하는 날이 있다면, 뭐, 계속 노력하면 된다. 핵심은 최대한 엄격하게 규칙을 지키는 게 아니라, 장기적으로 이러한 습관을 유지하는 것이다. 앞으로 수년, 수십 년 동안 적정량의 건강한 음식을 먹으며 살아가야 한다.

일단 목표 체중에 도달하고 나면, 하나의 규칙을 채택할 자유가 주어진다. 개인적으로는 여러분이 이 칙령을 평생 따르기를 바란다. 바로 80/20 규칙이다. 목표 달성에 성공하게 해준 엄격한 식단은 그만해도 된다. 매우 엄격한 식사 계획은 단기적으로는 성공할 수 있지만 장기적인 실패로 이어진다. 그러니 지금부터 80%의 시간은 좋은 것을 먹도록 노력하고, 20%의 시간은 즐기자. 이건 건강한 몸을 만들고 대부분 시간을 건강하게 먹는 데 성공한 여러분에게 주어지는 보상이다. 여러분은 이제 무엇을 먹을지 너무 많이 걱정하지 않아도 되는 자유를 자신에게 허용할 수 있다.

다음 장에서는 운동 및 인터벌 트레이닝의 미래에 관한 내용을 전한다. 각 개인이 운동에 다르게 반응한다는 개념을 자세히 살펴보고, 자신의 생물학적 몸에 맞는 올바른 운동 처방에 관한 진화하는 과학에 대해 논의하겠다.

# CHAPTER 9

## 인터벌 트레이닝의 미래

내 아내는 넷플릭스라는 아름다운 발명 덕분에 90년대의 히트작 시트콤이었던 〈프렌즈Friends〉를 정주행하고 있었다. 어느 날 우리는 피비가 조깅을 시도하는 일화를 다룬 에피소드 '피비의 달리기The One Where Phoebe Runs' 편을 함께 보게 되었다. 레이첼과 피비는 센트럴 파크에서 피비와 조깅을 하게 된다. 레이첼은 피비의 달리기 자세가 "개구리 커밋과 6백만 불의 사나이가 합체한 것 같다"며 걱정한다. 레이첼의 부끄러움이 이 에피소드의 주 갈등이다. 그래서 공공장소에서 피비와 함께 달릴 때마다 주변을 의식하고, 조깅 약속을 피하려고 발목이 삔 척을 한다.

일상 속 도시의 거리 등 야외에서 인터벌 운동을 하는 사람들의 이야기를 들을 때면 나는 이 에피소드를 떠올린다. 운전하고 주차하는 번거로움 대신 자전거로 출근하는 사람들이 있다. 출퇴근 길에 페달을 30분 동안 힘차게 밟는다. 허벅지가 불타오르고 기분은 날아오를 것 같다. 다른 친구는 이것저것 일을 보러 토론토 시내를 돌아다닐 때 블록을 돌진한다. 하루가 끝나면 얼굴이 붉어지고 헐떡이는 모습으로 딸의 학교에 나타난다. 최대한 빨리 달려왔기 때문이다. 사람들이 이상하게 쳐다본다. 무엇으로부터 그렇게 도망친 건지 궁금해하기도 한다. 하지만 그는 기분이 좋다.

공개적인 고강도 운동에는 일종의 낙인이 남아 있다. 세게 스프린트를 하고 나면 어딘가 흐트러진 모습이 된다. 얼굴이 붉어지고 머리는 흐트러지고 숨은 헐떡인다. 사람들의 시선이 집중된다. 〈프렌즈〉의 피비처럼 이들은 공공장소에서 격렬한 운동을 할 때 타인을 의식하게 되는 마음을 극복했다. 그들은 즐거움을 위해 운동한다. 외모는 신경 쓰지 않는다. 하지만 대부분의 사람은 레이첼과 더 비슷하다. 그들은 진력을 다해 운동하는 게 아직 조금 부끄럽다.

은행에서 줄을 서서 기다리는 동안 버피 세트를 하는 것이 사회적으로 받아들여진다면 어떨지 상상해 보자. 지하철 승강장에서 태블릿이나 스마트폰 화면을 보는 대신, 계단을 뛰어 오르내리는 것이 일상이 된다면? 혹은 버스를 탈 때 손잡이로 턱걸이를 하고, 중간마다 에어 스쿼트나 푸시업을 몇 세트 할 수 있다면? 물론 나도 안다. 그런 세상이 오려면 아직 한참 멀었다는걸. 하지만 운동이 헬스장이나 스튜디오에서 해방된다면 우리 모두에게 훨씬 나은 세상이 될 거다. 언제 어디서나 원할 때 운동할 수 있다면 말이다. 참 볼 만한 미래가 아니겠는가.

영국의 한 회사는 소프트웨어가 장착된 운동용 자전거와 거대한 전등갓 모양 프라이버시 스크린으로 구성된 '하이 옥탄 라이드<sub>High-Octane Ride</sub>'라는 제품으로 이러한 미래를 현실로 만들려 하고 있다. 이 모든 구성이 사무실 책상 정도의 공간을 차지한다. 영국 대중들에게 사무실, 백화점, 공원 등 거의 모든 곳에서 스프린트 운동을 제공하도록 설계되었다.

하이 옥탄 라이드는 '원미닛 운동'과 다르지 않은 형식으로 20초 스프린트 인터벌 훈련의 한 형태를 사용한다. 아주 짧은 전력 고강도 운동과 좀 더 긴 쉬운 사이클링의 조합이다.

내가 하이 옥탄 라이드가 매력적이라고 생각하는 부분은 무엇을 입고 있든, 무엇을 하던 중이든 누구나 언제든 할 수 있는 운동이라는 점이다. 회사에서도 이 운동이 강렬하지만 금방 끝나서 거의 땀을 흘리지 않기 때문에, 근무 복장으로, 사무실에서, 회의나 컨퍼런스콜 중간중간 비는 자투리 시간에 할 수 있는 실용적인 운동이라고 말한다. 마케팅 자료에는 "끝나고 샤워하거나 옷을 갈아입지 않아서 오피스에 적합한 운동"이라고 소개되어 있다. "아침에 세션은 지방 연소를 가속화할 수 있다… 하루 일과를 마무리하며 하는 세션은 기분을 좋게 해준다." 그리고 내 맘에 쏙 드는 문구가 나온다. "45분 조깅은 너무 2014년대 발상 아닌가요?"

이 책의 전반에 걸쳐 설명했듯, 수십 년에 걸친 연구들은 운동이 다양한 건강 효과를 제공한다는 점을 알려주었다. 시간 효율성 측면에서, 가장 강력한 체력 향상 방법은 인터벌 트레이닝의 한 종류인 고강도 인터벌 트레이닝과 전력을 다하는 스프린트 인터벌 트레이닝이다. 때때로 우리는 구조화된 운동을 할 시간을 내기가 어려울 수 있다. 그리고 많은 사람이 운동 자체를 하려고 하지 않는다. 그런 날에는 우리 일상의 자투리 시간에 스프린트를 넣을 수 있다면 참 멋질 것 같다. 하이 옥탄 라이드 같은 것은 개인적 공간에서 사회적으로 받아들여지는 방식으로 운동할 수 있는 기회를 제공한다.

하이 옥탄 라이드의 프라이버시 캡슐이 사람들이 모이는 모든 공간에 존재하는 미래를 상상해 보자. 오늘날 우리 사회에서는 일하다가 휴식이 필요할 때 카페로 내려가 커피나 빵을 사 먹는 것이 사회적으로 자연스럽게 받아들여지고 있다. 미래에는 피곤할 때 프라이버시 캡슐에 들어가 전력 스프린트를 할 수 있다면 어떨지 상상해 보자. 휴식이 끝나면 기분이 상쾌해지고, 모두가 더 건강해질 거다. 스트레스와 심혈관 질환, 당뇨병 같은 질병 위험이 줄어들고, 기분이 좋아질 거다.

하이 옥탄 라이드를 홍보하기 위해 이 회사는 런던의 고급 지역 나이츠브리지Knightsbridge에 있는 초호화 백화점 하비 니콜스Harvey Nichols에 시연장을 설치했다. 〈텔레그래프〉의 기자 토니 존스Toni Jones는 루부탱의 12cm 하이힐을 신고 이 운동을 해 보았다. "두 번째 스프린트가 끝나고 나니 숨이 차고 다리가 젤리가 된 것 같았다." 그녀는 말했다. "5분 만에 나는 완전히 정상적인 모습으로 돌아왔고, 옷을 갈아입을 필요도 없이, 립스틱을 다시 바를 필요도 없이 사무실로 돌아갈 수 있었다."

고강도 및 스프린트 인터벌 트레이닝에 대해 내가 좋아하는 점은 운동의 이점을 모두가 누릴 수 있게 해준다는 점이다. 더 이상 운동할 시간이 없다고 주장할 수 없다. 하이 옥탄 라이드 같은 스테이션이 어디에든 있다면, 이러한 핑계는 더욱 증발해버릴 거다. 운동을 통한 유토피아는 그저 희망 사항일지 모르지만, 모든 사람이 건강하기 위해 필요한 신체 활동을 할 수 있다면 훨씬 나은 세상이 될 거라는 점은 분명해 보인다.

## 무반응의 문제

그런데 단순히 운동에 반응하지 않는 사람들이 있다. 그런 이들에게는 어떻게 도달해야 할까? 무반응자는 1980년대 초 퀘벡의 라발대학교 Laval University에서 본격적으로 연구되기 시작했다. 현재 루이지애나에 있는 페닝턴 바이오메디컬 연구소 Pennington Biomedical Research Center의 유전학 및 영양학 석좌교수인 끌로드 보차드(Claude Bochard)는 이 분야 연구의 최전선에 있었다. 그의 '헤리티지 가족 연구 HERITAGE Family Study'는 700명 이상의 성인을 대상으로 20주간 지구력 운동을 하게 했다. 수년간 쌍둥이들을 대상으로 연구한 보차드는 훈련 가능성 trainability—운동을 기반으로 체력을 향상시키는 능력—이 유전적 특성, 즉 부모에게서 물려받을 수 있는 능력임을 입증하고자 했다. 헤리티지 연구는 훈련 가능성의 유전적 특성을 확립하는 데 성공했다. 오늘날 우리는 이것을 당연하게 여긴다. 어머니나 아버지가 훌륭한 달리기 선수였던 사람은 달리기를 잘하게 되는 경향이 있다.

그러나 보차드의 연구는 다른 것을 밝혀냈다. 그는 피실험자들의 훈련 반응에서 엄청난 변동성을 발견했다. 예를 들자면 이렇다. 심폐 체력의 평균 향상은 약 25%였다. 하지만 몇몇 앉아서 생활하던 사람들은 20주의 훈련 개입 결과 VO2max가 두 배로 증가했다. 100%의 급증이었다. 다른 사람들은 무반응자로 분류되었다. 즉, 그들은 20주 동안 운동 프로그램을 지속했으나 체력에 별다른 변화가 없었다.

더 놀라운 것도 있다. 헤리티지 연구에 참여한 사람 중 소수(약 2%)는 20주 동안 운동한 후 체력이 더 나빠졌다. 그렇다. 5개월 동안 지도하에 지구력 운동을 한 결과, 그들의 체력은 오히려 약화하였다. 보차드와 다른 연구자들의 후속 연구에서는 혈압, 콜레스테롤, 트리글리세리드, 인슐린 등에 대한 운동 무반응자들의 존재가 밝혀졌다. 일부 소수의 사람들에게 운동은 실제로 수축기 혈압을 높이고 나쁜 콜레스테롤 수치를 악화시키고 인슐린의 혈당 조절 능력을 감소시킨다.

헤리티지 연구와 이와 유사한 다른 연구 결과에 따르면, 일부 사람들은 그저 운동에 반응하지 않는 것으로 보인다. 다만, 완전한 무반응자는 거의 없다. 심폐 체력에 변화가 없는 사람들과 인슐린 감수성의 변화를 보이지 않는 사람은 같은 사람이 아닐 수 있다. 더 큰 요점은 인간은 매우 다양하다는 점이다. 그저 운동을 좋아하지 않는 사람들도 있다.

그리고 그런 사람 중 일부는 무반응자일 수 있다. 운동에 반응하지 않기 때문에 운동을 좋아하지 않을 수 있다. 나 같은 운동광들은 신체 활동을 피해야 할 합당한 이유가 있는 사람들도 있다는 점을 기억할 필요가 있다.

그러나 무반응자의 존재를 입증한 연구들은 전통적 운동과 연관되어 있다. 즉, 일반적으로 한 번에 30분 내지 1시간의 시간 동안 연속적으로 안정된 상태로 훈련했다.

그렇다면 고강도 인터벌 트레이닝 연구에서도 무반응자가 나타날까?

이 질문에 제대로 답하기 위해 운동생리학자들은 헤리티지 연구와 비슷한 규모의 대규모 연구가 필요했다. 하지만 헤리티지 연구는 막대한 작업이었다. 742명을 대상으로 4개의 임상 센터에 걸쳐 개입이 진행되었고, 5개월 동안 추적했다. 이와 비슷한 HIIT 연구를 오늘날 수행하려면 수백만 달러의 비용이 든다.

헤리티지와 같은 인터벌 트레이닝 연구가 없는 상황에서, 메이요 클리닉의 마이클 조이너Michael Joyner와 앤드류 베이컨Andrew Bacon이 이끄는 연구진은 차선책을 수행했다. 2013년에 그들은 메타 분석이라는 것을 발표했다. 즉, 다른 여러 과학 연구의 결과를 효과적으로 결합하여 연구했다. 그들은 1965년부터 2012년까지 334명의 피실험자를 아우르는 37개의 다른 연구를 확인했다. 그들은 아마 여기까지 읽은 독자들이라면 예상할 수 있을 만한 점들을 발견했다. 운동 시간이 짧고, 강도 높은 운동에 든 시간은 그보다 더 짧은데도 불구하고, 고강도 인터벌을 수행한 사람들은 지구력 운동을 훨씬 오래 한 사람들보다 심폐 체력이 더 향상되는 경향이 있었다. 이뿐만 아니라, 조이너와 공동 저자들은 3~5분 스프린트를 특징으로 하는 인터벌 트레이닝을 하는 날과 고강도 연속 훈련을 하는 날을 혼합하여 병행한 가장 힘든 트레이닝 요법이 모든 피실험자들에게서 '현저한 훈련 반응'을 보였다고 결론에서 말했다. 즉, 이런 운동 프로토콜에 참여한 모든 사람들의 VO2max가 개선되었다.

조이너의 연구는 우리의 과거 생각이 틀렸을 수도 있음을 시사한다. 어쩌면 사람들이 운동에 반응하지 않는 게 아닐지 모른다. 어쩌면 우리가 그동안 올바른 유형의 운동을 처방하지 않았던 것일 수도 있다. 지금 일어나고 있는 일은 개인화된 맞춤형 운동 처방의 가능성을 높이고 있는 운동생리학의 엄청난 변화다. 즉, 훈련이 가능한 한 최대 효과를 일으키도록 그 사람에게 딱 맞는 훈련을 제공하는 것이다. 요지는 모든 사람에게 운동을 더욱 효율적으로 만드는 것이다. 그리고 이 미래는 다가오고 있다.

## 맞춤형 운동 처방

놀랍도록 정교해진 항암 치료 영역에서 개인화는 이미 시작되었다. 종양학과 전문의들이 수많은 여러 유형의 암을 표적으로 소수의 여러 독성 칵테일을 사용하던 시절은 옛말이 되었다. 오늘날 종양학과 전문의가 새 환자에게 가장 먼저 하는 일은 환자의 종양 조직 샘플을 채취하는 것이다. 종양의 생물학적 특성을 살펴보고, 유전자를 분석하고, 다양한 다른 바이오마커를 검토한 다음, 그 환자의 종양에 최적화된 처방을 내린다. 이러한 접근 방식 중에는 환자 자신의 면역 세포를 사용하기도 한다. 암에 대한 접근 방식은 지구상의 인구수만큼 다양할 수 있다.

운동을 처방하는 것이 이렇게까지 개인화될 수 있을지는 모르겠다. 운동의 종류는 그렇게까지 다양하지 않다. 하지만 생리학자들은 언젠가는 운동 처방의 개인화를 상당히 개선하게 되기를 바라고 있다. 어쩌면 언젠가는 여러분이 트레이너를 처음 만나면 제일 먼저 타액 샘플이나 볼 안쪽에 면봉을 문질러 줘야 하는 날이 올지 모른다. 그러면 트레이너는 검체를 휴대용 분석기에 돌리고, 여러분의 신진대사 프로필을 제시한 다음, 여러분의 몸을 가장 효율적으로 개선해 줄 저항 운동-지구력-고강도 인터벌 트레이닝의 가장 적합한 조합을 찾아내 준다. 운동 무응답자가 아무도 없도록 하는 거다. 여러분—그리고 모든 사람—에게 가장 적합한 운동 유형을 정확히 파악해서 알려주었기 때문이다.

## 운동 인자

아마도 개인 처방 운동의 미래에 우리를 좀 더 가까이 데려다줄 수 있는 것은 연구자들이 수십 년 동안 찾아온 것, 즉 인체에 대한 운동의 유익한 효과를 유발하는 데 도움이 되는 물질이다. 그 물질의 존재는 수년 동안 과학자들을 당혹스럽게 했던 질문에 대한 답으로 여겨졌다. 신체 활동은 인체 전체에 변화를 일으켰고, 그 변화는 신체의 다양한 각각 시스템을 통해 유사하게 분배되는 건강 효과를 촉발했다. 무엇이 이러한 다양한 변화를 일으켰을까? 근육의 수축 작용이 어떻게 그렇게 복잡하고 다양한 신진대사적, 생리학적 효과를 촉진할 수 있단 말인가? 코펜하겐 근육 연구 센터 Copenhagen Muscle Research Centre 의 벤테 클라룬드 페데르센 Bente Klarlund Pedersen 의 리뷰에 따르면, 에를링 아르무센 Erling Asmussen 이라는 생리학자는 이러한 것들을 조절할 수 있는 특정 화합물이 있을 것으로 추측했고, 인간이 섭취하기에 적합하도록 이 화합물을 합성할 수도 있겠다는 가능성을 제기했다. 이게 정말이라면 이야말로 운동 알약이 될 수 있다. 1966년 1월 댈러스에서 열린 심포지엄에서 아스무센은 이 신호를 '일 자극' 또는 '일 인자'라고 불렀다. 다른 사람들은 이것을 '운동 인자exercise factor'라고 불렀다.

처음에는 이 방아쇠의 원천이 내분비 조직일 것으로 생각했다. 그렇다면 그 물질의 정체는 호르몬이라는 뜻이다. 호르몬에 대한 전통적 이해에 따르면, 호르몬은 내분비선(췌장, 뇌하수체 등)에서 분비되는 물질로, 혈류를 통해 순환하여 멀리 떨어진 표적 조직에 영향을 일으킨다. 멜라토닌은 뇌의 송과선pineal gland에서 분비되고, 우리 몸에게 지금은 잠을 자야 할 때, 혹은 수면 상태를 유지할 때라고 신호를 보낸다. 에피네프린은 신장 위에 있는 부신에서 분비되어, 신체를 각성 상태로 만드는 등 여러 신진대사 효과를 일으킨다.

90년대 중반부터 생리학자들은 인터루킨-6$_{IL-6}$이라는 물질이 운동의 결과로 증가한다는 사실을 깨닫기 시작했다. 그뿐만 아니라, 운동 강도가 높을수록 혈중 IL-6 수치가 높아진다.

그렇다면 이러한 IL-6은 어디에서 오는 걸까? 어디에서 분비되고 있는 걸까? 처음에는 연구자들은 면역 세포에서 나오는 게 아닐까 궁금했다. 하지만 분석 결과, 특성 주요 면역 세포에서 나온 IL-6은 운동 후에 증가하지 않는 것으로 나타났다. 그렇다면 간에서 분비된 걸까? 간 조직에 대한 유사한 실험 결과, 마찬가지로 운동 후에 IL-6이 증가하지 않는 것으로 나타났다.

90년대 후반이 되어서야 코펜하겐 근육 연구 센터의 연구진은 이 수수께끼의 답에 좀 더 가까이 데려가 준 무언가를 발견했다. 운동 후 및 휴식 중 피실험자의 근육 생검 검체를 채취한 결과, 휴식 중 근육에는 IL-6이 매우 적다는 걸 알게 되었다. 반면, 운동한 근육의 경우 IL-6 수치가 극적으로 증가했다. 연구진은 쥐에 대한 실험도 수행했다. 그들은 쥐의 뒷다리 중 하나에 수축을 자극하고 다른 다리는 휴식하게 했다. 이어진 분석 결과, 수축한 근육의 IL-6 mRNA 수치가 증가한 반면, 휴식 중인 근육에서는 수치가 변하지 않았다. 최종 확인을 위해 연구진은 혈액을 근육으로 운반하는 동맥과 혈액을 근육에서 다시 심장으로 운반하는 정맥에 카테터를 넣어 보았다. 그들이 예상한 대로, 근육에서 심장으로 혈액을 운반하는 정맥에서 운동 후 IL-6이 증가했다. 이는 IL-6이 근육 자체에서 만들어짐을 시사했다.

훗날, IL-6의 기능에 대해 알고 싶었던 빌레 발레니우스Ville Wallenius가 이끄는 스웨덴의 연구진은 실험용 생쥐의 유전적 프로필을 변형하여 IL-6을 생성하지 못하도록 했다. 그 생쥐는 비만이 되었다. 그리고 이 쥐에게 대체 IL-6을 주사하자 실제로 체중이 줄었다. 모두가 찾던 운동 인자의 후보가 발견된 순간이었다.

이것은 정말 멋진 최첨단 과학이다. 불과 10년 만에 신체가 운동에 어떻게 반응하는지에 대한 이해가 크게 바뀌었다. 근육이 어떻게 기능하는지에 관한 이해도 마찬가지다. 이전에는 근육조직이 본질적으로 기계적 기능을 한다고 생각했다. 평균적인 사람의 경우 골격근이 전체 체중의 약 40%를 차지한다. 즉, 신체에서 가장 큰 기관이다. 그런 근육을 우리는 여태껏 말할 줄 모르는 존재로 여겼다. 소통할 수 없고, 그저 밀거나 당기기만 하는, 활성화하는 신경 세포의 명

령에 따라서만 움직이는 존재라 믿어왔다.

우리는 지방조직 또는 지방세포에 대해서도 이와 같은 생각을 하고 있었다. 이전까지 우리는 지방조직을 그저 저장 용기 정도로 생각했다. 마치 애디론댁산맥Adirondack Mountains 안에 쌓여 있는 석탄 퇴적물처럼, 우리 몸 안에서 조용히 잠자고 있는 에너지원으로 여겼다.

이제 근육세포와 지방세포에 대한 우리의 관념이 바뀌었다. 이들은 조용한 존재가 아니라, 서로 다른 음으로 훌륭한 교향곡 수준의 정보를 소통하고 있다는 것을 이제 안다. IL-6의 기원과 인체에 미치는 영향에 대한 이해에 상당히 기여한 코펜하겐 근육 연구 센터의 연구진은 운동에 대한 반응으로 근육조직에서 분비되는 물질을 '마이오카인myokine'으로 부를 것을 제안했다. IL-6 이후로 여러 다른 마이오카인이 발견되었다. 각각 LIF, IL-4, BDNF 등의 이름을 가진 이 물질들은 신체에서 각각 다른 운동 반응을 일으키는 것으로 여겨진다. 이제 근육세포는 각각 고유한 소통 기능을 가진 수백 가지의 화합물을 분비할 수 있는 세포로 생각되고 있다. 지방세포에서 분비되는 물질에도 마찬가지로 복잡성이 존재한다.

연구자 벤테 페데르센과 마크 페브라이오Mark Febbraio는 마이오카인과 아디포카인(adipokine, 지방세포에서 보내는 신호) 사이에 존재하는 '음양 균형'에 대해 말한다. 인간이 필요한 활동을 하지 못하면, 아디포카인이 몸 전체를 순환하며 지방세포를 붙들고 있도록 부추긴다. 아마도 몸이 기근에 대처할 수 있도록 고안된 진화적 반응일 것이다. 아디포카인은 신체가 혈당을 올바르게 관리하지 못하게 방해할 수 있다. 또한 동맥벽 내부에 플라크 축적을 촉진한다.

운동을 하면 수축하는 근육에 의해 분비되는 마이오카인이 아디포카인과 싸운다. 마이오카인은 여러 유익한 건강 과정을 유발한다. 예를 들어, IL-6는 근육의 글리코겐 저장량이 적을 때 방출되는 것으로 여겨진다. 이는 지방세포를 태우는 신체의 능력을 가속화하고, 신체가 혈당 수치를 조절하도록 돕는다. IL-15는 복부 지방 조절에 도움이 될 수 있다. 인슐린 성장 인자 1$_{\text{insulin growth factor 1}}$과 섬유아세포 성장 인자 2$_{\text{fibroblast growth factor 2}}$는 강한 뼈를 만드는 데 도움이 될 수 있다. 폴리스타틴$_{\text{follistatin}}$ 관련 단백질 1$_{\text{follistatin-related protein 1}}$은 혈관 벽의 건강을 촉진한다. 또 다른 마이오카인은 암 종양의 발달을 막는다. 그리고 이러한 많은 마이오카인은 내부에서 근육이 강해지도록 촉진한다.

음양 균형, 마이오카인의 건강 증진 효과, 아디포카인의 사망률 증가 효과에 대한 이야기를 통해 페데르센과 페브라이오는 운동이 신체의 건강을 촉진하고 좌식 생활이 그 반대를 촉진하는 메커니즘에 대한 단서를 제공한다. 이러한 마이오카인과 아디포카인의 신호를 태어날 때부터 죽을 때까지 신체에서 일어나는 영원한 투쟁에서 전쟁 파벌에 의해 배포되는 암호 전송으로 보지 않기는 어렵다.

## 알약으로 운동을 대체할 수 있을까?

맥마스터의 내 오랜 동료인 마크 타르노폴스키$_{\text{Mark Tarnopolsky}}$는 운동이 신체의 모든 조직에 미칠 수 있는 극적인 효과에 대해 흥미로운 연구를 수행했다. 2011년에 발표된 그의 놀라운 연구 중 하나는 운동이 노화의 영향을 돌이킬 수 있는 방법을 보여준다. 이 연구는 세포의 발전소인 미토콘드리아를 복구할 수 없도록 유전적으로 조작된 생쥐를 사용했다.

나이가 들수록, 신체에서 새로운 미토콘드리아를 생성하는 능력이 저하된다. 근육세포가 미토콘드리아를 잘못 만들었을 때, 이상적인 몸의 세포는 자기 소기관을 수리할 수 있는 능력이 있다. 하지만 나이가 들면, 그러한 수리 능력이 떨어지게 된다. 타르노폴스키의 생쥐들은 생애 초기부터 미토콘드리아를 수리할 수 없도록 만들어졌다. 이에 따라 그 생쥐들은 일반 생쥐보다 더 빨리 노화했다. 털이 일반 생쥐보다 더 빨리 회색이 되고, 듬성듬성해졌다. 성기가 오그라들었다. 피부는 주름이 졌고, 평소보다 적은 에너지로 움직였다.

그런데 유전적으로 변형된 생쥐군 중, 미토콘드리아 복구 능력에 문제가 있도록 길러졌음에도 불구하고 빨리 늙지 않은 그룹이 있었다. 타르노폴스키의 연구실에서 이 쥐들은 운동용 바퀴에서 하루 45분, 일주일에 세 번 운동했다. 이 생쥐들은 허약하지 않고 정상적인 양의 근육을 가지고 있었다. 그들의 뇌는 정상이었고, 심장도 정상 크기였고, 생식선도 건강했고, 심지어 털도 윤기 있어 보였다.

운동한 생쥐군은 유전자 변형으로 인해 예상된 것보다 훨씬 많은 미토콘드리아를 가지고 있었다. 그렇다면 운동은 무엇을 한 걸까? 타르노폴스키는 운동에 대한 반응으로 분비되어 몸 전체에 이로운 반응을 일으킨 인자를 가리켜 '엑서카인 exerkine'이라는 이름을 만들었다. 근육에서 분비되는 특정 화합물을 가리키는 '마이오카인'보다 좀 더 범용적인 용어다. 어떤 엑서카인은 생쥐의 털이 윤기 있게 하고, 또 다른 엑서카인은 정력이 이전 수준으로 지속되게 했을 수 있다. 혹은 어쩌면 이 모든 게 단 하나의 매우 강력한 엑서카인이었을 수도 있다.

어찌 되었든 타르노폴스키는 조만간 10년 이내에 운동의 노화 방지 효과를 유발하는 원인인 엑서카인이 인체에 주입할 수 있는 의약품으로 개발될 것이라고 믿는다. 타르노폴스키는 세포의 발전소인 미토콘드리아와 관련된 질병에 관한 세계적으로 유명한 전문가다. 리 증후군Leigh's syndrome 및 만성 진행 외안근마비chronic progressive external ophthalmoplegia 같은 여러 질병은 이동 능력 감소, 마비, 조기 사망 등 끔찍한 증상을 유발한다. 신체 활동이 미토콘드리아 건강을 증진하기 때문에 이러한 질병으로 고통받는 많은 사람에게 운동이 유익할 수 있다. 임상의이자 과학자인 타르노폴스키는 그의 연구실에서 이루어진 엑서카인의 발견이 미토콘드리아 장애 및 기타 신경근 질환이 있는 사람들을 위한 효과적인 치료법으로 전환될 수 있기를 바라고 있다.

그는 또 다른 용도를 예견한다. 치료용 엑서카인은 이 책의 초반에 언급했던 공상 과학적 개념인 '운동 알약'에 다가갈 수 있다. 운동이 필요한 사람들에게 운동의 효과를 제공하는 것—몸 전체에 산소 전달을 강화하고, 심혈관 질환 및 당뇨병 발병률을 줄이고, 노화의 영향을 막는 효과를 내는 알약에 가까워질 수 있다.

"에너지를 실제로 소비하지 않고도 알약을 먹는 것만으로 운동의 이점을 얻을 수 있다면, 이 개념은 좌식 생활을 하는 대다수의 사람에게 아주 매력적으로 다가올 것이다." 과학자 존 할리John Hawley와 존 홀로시John Holloszy는 2009년 운동 알약 연구 상태에 대한 리뷰에서 이렇게 서술했다. "잠재적으로 거대한 시장과 수익을 바라보고 있는 대형 제약 회사에게도 마찬가지로 매력적일 것이다."

현실에서는 운동의 모든 효과를 낼 수 있는 단 하나의 알약을 만드는 건 아마 어려울 듯하다. 신체 활동의 영향은 너무 많고 광범위하다. 현재 이에 가장 가깝다고 할만한 것은 신체의 특정 화합물을 모방하는 화학 물질이다. 예를 들어, AICAR(이 책의 초반에 설명했던 것처럼, 정식 이름은 '5-아미노이미다졸-4-카르복사마이드-1-베타-D-리보푸라노사이드'이다)라고 하는 물질은 운동처럼 몇몇 특이 반응을 일으킬 수 있는 아데노신 모노포스페이트AMP를 '모방'한다. 한 달 분량의 AICAR 주사를 맞은 쥐들은 근육 미토콘드리아가 증가하는 것으로 나타났다. 생쥐를 대상으로 한 유사한 실험에서, 달리기 지구력이 44% 증가했다. 일각에서는 AICAR가 노화와 관련된 근육 소모를 치료할 수 있을 것이라 믿고 있다. 할리와 홀로시에 따르면, 문제는 AICAR의 장기적 사용은 근육 소모로 이어질 수 있다는 것이다.

나는 운동 알약의 가능성에 대한 많은 생리학자의 양면적 반응에 공감한다. 운동 알약이 실현된다면, 평생 운동할 필요가 없다고 생각하는 사람들의 현실에 가까워질 수 있다. "엑서카인이나 관련 개발이 아무리 발전하더라도, 언제나 최고의 효과는 실제 운동에서 온다." 타르노폴스키는 말한다. "우리가 운동할 때 일어나는 일은 너무 많아서 모든 이점을 다 얻기는 불가능에 가깝다. 두근거림과 스트레스는 뼈의 힘을 돕는다. 높아진 체온은 신진대사를 촉진한다. 힘줄이 당겨진다. 엑서카인이나 다른 약물로는 절대 얻을 수 없다. 이는 실제로 운동해야만 얻을 수 있는 것들이다."

우리의 존재는 조상들의 존재에 비하면 이미 너무 나태해 보인다. "몸을 움직이지 않는 생활이 너무 보편화된 나머지, '운동이 건강에 유익하다'라고 말하는 지경에 이르렀다. 생물학적으로 보면 운동으로 단련된 상태가 오히려 정상적인 인체의 상태인데도 말이다." 할리와 홀로시는 지적한다. "오히려 운동하지 않는 것이 비정상적이고 건강 위험을 수반하는 행동이다." 운동 알약이 더 극단적인 게으름으로 인한 건강 위험을 최소화할 수 있을까? 나는 아마 아닐 거라 생각하지만, 시간이 지나면 알게 될 것이다.

## 미래는 지금이다

사람들은 점점 신체 활동의 가치를 깨닫고 있다. 이제 인터벌 트레이닝을 통해 우리에게 필요한 신체 활동량을 더욱 효율적으로 얻는 방법을 갖게 되었다. '원미닛 운동' 같은 프로토콜은 어느 때보다 빠르게 심혈관 건강을 강화하는 방법을 제공한다. 맨몸 인터벌 트레이닝은 근력 향상까지 동시에 가능하게 한다. 오늘날에는 10분, 아니, 그보다 더 짧은 시간 안에도 충분한 운동을 할 수 있다.

나는 요즘 운동할 때 대부분 고강도 기술을 활용한다. 그렇다고 집 근처 산책로에서 강아지와 산책하는 걸 즐기지 않는 건 아니다.

그런 활동도 여전히 하지만, 체력 단련에 있어서는 인터벌 트레이닝이 전부다. 하지만 모든 사람이 나처럼 생각하지는 않을 것도 안다. 인터벌 트레이닝의 다양한 강도와 형태를 건강 유지를 위한 여러 도구 중 하나로 여기는 게 가장 좋다. 심혈관 건강을 강화하는 데 더 효율적이라는 측면에서는 인터벌 트레이닝이 낫지만, 적당한 강도의 연속적 운동이 이점이 없는 것은 아니다. 헤드폰을 끼고 좋은 음악이나 기분 전환을 위한 팟캐스트를 들으며 달리기를 하거나 수영을 하거나 자전거를 타면 기분이 좋다. 이러한 진정 활동은 그 자체만으로 힐링을 줄 수 있다. 마찬가지로 웨이트를 활용한 전통적 저항 훈련은 근력을 향상시킨다. 좋은 소식은 두 운동 다 인터벌 테크닉을 접목할 수 있다는 점이다.

적어도 인터벌 트레이닝은 운동을 방해하는 악순환에 대응하는 데 활용할 수 있다. 이런 일은 늘 생긴다. 하루 종일 스트레스를 받아서 운동을 미루기로 한다. 운동의 불안 해소 효과를 얻지 못해 스트레스는 더 늘어난다. 다음 날에는 운동할 가능성이 더 낮아진다. 어느덧 며칠이 흐른다. 일주일 동안 운동을 하지 않았다. 뚱뚱해지고 체력이 약화한 것 같아 스트레스를 받는다. 스트레스가 어느 때보다 높아진다.

이 책의 초고를 마무리하면서 그런 종류의 스트레스 소용돌이가 닥치는 것을 느꼈다. 휴일이었다. 집에 손님이 왔고, 나는 해야 할 일이 있었다. 아들은 하키 경기에 가야 했다. 게다가 그날은 내가 저녁을 만들 차례였다. 인터벌 트레이닝을 만나기 전에는 이런 상황에서 운동은 할 수 없었을 거다. 단 1시간의 자유 시간도 확보할 수 없었으니 말이다.

하지만 인터벌 트레이닝의 과학 덕분에 나는 개별 스프린트가 체력에 큰 도움을 줄 수 있다는 걸 알고 있었다. 그래서 활동 중간 중간에—예컨대 오븐에 저녁 식사거리를 넣은 후, 식사하러 식탁에 앉기 전에—지하의 운동 방으로 내려가 운동용 자전거로 스프린트를 했다. 내가 당시 했던 프로토콜은 나나 다른 사람이 연구한 사전 정의된 운동과 정확히 일치하지는 않았다. 하지만 인터벌 운동은 매우 다양하게 변형할 수 있어서 하나의 특정 프로토콜을 고수하는 단조로움에서 벗어날 수 있다. 나는 60초 스프린트를 5회 반복했다. 워밍업과 쿨다운을 포함해 처음부터 끝까지 총 10분이 걸렸다. 간결하지만 견고한 운동이었다. 중간 강도의 연속 운동 50분과 유사한 심혈관 체력 유지 효과를 얻었을 거다.

이 책을 내려놓은 후 여러분의 마음에 와닿기를 바라는 메시지가 있다. 운동은 더 오래 살고, 사는 동안 더 나은 시간을 보내기 위해 할 수 있는 가장 중요한 일 중 하나라는 것이다. 인터벌 트레이닝을 활용하면 운동의 시간적 부담에서 벗어날 수 있다. 그리고 한 번에 시간을 내어 운동해야 한다는 부담감에서도 해방될 수 있다.

운동이 여러분 인생의 중심이 아니어도 된다. 이제 운동이 여러분의 일상에 맞춰 들어갈 수 있다. 하루 종일 틈틈이 시간이 생길 때마다, 혹은 스트레스를 해소할 휴식이 필요할 때마다, 일상 중간 중간에 스프린트를 가미하면 된다. 그리고 기억하자. 운동광이 아니어도 인터벌 트레이닝을 할 수 있다. 운동 강도를 높였다가 내리는 걸 반복할 수 있을 정도로 집중하기만 하면 된다. 자, 이제 밖으로 나가서 운동을 해보자.

| 감사의 말 |

이런 종류의 프로젝트는 한 사람의 노력으로 완성되지 않는다. 이 책에는 수많은 이들의 노고가 담겨 있다.

크리스 슐건Chris Shulgan은 씨앗을 심었고 내가 이 일을 추진하도록 격려해주었다. 이 책의 집필은 진정한 협업이었고, 그보다 더 나은 글쓰기 파트너는 상상할 수조차 없다.

펭귄랜덤하우스Penguin Random House와 맥더미드 에이전시The McDermid Agency의 모든 사람들의 전문적인 도움과 안내에 감사한다. 특히 캐롤라인 서튼Caroline Sutton과 크리스 부치Chris Bucci에게 감사한다.

맥마스터대학교는 교수로서 내 경력의 유일한 고향이다. 이곳에서 일하는 많은 뛰어난 사람들에게 빚을 지고 있다.

이 책에서 인용된 내 연구실의 연구는 뛰어난 수련생들과 공동 작업자들의 집단적 재능, 창의성, 노력의 산물이다.

특히 맥마스터에서 내 연구 프로그램을 도와준 마크 타르노폴스키 박사에게 감사한다. 당시 제자들인 키어스튼 버고마스터Kirsten Burgomaster, 존 리틀Jon Little, 제나 길렌Genna Gillen은 연구에서 주도적 역할을 맡았다. 다른 여러 사람의 소중한 기여는 발표된 논문의 저자 언급에 반영되어 있다.

　내 연구의 상당 부분은 공공 기관의 후원으로 진행되었다. 연구 자금 지원에 감사하며, 부디 가치 있는 투자였기를 바란다.

　과학은 놀라운 여정을 누리게 해주지만, 남편과 아버지로서 사는 삶에는 비할 수 없다. 리사Lisa, 코너Connor, 매튜Matthew의 무조건적인 사랑과 응원에 감사한다.

　이 책을 나의 자랑스러운 어머니 헤이즐Hazel과 이 책을 매우 자랑스러워했을 아버지 고 래리Larry에게 바친다.

# 인터벌의 정석
고강도 인터벌 트레이닝의 과학

**발행일** 2025년 2월 28일
**펴낸곳** 현익출판
**발행인** 현호영
**지은이** 마틴 기발라, 크리스토퍼 슐건
**옮긴이** 김노경
**디자인** 이선영
**주 소** 서울시 마포구 월드컵북로 58길 10, 팬엔터테인먼트 9층
**팩 스** 070.8224.4322
**이메일** uxreviewkorea@gmail.com

**ISBN** 979-11-93217-91-7

\* 현익출판은 골드스미스 출판그룹의 일반 단행본 브랜드입니다.
\* 출판사의 허가 없이 본 도서를 편집 또는 재구성할 수 없습니다.

**The One-Minute Workout**
by Martin Gibala and Christopher Shulgan

All rights reserved including the right of reproduction in whole or in part in any form.
This edition published by arrangement with Avery, an imprint of Penguin Publishing Group,
a division of Penguin Random House LLC. This Korean translation published
by arrangement with Avery in care of Penguin Random House LLC through AlexLeeAgency ALA.

이 책의 한국어판 저작권은 알렉시리에이전시ALA를 통해
Avery, an imprint of Penguin Random House LLC와 독점 계약한 골드스미스가 소유합니다.
저작권법에 의하여 한국 내에서 보호를 받는 저작물이므로 무단 전재 및 복제를 금합니다.